JN189779

│新装版│

朝の目覚めに贈る言葉

MORNING CONTEMPLATION

OSHO

はじめに

　本書のそれぞれのページの言葉は、光明を得た師、OSHO の講話からの抜粋です。この講話は、OSHO が彼の弟子やインドのプネーにある彼のコミューンを訪れた探求者に語ったものです。

　本書、および姉妹篇である「夜眠る前に贈る言葉」を編集することは、OSHO 自身の指示によるものです。OSHO はまた、読者が本書に意義を見出す読み方として、朝目覚めたときに、その日の予定に向かって頭が働き出す前に、それぞれの朝のための節を読むように指示しています。
「朝の目覚めに贈る言葉」は、これだけを読むことも、または姉妹書と合わせて読むこともできます。両書ともに、毎日違ったテーマを持ち、朝と夜の内容が互いに補い合うように編集されています。

　本書は 12 の月がそれぞれ 31 日に分かれています。"1 の月"は暦の上での最初の月である必要はありませんが、読み始める最初の月ということになります。それぞれの節は無作為に読むのではなく、ページを追って読むようになっています。これは、人生が段階を経て展開していくとの OSHO の考えに基づくものです。それぞれの節を読むことそのものが観想のひとつの形となります。

OSHO が語っているように、神秘家の言葉というものは、受け入れや拒否の対象となる理論の類ではありません。読者が弟子や信者である必要はありません。言葉自体が意味を持つわけではなく、むしろ、言葉がもたらすものに意味があるのです。

　OSHO はこう説明しています。「神秘家の言葉はその回りに静寂をもたらす。その言葉は声高ではない。彼の言葉にはメロディー、リズム、音楽があり、その核には完全な静寂がある。彼の言葉を洞察することができたとき、無限の静寂に触れることができる」
「しかし覚者の言葉を洞察するための、その道は分析することではない。その道は議論ではない。その道は討論ではない。その道は、調和すること、音調が一致すること、共時することだ。この調音の中で、このひとつになった状態で、師の言葉の核に入っていく。そしてそこには何の音もなく、何の雑音もない。そこには完全な静寂がある。それを味わうことが師を理解するということだ」
「言葉の意味は重要ではない。覚えておきなさい。重要なのは言葉の静寂なのだ」

マ・プレム・マニーシャ

朝の目覚めに贈る言葉

目　次

contents

朝の目覚めに贈る言葉

人間は大いなる可能性の種子

Man is a Seed......of Great Potential

人間は
地の上を這いまわるようには
定められていない
人間は
絶頂に向かって
飛ぶ能力を持っている

それぞれの年代は
新しい精神性を必要とする
それは
それぞれの年代が他とは異なるからだ
それゆえ、先駆けが常に登場する
先駆けとは
永遠の真理を同時代の人間に
伝える者にほかならない
アブラハムは
そのような神の偉大な先駆けのひとりだ
アブラハムに共感するのは良いことだが
覚えておきなさい
アブラハムにもまた
新生が必要であることを

現代人は宗教性を持たず
極めて世俗的な人生を送るだけの、歴史上初めての人間だ
金、力、名誉に動かされ、それがすべてだと思っている
全くおろかな考えだ

このような者たちの人生は小さな物事
きわめて小さい物事に囲まれている

彼らは、自分より大きい物に対しては全く考えがおよばない
神を否定し、神は死んだと言う
死後の生を否定し、人生を否定する
核心を否定することだけを信じる
それゆえ私たちの回りには
うんざりすることがこれほどにも多い

これは自然なことだ
自分より大きなものに関わっていなければ
人生が単調で退屈なものになってしまうからだ
人生がダンスになるのは、それが冒険であるときだけだ
そして、それが冒険になるのは
到達し、成就する、自分より高いものがあるときだけだ

宗教性とは、私たちが終わりではないこと
私たちがただの航海者であること
まだすべてが起こってしまったわけではないこと
まだ多くのことが起こる、ということを意味している
種は芽になり、芽は木になり
木は春を待ち、木は幾千もの花に埋もれ
木はその魂を宇宙に向かって解き放つ
成就するのはこのときだけだ
宗教性は、遠くにあるわけではない
私たちはただそれを問い始めれば良いだけだ
当然、最初は暗闇に入っていく
しかし、すぐに旋律が調和してくる
すぐに、はるか遠い、未知の音楽が心に届いてくる
これが私たちの存在を揺り動かす
これが私たちに新しい色、新しい喜び、
新しい人生をもたらす

私たちは訪問者、部外者ではない
存在の一部だ
ここが私たちの家だ
私たちは偶然ここにいるのではない
私たちがここにいるのは、必要とされているからだ
私たちがここにいるのは
そもそも神が私たちの存在を欲したからなのだ
これは神の意志だ
それゆえ、誰も自分が疎外されていると感じる必要はない
これが、今日の人類が抱えている最も根本的な問題のひとつだ
世界中の知識人が悩まされ、困惑し、不安になっている――
なぜここにいるのか

科学の観点からすると、これは偶発的なように見える
そしてもし私たちが偶発的なものであれば、私たちは無益だ
そうすると、私たちが居ようと居まいと何の違いも起こらない
そしてもし違いがないのなら、人生はすべての意味を失う
世界中が無意味な風潮にあふれているのはこのためだ
神の意味するところは単に「意味」に他ならない
人生は意味のあるものだ――これが神の意味のすべてだ

私にとって神とは人物ではない
それは存在の意義だ
それは人物ではなく存在だ
必要なのは、人が自分自身の中に空（くう）を創造することだけだ――
それは神を捜し求めることではない
空になった瞬間、超越したものが自分を貫き、空を満たす

今まで味わったことのない
全く新しいものが溢れ出す
何という至福、何という祝福
その恍惚の瞬間から、誕生も死もないことを
そして自分自身もまた永遠であることを知る
その瞬間から、自分が
神性と呼ばれる大いなるエネルギーの一部であることを知る
神性は、あたかも大海のエネルギーのようなものだ
私たちはただその波であるにすぎない

5

私たちは何も失ってはいない
神は失われてはいない
それゆえ、神はまだ見出されていないのだ
私たちはただ神を忘れ去っているだけだ
それは単に記憶の問題にすぎない
それは私たちの存在の奥底にある
それを真理、神、至福、美、と呼ぶ
それらはすべて同じ現象を示している
私たちの存在の中に何か不変なもの、永遠なもの、
神聖なものがある

私たちがしなければならない唯一のことは
私たちが自分自身の存在に深く入っていくこと
深く探求していくこと
そして、見つめ、実感し、受け入れることだ
それゆえこの旅は、旅ではない旅となる
私たちはどこへも行かない
私たちはただ静かに座り、在るのみだ

自分自身を空にした瞬間、自分のすべてが神に満たされる
神と自分との両方が、共に存在することはできない
覚えておきなさい
繰り返し、繰り返し覚えておきなさい
神と自分との両方が、共に存在することはできない
自分か神か、いずれか一方だけだ
そして自分自身を選ぶ者は愚か者だ
神を選びなさい
自我を消滅させなさい
存在から離れたものとしての、自分自身を忘れなさい
そうすればその消滅の瞬間、人は生まれ変わる

これは極めて逆説的なありさまだ
自分自身を空にした瞬間に満ちてくる
初めて満ちてくる
溢れるほど満ちてくる
終わることなく満ちてくる

そして自我はただの影となる
何の実体もない
それは夢であり、現実ではない
影を落としなさい、実存に到達できるように
偽りを落としなさい、真実が達成されるように
ここでの教えのすべては
自分自身をどのようにして空にし
神に満たされるようにするか、ということだ
そうすれば、満たされることが成就となる

私たちは実存の敵となるように教えられてきた
人生に否定的な観念論を教えられてきた
あまりに長く教えられてきたために
それは私たちの血、骨、髄の一部となってしまった
私たちは人生を愛さずに人生を憎む
そして諸々のいわゆる宗教が、人生が罰であること
原罪のために罰が与えられることを人々に教えてきた

人生は罰ではない
それは報酬だ
それは贈り物だ
人生の完全な味方になりなさい
人生の味方となれば、その瞬間それがどんなに美しいか
どんなに詩的か、どんなに音楽的か、あなたは驚くだろう
否定の思考が消えてしまえば
肯定的な何かが内部にめばえ、神秘の扉が開き
人生はその謎をあなたに見せはじめる
この謎は友人だけに明かされる
誰にでも明かされるわけではない
公にされることはない
人生と深く親しい関係になったときだけ、人生はその心を開く
それが開かれてこそ人は真実が何であるか
愛が何であるか、至福が何であるか
神が何であるかを知るようになる

人は別の類の人生を探すわけではない
この人生の奥深くに入れば
もう一方の人生がその中に隠されていることがわかる
もう一方の岸は、この岸に隠されている
もう一方の世界は、この世界に隠されている
私たちはそこから離れてはならない
私たちはその中に深く入っていかねばならない

人は完全に空にならなければならない
神のために創られた空間が
人に継承されるのはこのときだけだ
私たちはくずで満たされてしまっている
がらくたで満たされてしまっている
神が入ろうとしても、場所を見つけることができない
私たちのカップは満杯になっている
たった一滴でさえ入らない
私たちは、カップを完全に空にしなければならない

完全に空になり
自分の内側に何も見なくなった瞬間に
突然すべてが光になる
突然、幾千もの花が自分の存在の中に開く
芳香と音楽で満たされる
かつて聞いたことのない音楽、
この世のものではない芳香、
そして人はその体験の中で開放される
人生から開放される
死から開放される
時間そのものから開放される

人は存在の永遠の流れの一部となる
しかし、神を迎えるためには
自分自身を完全に消し去らねばならない

自分自身を見出さない限り、人はただの手段でしかない
自分自身を見出した瞬間、人は目的を知ることになる
あなたの存在の周辺が手段なのだ
肉体、思考、心
それらすべてを使って、最奥の核に、真の中心に到達しなさい
それが目的となる
それを知ることで
知らなければならないものすべてを知る
それを見ることで、すべてが見出される
それに到達することで、人は神に到達する

人生は常に新しい
思考は常に古い
人生は古くはならない
思考は新しくはならない
ゆえにこれらは会うことがない
会うことができない
思考は後退する
人生は前進する
人生を思考で生きようとする者達はただ、
何か極めて愚かなことをしているにすぎない
自分自身に対してしてきたことに気づいたとき
どんなにそれが愚かで、滑稽で、ばかげているか
信じられないほどだ

人生は思考のない状態でのみ、見出される
それが瞑想というものだ
思考を脇に置いておく
思いをめぐらせない
ただ存在のみ
静寂、たったひと言でさえ思考に入り込ませない
往来もない、すべてが空、平静、静止
すると突然、生命との触れ合いが起こり
その圧倒的な新鮮さ、その開放的な新鮮さを知る
それが神だ、それが超脱^{ニルヴァーナ}だ
人生のすべてを生きること
人生をその純粋な新鮮さの中に知ることが至福となる
平和となる

ダイアモンドは内側にある
そして私たちは外側にある
それは私たちの存在の一部であるが
私たちはそこ以外を探し回っている
それが苦痛となる
それが挫折、絶望となる

内側を見なさい
自分自身を見つめなさい
そうすれば、神の王国は自分のものになる
私たちは一度もそれを失ってはいない
たった一瞬でさえも
それどころか、なくそうと思ってもなくせないものだ
それは私たちの存在そのものだからだ
しかし、私たちは自分達の意志によって
自分達の愚かさによって、物乞いになってしまっている
私たちは内なる聖典の言語の読み方を忘れてしまっている
そしてヴェーダに、コーランに、聖書に
それを捜し求めている……
私たちはすぐれた学者になるだろう
しかし、豊かにはならない
元のように貧しいだけだ
豊かさは、たったひとつの道からやってくる
それは、内側に入ることによってもたらされる
なぜならそこは宝庫であり
財宝、無尽蔵の財宝があるからだ

内側に入りなさい
調べに合わせなさい
そうすれば、終わりなき大いなる喜びがある
人生はそのときにだけ意義をもつ
それ以前に意義をもつことはありえない
人生はそのときにだけ人生になる
それ以前では決してない

神が内に入る道を用意しておきなさい
太陽、光を受け入れる用意をしておきなさい
そして必要なだたひとつのことは
より多くの気づきをもつこと
わずかに思考（マインド）の中にいて
より多く思考の外にいることだ
思考を見つめなさい
取り込まれるのではなく
ただ分離された観察者となるのだ
それがまさしく「忘我（エクスタシー）」の言葉の意味——卓越することだ

思考からの超越を学ぶこと、それが学ぶことのすべてだ
あらゆる宗教が、異なる方法、異なる言語で教えていることは
ただひとつの神秘だ
どのようにして思考を超越するか
それを成就した日が、人生最高の日となる
その日に人は生まれ変わる
その日に、人はもはや物質的な世界の一部ではなくなる
人は神の一部になる

13

インドの偉大な神秘家のひとり、
カビールはこう語っている

　私は何年も何年も
　神を探し続けたが
　いまだ神を見出すことができないでいた
　それで私はその考えをすべてあきらめ
　静寂に入り、愛に生きた——
　他に何ができるというのだ
　神を探せなかったのだから
　ただできうる限り
　神性に近づくことだけだった
　だから私は沈黙した
　静寂に入った
　私は愛に生きた
　喜びを得た
　あたかも、私がすでに神を見出したかのように
　それはあくまで、あたかものことだった
　ある日、神が入ってきて私を探した
　そしてその日から、それほど神を意識しなくなった
　しかし、神は私の後を追い続ける
　かつて、私はいつもこう言って神を呼んでいた

「神よ、あなたはどこにおられるのですか」
今は神がこう呼ぶ
「カビール、おまえはどこにいるのだ」

カビールは極めて重要なことを言っている
彼の言葉は正確にはこうだ
「彼は私を影のように追い続ける
私をこう呼ぶ
『カビール、カビール、どこに行くんだ
何をしているんだ、私が何か助けになるか』
私は彼に関心を持ってはいない
今、私は道を得た
それは外側のどこかにあるわけではない、内側にある
宗教の儀式の中にあるのではない、愛の中にある
形式の中にあるのではない
それは、存在との形式ばらない親愛の中にある」

人生で覚えておかねばならない最も重要なことは
神が私たちを愛していること
神がまだ私たちを見捨ててはいないこと
神が私たちに無関心ではないこと
神が私たちに関心を持ち続けていること
私たちを気にかけていることだ
この認識が心に深く入っていくほど
神に愛されていることがしだいに大きく感じられ
他人を愛することができるようになる
このようにして愛することができるようになる
愛されれば、愛することができる
愛されなければ、どのようにして愛するのかわからない
愛が何なのかわからない

今日の世界では、愛は消えて行こうとしている
それは神が消えてしまったからだ
天空は空虚だ
かつてそこは愛で満たされていた
何世紀もの間、人々は天空に向かって祈ってきた
人々は天空を見上げ、自分達に愛が注がれていること
雨と降らされていること、降り注がれていることを感じた
人々は感動し、心を動かされた
人々に変容が起きた
そして人々は、他人を愛せるようになった
なぜなら、愛を得ればそれを他に与えることができるからだ
愛を得ていないのに、どうして他人にそれを与えられよう
そして愛を得ることができる唯一の源泉は神だ
なぜなら、神のみが尽きることのない源泉だからだ

15

客は常に入ってくる用意ができているが、主人がいない
主人はどこか別の場所にいて夢想しているか
何かを欲求するかしている……
主人は家に居たことがない
今ここに居たことがない
過去か未来のどこかにいる

　道に迷うには２つの方法しかない
すでに過去になったことに迷い込むか
もしくはまだ来ていないことに迷い込むかだ
過去と未来は、現在から逃げるためのただ２つの道だ
神はひとつの時だけを知っている
神は過去や未来に心得がない

現在だけが神の時だ——
そして私たちが現在にいたことはない
それゆえ主人は扉を叩き続けるだけで
神を探すことができない
なぜなら主人は過去の扉を、未来の扉を叩いているからだ
そして神も扉を叩き続けるが、主人を探すことができない
なぜなら神が叩いているのは現在であり
主人が現在にいたことがないからだ

それは常に今だ
それは次ではない
それは常にここだ
それはあそこではない
あそこと次は存在しない
ここと今が存在する
実はこれらは同じコインの裏表なのだ
物理学者でさえも
時間と空間が分離していないという見識を持つに至った
こことは空間だ
今とは時間だ

アインシュタインの偉大な寄与のひとつに
時間は空間の第四の次元であり
分離したものではない、という理論がある
空間は三次元で時間は第四の次元なのだ
しかし、これは以前から神秘家たちが見抜いていたことだ
あまりにも古いために
これが最初に表されたのがいつなのかを
特定するのが難しいほどだ
これは神秘家たちがもっていた、最も古い眼識なのだ

しかしこれは自然なことだ
科学は何千年も後を追いかけることしかできない
なぜなら、その手順というものが
極めて長く湾曲したものだからだ

しかし今や
神秘家達が五千年前に言ったことと同じことを
物理学者達が言っている
今とここは、同じコインの裏表だということを
そしてそれが現実である唯一のものだ
他のすべては想像か、もしくは記憶だ

記憶と想像から抜け出すことが瞑想だ
そして瞑想に入った瞬間、あなたは自由になる
あなたは監獄から開放される

存在にすべてをゆだねなさい
もはや戦いもなく、もはや争いもなく
もはや自分自身の個人的な目標もない
存在に自身をゆだね
存在の導かれるままにしなさい
そうすれば、自分があるところ
自分に起こることはすべて善となる

人はひとりでは正しい行ないはできない
だた誤りを行なうのみだ
正しい行ないが起こるのは
人が神を通して動いていくことに自身をゆだねたときだけだ

まず、神を通して動いていくことに自身をゆだねなさい
信じなさい
この天地万物がすべて美しくなっていくとしたら
なぜ自分だけが取り残されるものか
なぜ自分自身を心配し、悩む必要があるのか
バラの茂みに悩みはない
鳥にも、動物にも、星にも
どれほどでも多くの悩みを作り出すのは
人間の愚かな思考だけだ
その明らかな理由は
人間が自身を切り離されたものと思っているからだ
切り離されていれば当然、悩みはすべて自分のものとなる
切り離されていなければ、存在がこれを引き受ける

存在にすべてをゆだねれば、あなたは勝利者になる
すぐさまあなたは、冠を戴く者となる
自分自身の意志を持つことは利己的だ
神の意志が自分自身に及ぶことを受け入れることが
自らを明け渡すことになる
神と共にあり、神の中にあることが
勝利者になることだ
他にこれ以上すばらしい勝利はあり得ない

美を、すべての美を通して神を探し求めなさい
それを自分の探求としなさい
美を尊びなさい
美を祝いなさい
そして美を尊ぶとき、美を祝うとき、人は美しくなる……
真実と善とがその後に続く
この3つの中のひとつでも得ることができれば
あとの2つは自然についてくる

より情愛を持ち、より静寂を得ること
これは何と難しい課題であることか
他人を愛し、ひとりでいるときは沈黙する
まず静寂の内に座ることから始めなさい
時間があるときは
いつも目を閉じて何もせずただ静かに座る
これがたいへん難しい事であることを私は承知している
しかし、始めてみればいつかはうまくできるようになる

これらの2つのことはたいへん重要だ
他人への愛の贈り物と、自分自身への静寂の贈り物
それはあなたに大きな喜びをもたらす
そしていつの日か、あなたの扉に神をもたらす

祝福されている者とは、存在を祝福する者のことだ
存在を祝福することなしに
人が祝福されることはありえない
私たちはそれに値する
私たちはそれにふさわしい
そしてその唯一の道は
存在への愛の中に、自分自身を消失させることだ

宗教とは存在との恋愛以外の何ものでもない
それは儀式ではない
教会や寺院、モスクには関わりがない
ヴェーダやコーラン、聖書にも関わりがない
宗教はこれらとは全く異なる意味を持つ
それは、存在と結婚することだ
あなたは星や木、山、雲を愛する
なぜなら、これらは神の異形の空間だからだ
あなたは人や動物を愛する——
あなたはただ、存在するものすべてを愛するのだ

それが可能になれば、大いなる祝福が生まれる
遥か彼方から大いなるよろこびのシャワーが——
あなたは至福にひたる

存在に自らをゆだねなさい
ゆだねることは美しい
なぜなら、それが自分を美しくするからだ
それが自分に美質をもたらすからだ
それが大いなる経験になるからだ
そうすれば、神があなたの頭上に何千もの至福の雨を降らせる

常に戦いの空気の中にいる者は、閉ざされたままだ
くつろぎ、平穏で、存在するものに敵を持たず
誰をも何ものをも征服しようとしない者は
神に近づくことができる

そのような者の窓や扉は、すべてひらかれている
そこから風が入り、雨が入り、太陽が入り
神が入ることができる
これらは神の道なのだ
神は時には風として現れる
時には雨として、時には太陽として
このようにして、神はあなたのところにやって来る
神として来ることはない――神は人ではない
神が人としてあなたと出会うことはない
神は常に、自然のエネルギーとしてあなたと出会う
微笑みを向ける花は、あなたに呼びかける神なのだ
星がちりばめられた空……神はあなたのすぐ上を舞っている
あなたを抱きしめようとしている

しかし神があなたを抱きしめるのは
あなたにキスをするのは
あなたが戦いを止めたときだけだ
そうしなければ、戦いはあなたを束縛し、占領し
神と愛を交わす時間をなくしてしまう

サニヤシン（探求者）は
愛の人生を神と共に生きなければならない
それは恋愛だ
そしてそのためには、大いなる平穏、くつろぎ、解放（レットゴー）が必要だ
それだけが必要な条件だ

楽園は、どこか別の所にあるわけではない
楽園は地理的な場所ではない
雲の上の天国にあるわけではない
それはあなたの中にある
そしてそれは別の時、死後にあるわけではない
今、あなたの中にある
あなたはそのようにできているのだから
どこか別のところを捜し求めたり
探り出したりする必要はない

必要なことはただくつろぎ、自分自身の中にいること
自分自身の存在の中に深く飛び込むことだ
世界がすべて消え去り
その一瞬あたかも世界が存在しないかのように深く
意識だけが存在のすべてになるように
すべての存在が存在ではなくなり
あなたの生命だけがすべてになる
その純粋さだけがすべてになる
なぜならそれは何ものにも汚されないからだ……
あなたの鏡に映るものは何もない
意識はただ純粋であるだけだ
どのようなさざめきも、波もない
その瞬間、人は楽園とは何かを知る

私たちは
それをどこかに
失くしてしまったわけではない
私たちは楽園から
追い出されたわけではない

楽園はすでに
私たちの中にある
それは以前から
常に私たちの中にある
しかし、私たちは
自分自身の内側を
見ようとはしない
私たちは外側を見るばかりだ
私たちが自分自身の宝を
私たち自身の神の王国を
常に逃してしまうのは
そのためだ

人間は探求者として生まれる
人間は完全な存在としては生まれない
犬は生まれたときから完全だ
木、岩——人間を除いたすべての存在——
これらすべてに共通しているのは
完全であるということだ
人間だけが不完全だ
それゆえ、人間は開かれている
人間以外のすべての存在は閉じてしまっている
バラはバラでしかない
しかし、人間は千とひとつにでもなれる
人間はユダにもなれる
人間はイエスにもなれる
すべての可能性が開かれている
何にでもなることができる

　与えられた人生に
甘んずる者は全体を見誤る
人生は探求だ
追求することだ
いかにしてこれをまっとうするか
いかにしてすべての
エネルギーを注ぎこむか
追求することだ

これが人間の尊厳というものだ

これが人間が

唯一であるということだ

人間は完全でないために成長することができる

人間はまだ完成していために開花することができる

人間は学ぶことができる

人間は変化することができる

人間は発達し、進化することができる

人間は探求者だ

人間はあるものではなく、なるものだ

追求するものだ

それが人間の美、人間の栄光——

それは神からの贈り物だ

神はすべての者の心の中に話しかける
しかし、私たちは頭の中が
あまりにも多くのもので占領されているために
内側の静かで小さな声を聞こうとしない
あまりにも喧騒や不必要な騒音が多すぎる——
私たちは頭に市場を作ってしまった——
心が呼び続けても、それに耳を傾けようとしない
神は遠くにいるわけではない
極めて近くにいる
必要なことは、思考をわずかに静寂にさせ
わずかに鎮め
いま少し平和に、くつろがせる技法^{アート}だ

思考がくつろぎの中に落ち着くと
突然、自分の内側に神聖な音楽が聞こえ始める
神があなたの心の楽器を鳴らし始めたのだ
あなたの心の琴を——そしてその音楽は変容していく
一度聞くと、忘れ去ることはできない
一度聞くと、人生は二度と同じにはならない
一度聞くと、あなたは不滅の存在の一部になる
あなたはもはや、必滅のものではなくなる

私たちは、自分自身だけで勝利を得ることはできない
自分自身だけで勝利を得ようとすれば、挫折することになる
破滅することになる
失敗は極めて明らかだ
不可避だ
それはあたかも、小さな波が大海と戦っているようなものだ
波は海に属しているのだ──どうして戦うことができよう
それはあたかも、部分が全体と戦っているようなものだ
葉がその木と戦っているようなものだ
葉が勝利を得られるのは、その木の勝利の中にあってこそだ
木から離れて勝利を得ることはできない
波は海の中でのみ勝利を得ることができる
海に対抗することはできない
海から離れることはできない

人間が勝利を得ることができるのは
その意志によって生きるのはでなく
神の意志によって生きるときだ
そして自分自身の意志、自我、個人的な成功心を落とした瞬間、
人生は全く違った段階に移行する
そしてそれぞれの歩みが勝利となり
一瞬ごとに不滅に近づいていく

切り離されているという考え、
「自分は世界から、存在から切り離されている」という考えは
すべての苦しみの根本的な原因、
すべての憎しみ、怒り、激情の根本的な原因となる

今このときから、常に覚えておかねばならないことがある
それは
あなたが存在から切り離されたものではない、ということだ
また、ただ覚えておくだけではなく、実験することだ
木の側に座り、その木とひとつになる
泳いでいる川とひとつになる
手をつないでいる相手とひとつになる
ゆっくりと、少しずつ
座っている岩とひとつになることを試みる
夜に見つめている遥か彼方の星とひとつになる

しだいに
対象と瞬時にひとつになるこつが、わかるようになる
観察者が観察される者になる
知ろうとする者が知られる者となる
そのとき、バラの花を見ている自分がバラの花になる
そこには分離がない
その瞬間、人は2つの事を知る
愛と喜び──
それは自分自身への喜び、すべてに向ける愛だ

人間は種子である、しかし、ひとつの種子にすぎない──
大いなる可能性の種子だが、今このときには何もない
種子は木となることもなく、花を咲かせることもなく
種子のままで死ぬこともある
人間は光の種子だ
しかし、普通の人間は輝いてはいない
人間は光を発してはいない
その理由は単純だ
種子の殻が硬く、窓がないからだ
人間は、自分自身の中に閉じこもったままだ
人々の顔に、人々の目に暗闇があるのはそのためだ
しかし殻が破られれば──それは可能だ──
そうすれば、大いなる光が放たれる
それは爆発だ
その爆発が恍惚をもたらす
その爆発が人に不滅をもたらす
その爆発が、人に自分自身の永劫と神性を気づかせる

他に道はない
瞑想以外に種子を破る道はない
種子は破られる
打ち破ることができる
そしてそれだけが、人間の持てる希望だ
なぜならその打破を通してのみ
神を知ることができるからだ
そうすれば人生が意味を、意義を、美を、祝福を得る

すべてが無限だ
なぜならすべてが神性だからだ
すべてに限りがない
なぜなら、すべてのものが神の造化に浴しているからだ
限界というものは私たちの感覚によって造られる
限界がそこにあるわけではない
すべてのものが別のすべてのものと結合しているが
私たちの感覚が限界をつくり出す
それはあたかも窓の外を眺め
その窓枠を空にあてはめるようなものだ
空に枠はないが、窓の枠が空の枠になる

自分の目は窓だ
目を通して見るものすべてに枠がはめられる
自分の耳は窓だ
耳から聞くものすべてに、たちまち枠がはめられる
私たちの感覚全体が常に、元々枠のないものに枠をはめる

このことを忘れずにいることで、深い洞察がもたらされる
そして一滴が大海になり
浜辺の小石が全宇宙ほどにも大きくなり
小さな一葉が宇宙全体の歴史となる
そうすれば行くところどこででも
内と外の両側で神に出会う
その無限の中に意識的に生きることが最大の喜びとなる
それ以上が考えられないこと
それ以上が不可能になること、それが究極の頂だ

誰もが皆、神だ
すべてが神だ
存在と神は同じ現象を表す別の言葉だ
だから、神を世界を創造した人物、世界を支配する人物、
すべての物事を管理する人物として考えてはならない
神を超越した主人として考えてはならない──
そのような者は存在しない
神は誰かではない
神は資質だ
それは神性と呼んだ方がはるかに良い
それは芳香だ

はっきりしていることがひとつある
それは世界が目に見える物だけで
成り立っているわけではない、ということだ
世界は、目に見えない物によっても成り立っている
世界は測定できる物だけで成り立っているわけではない──
世界は測定できない物をも含んでいる
世界は外側だけで成り立っているわけではない
内側の次元をもはらんでいる
それが、内側の次元が
神によって意図されることのすべてだ

誰もがすべて神に属している
例外はない
私たちは神に生まれ、神に生き、神に死ぬ
私たちのエネルギーは神のエネルギーだ
神とは、存在のエネルギー全体を意味する言葉だ

存在がその見かけ以上のものである、ということが神の意味だ
それは計り知れないものだ
それは科学で実験できないものだ
そして宗教とは、それ以上を
その神秘的で謎めいた資質を探索することだ
誰もがすべて神に属していながら
その事実に気づいているのが
極めて少数の人々だけであるのはそのためだ

自分自身でそのことに気づいた瞬間——
私が言ったからではなく
仏陀が言ったからではなく
イエスが言ったからではなく、自分がそう感じたとき——
その瞬間、人は変容する
すべての苦痛は消え去る
人生が光と喜び、至福と祝福になる

内なる目は塵にまみれている

Our Inner Eyes are Burdened with Dust

1

人間は存在ではなく橋である
動物は存在を持ち
覚者たちも存在を持つ
しかし人間は橋であるだけだ
人間は存在を持たない
人間は転成だ
人間は転成し続ける
変化しつづける
ひとつの場所から他の場所へ移動する
人間は旅、巡礼だ

これは覚えておかなければならない
人は光明を得ない限り……
それより前に
充足を得ることはできない
光の炸裂に入る、
光になる、
光が存在になる、
その最後の瞬間まで
神を渇望していなさい

内発的であるということは
現在に対して責任を持つということだ
人々は過去に支配されている
人生は瞬間ごとに変化し続け、
思考(マインド)は過去に執着し続ける

思考と人生との間には隔たりがある
思考からやって来るものは
すべて真の応答にはならない
ただの反応だ
そして常に的を外れたものだ
目標に達することができない
上か下にそれる
目標は現在だ
矢は過去から放たれる
過去は未来を全く知らない
過去は現在を全く知らない

内発的であるということは
瞬間ごとに生きることだ
偏見も、思考も、過去も
未来も、時間も
すべてをなくして応答することだ
すると突然、出会いが起こる——
自分と存在との出会いが
その出会いが至福だ
その出会いが神だ

人々は、これに到達する、あれに到達する、
これになる、あれになる、といった考えを持って生きる
それが人々を緊張させ
その緊張こそが苦しみの原因となる
そして緊張のあまり、くつろぐことができない
休息することができない
眠れない夜を過ごす
休日でさえ、無意味な雑事に追われる

不思議な世の中だ……
休養について語りながら
人生のためにすることすべてが、さらに人々を休ませなくする
いつの日か定年し、何もかもがうまくいくことを願う
しかし定年する頃には
忙しくしていることの習慣が積もり積もって
完全に自分を見失うことになる
いったい定年して何をすれば良いのか

瞑想は将来、さらに重要になっていくだろう
かつてなかった程、重要になっていくだろう
サニヤシンであることは、これからの人類の唯一の道になる
なぜなら、いかにして遊びに満ち、安らぎを得るか
いかにして目標を持たずして幸せになるかを
知ることができるからだ

社会は誰にでも不自然さを強要する
社会はそれを文化、文明、教育と称する
大層な名前がつけられているが
実はそれが人を不自然にする
それが人に自然を抑圧することを教える

私の仕事のすべては
人が再び自然になるように手助けをすることだ
なぜなら、人が神に近づくことができるのは
自然を通してだけだからだ
不自然であればあるほど、人は神から遠くなる
覚えておきなさい
文明や文化、教育が必要であっても
それにとらわれてはいけない
それはゲームなのだ
人はゲームで遊ぶことはできる
なぜなら、皆がそうしたゲームと暮らす社会に
生きなければならないからだ
しかし、覚えておきなさい
それはゲームであり、現実ではない
とらわれてはならない
そしてそれが必要でないときは
いつでも自然でいることだ

愛と瞑想、この2つは
いわゆる宗教によって常に分離されてきた──
分離され、隔離されたりするだけではなく
あたかも相反するかのように見なされてきた
何世紀にもわたって、宗教は人々にこう教えてきた
「もし愛したら、瞑想を失う
だからすべての愛情関係から脱落して、修道院に入りなさい
独身でいなさい
聖職者になりなさい
愛を避けなさい
愛から逃避しなさい
それができたときだけ、瞑想を達成することができる」
これが何世紀にもわたる教えだ
愛の次元に入りたければ
瞑想のことなどは忘れてしまえというわけだ

このように、世界は宗教家たちに分割されてしまった
彼らはある種の精神分裂を造り出してしまった
そして問題は
人が愛と瞑想の両方を必要とすること
片方だけでは足りないということだ
どちらかひとつだけで満ち足りることは不可能だ
愛への明らかな渇望があり、瞑想への明らかな渇望もある
愛とは息を吐くようなものだ
エネルギーが相手に出会うために出て行く
瞑想とは息を吸うようなものだ
エネルギーが自分の存在の最奥の核に行く

生を全うする人間とは
相反することなしに、この両方を可能にできる者のことだ
人がこのことに気がつけば、100 の精神的な問題のうち
99 パーセントほどが消えてなくなるだろう

存在そのものは生命ではない

人々はただ存在し

無為に日々を過ごし、なんとなく生き延びている

生存のためだけならパンとバター、住処が在れば充分だ

しかし、そこには何の威厳も、輝きもない

内なる空（そら）は暗闇のままだ

星も、満月の夜も来ることはない

人は反逆すべきだ

大学や教会、聖職者、政治家たちによって

外側から教え込まれるすべての無意味な物事に対して

これらのすべてに対して、ひとつずつ反逆するのだ

それは長い長い陰謀で、根が深い

反逆とは、過去をすべて捨て去り、

どのような伝統もなく、どのような思考（マインド）もなく

どのような知識もなく現在を生きることだ

子供のように生きる

あたかも最初の人類のように……

過去を落としなさい

それがかつて、一度も存在しなかったかのように

常に ABC から始まるように新鮮に

ゼロから始めなさい

そうすれば、あなたの人生は美しくなる

あなたの人生は冒険になる

あなたの人生は喜悦の源となる

借りてきた知識をすべて落とさない限り、人は賢くはなれない
そして喜びに満ちることが、智恵の始まりとなる
だから罪の意識をすべて捨てなさい——
罪を感じる必要などはない
あなたはそのままで完全に善だ
そのように神があなたを造ったのだから——
すべての責任は神にある
あるがままでいることを祝いなさい——
自分に何ができるというのだ

これを理解した瞬間、あるがままを受け入れた瞬間、
大いなる奇跡が起こる
その瞬間に人は成長し始める
それは、罪が消え、自分の存在に喜びが入ってくるからだ
そして喜びの風の中で、人の成長が可能になる

笑いが宗教的資質のひとつであると私が言うのはそのためだ
笑いを許さない者は宗教的ではない
喜びと、自分のあるがままを深く受け入れて踊り、歌うとき
智恵が起こり始める
人は明晰さを得る、迷いのない明晰さを得る
物事への洞察力を手に入れる
そして何が良くて何が悪いか、何が本質で何が本質でないかを
自分自身で判断することができる
自分自身で判断すれば、間違いを犯すことがなくなる
本質でないものはやがて衰え、
本質がしだいに自分に根づいてくる

ダンスが純粋になるのは
踊り手がダンスの中に溶け、踊り手がいなくなり
踊り手がどこかに消えてダンスだけが残ったときだ
それが瞑想の何たるか
サニヤシンの、喜悦の何たるか
究極的に神の何たるかだ

ゆっくりと、どのようにして溶けるかを学びなさい
すべての行ないに溶ける
そうすると、その行ないがダンスになる
ジョギングをしているときにジョギングの中に消滅すれば
ジョギングする者がいなくなり、ジョギングだけが残る
早朝に走っているとき
走者は存在せず、走ることだけが残る
行為そのものだけに入り込めば
行為だけがあって行為者がいなくなる──それがダンスだ

自分自身がなくなれば、そこにはいつもダンスがある
そこにはサニヤスがある
ゆっくりと、それを自分の核としていきなさい
そうすれば、神が来てあなたを探し求める
あなたはどこへも行く必要がない
いつか神があなたのドアを叩く

自分自身を切り離してはならない
バラを見て、バラになる
夕焼けを見て、その中に入っていく
遠く離れ、冷淡でいてはならない
ただの観客でいてはならない
参加者となるのだ
星がちりばめられた空を見るとき
その一部、小さな星となる
そしてダンスに参加しなさい

私にとっては、それが宗教というものだ
自分自身を存在に溶け込ませる
あたかも川が海の中に消えていくように
あなたは神の中に消えていく

あなたは、内なる世界の支配者でなければならない
私たちは内側に王国を、真の王国を持っている
私たちは皆、王になることを望むが
間違った方向を探し続ける
外側を探し続ける
そして人は俗界の王になることができるが
心の奥底ではまだ探索が果たされていないことに
気がついている
いまだに貧しく、空虚なままだ
成就したものは何もなく
がらくたを集めている間に
生が手の内から滑り落ちてしまった

私たちは、支配者を装う奴隷であるのが常だ
自分自身の無意識を征服しない限り
人はうわべだけを飾るものでしかない
奴隷のままで
あらゆる類のごまかしや見せかけのゲームを楽しむ
「私はあなたが思っているような人間ではない」と
声高に言い続ける

私たちは自分が誰であるか知っているし
また他の誰もがそれを知っている
なぜなら、誰もが皆同じことをしているからだ

真の王となりなさい
内なる王国の美しさは、競争が何もないことだ
あなたにはあなた自身の王国があり
私には私自身の王国がある
そしてそれらは決してぶつかり合うことがない
決して重なり合うことがない
人はそれぞれ広漠たる内的世界を持っている……
そこには他人との競争もない
何の争いも、何のいさかいもない

賢者は生まれながらの王だ
乞食であるかもしれないが、
それでも賢者は王だ
彼の王国は内側にある
尽きることのない源泉を持っている
彼は彼自身の無意識を乗り越えている
それが智恵というものだ

智恵とは知識ではない
それは無意識を征服すること、
光で満たされることだ
暗闇の片鱗すら残っていない
存在が光で満たされたとき
何かを所有しているかどうかに
関わりなく
人は王にふさわしい者となる

神を信じないと言う者たちも
神に属している
神に背を向ける者たちも
神に属している
そして神に関わっているかぎり
彼らは皆、救われる
この宇宙全体はすでに究極の状態にある

私たちはただ忘れているだけだ
何もする必要がないことを
忘れてしまっているだけだ
すでにそこにいることを
いたいと思う場所にいることを忘れてしまっているだけだ
すでになりたいと思っているものになっていることを
夢に見て、欲求したものになっていることを
忘れてしまっているだけだ
そして、そうでなかったことは一度もない……
しかし、深い、深い眠りが私たちの上に垂れ込めている

師（マスター）の役割はあなたを救うことではなく
気づかせることだ

呼吸、血液の循環、食物、栄養が
肉体の存在のために必要であるように
魂にとって必要なのは至福だ
しかし、底流を見出すために
わずかに内側を堀り進む必要がある
いちど自分の至福を、その源泉を見出せば
映ずるものすべてが変わる
すべての展望が新しくなる

そして新しい目で存在を見つめる
自分自身の内側で見つけたものは
すべてどこにでも見ることができるようになる
なぜなら、私たちが何であろうとも
自分自身を存在の中に見出すからだ
存在とは鏡だ
それが何であれ、私たちの本当の顔を映し出す
本当の顔を仮面で隠していれば、仮面が映る

存在はただ私たちのありのままを反響させる
至福が
自分自身が本来持っている本質であることに気づいたとき
宇宙全体が至福となる
それが悟り、解放の意味するところだ

神とは信じるものではなく、観るものだ
神を信仰することが本質ではありえない
それはあたかも、目の見えない者が光を信仰したり
耳の聞こえない者が音楽を信仰することと同じだ
彼らは、自分たちが信じているものを理解することができない
ましてや想像することもできない
彼らの信仰は惑わしだが、それはたいした問題ではない
彼らが自分たち自身をも惑わしていることの方が
はるかに問題だ

神とは経験であるべきだ
そして私の仕事のすべては
教義を与えることではなく
あなたがたを目覚めさせることだ
目をひらき
自分自身でものを見ることができるように
手助けをすることだ

人々は恐れから神に近づく
そして恐れは井戸であり、橋ではない
神を恐れるとき、人は神を愛することはできない
恐れは愛をつくり出すことができない
愛がないのにどうして祈ることができよう
どうして感謝できよう
恐れがあれば、心の奥底に敵意が生まれる
恐れをいだく相手に復習を望むようになる

宗教が恐怖に基づいているために
勇気ある多くの人々は決して宗教に向かわない
それがあまりにも臆病に見えるためだ
しかし、実は宗教と恐れには関わりがない
それは愛に関わることだ
それは人生最大の勇気だ
なぜなら、肉体、思考、心との間の隔りを
超えることだからだ
未知に向かうことだからだ
神とは未知のもの、知ることができないものの別名だ
最大のリスクだ
しかしそのリスクを負ったとき
人はどこまでも高く成長しはじめる

私はあなたがたに、宗教の新しい視点を示している
それは恐怖に基づいてはいない
恐怖のないところに根をおろしているものだ
私が教義や信仰、哲学を教えることはない
私はただ内側に入るための
魂に目覚めるための科学を教えるだけだ
しかも、他の誰かが
あなたのためにこれをしてくれるわけではない
あなたのためにこれを行なう者は誰もいない
あなた自身がしなければならない
師（マスター）はただその道を
あなたが従うべき道を示すだけだ

わずかでも意識の動きが起こりさえすれば
プロセスの引き金が引かれる
そしてそのプロセスが自然に進んでいく
最初のステップが最も困難だ
種が土の上に落ち、死ぬ準備をする
これは困難なステップだ
いちど種が受け入れられ、土の中に死んでしまうと
芽が伸び始める
最初に双葉がひらき、まもなく葉が茂り、枝が分かれ
何百もの花をつけた大いなる木となる……

人間は、あまりにも長く戦争の中に生きてきた
外側では他と戦い、内側では自分自身と戦う
あたかも生きるための道がたったひとつで
しかもそれが戦いであるかのように
政治という名のもとで他と戦い
宗教という名のもとで自分自身と戦う
これが、私たちが苦しみをつくり出してきた原因だ
戦いは平和をもたらさない
人はこのような絶え間ない戦いのパターンを
落とさなければならない

私のアプローチは無抵抗、非暴力であると言ってよい
非暴力が必要なのは、私たちの存在がここにあり
私たちが存在の一部であるからだ
存在は私たちに反目しない
それは私たちに抵抗しない
私たちを滅ぼしたりはしない
存在は私たちを生み出すものだ
育てるものだ
親しみがあり、母のように慈しみ深いものだ
自分の肉体は自分の友人だ
そして自分の思考もまた自分の友人だ――
人はただ、その使い方を知れば良いだけだ

これを自分の礎としなさい
存在、外側、内側と親しみを持ちなさい
誰にでも親しみを持ちなさい
そして自分自身にも――それが最も難しい……
人は自分自身を愛さない
それは人がいつも最後にすることだ
敵を愛することは容易だ
自分自身を愛することは非常に難しい
自分自身を知りすぎているからだ――

どうして自分を愛することなどができよう
しかし、自分自身を愛することができる者は
すべてを愛することができる
自分自身を愛すれば、敵や他の誰をも愛するようになる
自分自身を愛することができれば
愛の本質的な条件を満たすことになる
その愛から平和が生まれる
そして平和が扉となり
神のメッセージを受け取ることができるようになる

愛には、私のメッセージのすべてが含まれる
自分自身を愛しなさい──それが始まりだ
次にあなたの近くにいる人を愛する
そして世界を愛する
宇宙全体を愛する
そうすることによってのみ
神を愛することができるようになる

旅は自分自身から始まり、神に行きついて終わる
これらは川の両岸だ
自分は片方の岸にあり、神はもう一方の岸にある
そして愛が橋だ
橋は川の上全体に架けられているが
人々は愛を大変恐れている
だから祈り続けるのだ
人々は自分が何をしているのか理解していない
彼らの祈りはただの無知だ
祈りは愛で満たされない限り、真実にはなりえない
人生に愛がないのに、教会や寺に通い続ける
全く不合理なことだ

愛に生きない限り、神の寺院に入ることはできない
そして愛に生きる者は、寺院に入って行く必要はない
もうすでに寺院の中にいるからだ

このシンプルな
メッセージを忘れずに
これを実現させなさい
なぜなら
このメッセージは
信仰のための教義ではなく
進化する人生を
示しているからだ

愛の花を咲かせなさい
愛の芳香を放ちなさい
それが祈りだ

そして
愛の芳香のみが神に到達する
他の何物も
神に到達することはできない

19

他のいかなる時、いかなる世紀においても
これほど愛について語られたことはなかった
私たちは愛について絶え間なく語ることによって
自分たちが愛の何たるかを知っているという幻想を生んだ
私たちは他人を欺き、自分自身をも欺いている
そして人間は愛なくして死んでいく
なぜなら、肉体が食べ物を必要とするように
魂は愛を必要としているからだ
それは不可欠なものだ
食べ物は工場で生産し、つくり出し
栽培することも可能だ
しかし愛について
人は全く新しい技術を学ばなければならない
それはリラックスすること、オープンであること
受け入れる準備をする技術だ

それはリスクを伴う
オープンであること、無防備であることは危険だ
何が起こるのかわからないからだ
だから人々は自分に閉じこもる
閉塞された中では安全でいられる
しかし安全はそこにあっても、人生は消え去る
生きていても死んでしまっている
あたかも墓の中にいるようなものだ──
安定、安全、すべてが保証され、危険もない
しかし生命がないのに、このようなすべての保証は
いったい何のためになるというのだろう

本当の人生は常に冒険的だ
そして愛は、最もすばらしい冒険だ
それは未知に入っていくことだ
それは存在に自分自身をゆだねることだ
存在に自分自身をゆだねることができるのは
自分がその中に溶け込む準備ができているときだけだ
その融和の中から愛が生まれる
自分がなくなるとき、愛があらわれる
そしてこのようにして神が起こる
愛は神の始まりだ
愛は神の前触れ、太陽の最初のきらめきだ

リスクを負う──目に見えないもの、言葉を超えたもの
論理を超えたもの、思考を超えたもの
測ることができないもの、組織にあてはまらないものへの
リスクを負う用意ができた瞬間、人は飛躍的に飛び出す
思考（マインド）はこれを気が狂ったと呼ぶだろう
しかしその狂気が真の正気なのだ
その狂気が、存在の最も尊い現象なのだ

人類がまだ神とのつながりを失っていないのは
幾人かの狂人のおかげだからだ
もうひとりの仏陀がここにいて
もうひとりのイエスがそこにいる
もうひとりのモハメッドもどこかにいる──
ほんの数人の人々だが、彼らは神とのつながりを保った
そして彼らを通して
人類全体が神とのつながりを今も保っている

岸にこだわり続ける者は
海を恐れるあまりこれを否定し、こう言う
「海などというものは全く存在しない
ただの想像だ──詩的で神秘的な想像だ
海などはない、この岸だけがすべてだ」
彼らはわずかな安楽に、心地よさに
自分たちだけの小さな世界にだけ生きることだろう
しかし、すべての瞬間を失う
成長し、成熟し、死を超え
存在に入るための、大いなる機会を失う

神に近づくことができるのは
論理によってではなく、愛によってだ
論理をもって神に近づくということは、神を見失うことだ
神を見失うための確かな道は論理だ
論理が妨害し、じゃまをする
神は論理の網で捕えられはしない
論理の網はあまりにも粗雑で、神はあまりにも繊細だ
神は魚のようなものではない
言うなれば、神は水のようなものだ
魚は網で捕まえることができるが
水は捕まえることができない
水は逃げてしまう

神を知る唯一の道は愛だ
覚えておきなさい
私は唯一の道と言っている──
なぜなら、存在の美に、存在の壮麗に向かって
人の心を開くのは愛のみであるからだ
そしてその壮麗が神だ
存在の栄光が神なのだ

絶え間ない祝祭が続いていく
それは、ダンスだ
始まりがなく、終わりもない
しかし私たちの心は閉ざされ、神を頭で考え続ける
頭は間違った場所だ
神に関わるなら、頭をなくしなさい

祈りは花だ
意識の究極の開花だ
これ以上高いものはない
それはクライマックスにある愛だ
そしてそのままで芳香を放つ

祈る者は愛にあふれる者だ
存在と完全に恋している者だ
その人生のすべてが恋愛だ
瞬間ごとが喜びになる
それは、一瞬一瞬が新しい驚きをもたらし
一瞬一瞬が大いなる贈り物をもたらすからだ
そこに空虚な瞬間はない

私たちが美を見ることができないのは、見ようとしないからだ
音楽を聞くことができないのは、聞こうとしないからだ
聞こうとすれば音楽はそこにある
美はあなたを取りまいている
しかし、それを経験するには
高いレベルにまで上昇しなければならない
セックスは下に向かうエネルギーだ
引力に従って機能する
地面がこれを引っぱる
それは世俗的で生理的、生物学的、化学的なものだ
科学で調べることができる
科学的な方法論を当てはめることができる
それは物質だ

愛はより高い位置にある
ちょうどセックスと祈りとの間にある
その一部はすべての人類に与えられるが
別の部分は時間を貫き
内側の探求に向かう者だけに与えられる

普通の人間が得られる最初の部分は無意識で
二番目の部分が意識だ
愛が意識にのぼってくると
人は初めて引力を超えた何かを経験する
下に向かわず、上に向かうものを経験する

そして三番目が祈りだ

セックスは下に向かい、愛は上に向かう
祈りはどこにも向かわない
それはあるがままの状態なのだ
セックスは動きだ
そして愛もまた動きだ
これらは対極の方向に向かう
しかし祈りは静止した点だ
そこに動きはない
旅もない、巡礼もない
ただ自分自身があるだけだ

その深い静寂と静止の中で、ただ自分自身があるとき
あなたは神を知る
そのとき、すべての存在が神性で満たされる
そして神性を経験するのは自分ひとりではない
あなたに近づく人々、
あなたに心を開く人々もまた、何か今までにないもの、
神秘的なもの、不思議なものを感じる
彼らは未知なるもののかすかな気配を感じる
彼らはいつか、あなたの回りのオーラに気づくかもしれない
それが祈りの芳香だ

人間とは空虚なもの、うつろなものだ
それが苦しみになる
人間は満たされることを望む
それゆえ
食べ物、セックス、酒、金、物、技術で得られる、
あらゆるものを詰め込み続ける
しかし、内側の空虚は依然として残っている
それどころか、人はあらゆる物に囲まれると
さらにこの空虚さを感じるようになる
対照的に、内側はとても貧しく見える

金、力、名誉を求めることは
本来、人の豊かさをつくり出すことだ
しかし、それは間違った方向だ
それは豊かになるための道ではない
豊かになるための道は
愛、祈り、美質によってもたらされる
豊かになるための道はだたひとつ
神で満たされること
神を受け入れること
そして神の栄光と輝きのすべてを受け入れること……
存在を愛すれば満たされる
無条件に愛すれば、あなたはあふれ出す
そして人があふれ出す瞬間は、我が家に帰る瞬間になる
帰ってきたのだ
そこには大いな充足がある

私たちは、完全に目を覚ます可能性を持っている
それを実現していないなら、責任は私たちにある
種があり、土があり、気候がある
必要なものはすべて持っている
しかし、まだ土に種をまいていない
種は持っているが
それを扉の向こうに、鉄の金庫の中にしまい込んでいる
そして可能性は可能性のまま残り
人生は満たされない機会のままになる

数えきれないほどの人々が、受難の中にいるのはそのためだ
私が認識している受難はただひとつだけだ
それは、自分がなれるものにならないことだ
それは世界でただひとつの受難だ
他のものはどれも些細で、取るに足らない
本当の受難とは
自分の可能性を
現実へと変容させる機会を逃し続けることだ

ほんのわずかな人々だけが、人生の楽園を知っている
他の人々は、存在の輝き、大いなる至福、祝福に
全く気づかないでいる

自分自身が至高のものであることに気づいた瞬間、
人は皇帝になる
この瞬間まで、人は物乞いのままだ
自分自身を知ることで、自身の王国に初めて気づくことになる
王国は外にあるわけではない
外の王国はすべて虚構だ
砂の城だ
あるいはトランプでつくった家だ
ささいなきっかけで消え去ってしまう
これらを破壊するには、わずかな風で充分だ

しかし、他の王国も存在する
内なる王国だ
そしてこれこそが真実の王国、真実の富だ
これを知ることは、これを得ることだ
知ることこそが財産になる
それは私たちのものだ
私たちは忘れてしまっているだけだ
失ったわけではない
ただ忘れているだけだ
それは喪失ではなく、単なる忘却だ
真実を思い出した瞬間、気づいた瞬間、欲望はなくなる
なぜなら、すべてが満たされるからだ
必要とするすべてのものは、すでにそこにある
神は最初からそれをあなたに与えている
神は物乞いをつくらない
神がつくるのは皇帝だけだ

瞑想より重要なものはない
瞑想を味わったことがない人々は
世界で最も貧しい人々だ
彼らは富を得ているかもしれないが、物乞いのままだ
なぜなら、まだ真実の宝を知らないからだ——
死によって破壊することができない宝、
奪われることのない宝、自分自身である宝

私たちは尽きることのないダイヤモンドの宝庫を持っているが
まだそれを開拓していない
私たちは自分自身の内側の世界を探求することを
完全に忘れてしまっている
私たちは外側に取りつかれ過ぎている
私たちはあまりにも表面的、外面的であるために
内側の探求をしないだけではなく
内側があることさえ信じなくなっている
人々が魂や神が存在しないと言うのはこのためだ
実はこれは
人間には内面性がないと言っていることと同じだ
存在には内面性がないと言っていることと同じだ
彼らの言っていることには意味がない
なぜなら、内側なしに外側は存在し得ないからだ
また、外側なしに内側も存在し得ないからだ

平和には2つの種類がある
そのひとつは、外側から求めるものだ
しかし、それは誤った平和だ
それは仮面にすぎない
あなたは正気に見えるが、それは表面だけのことだ
心の奥底には狂気がある
これは私が言う平和ではない
いわゆる組織宗教によって教えられてきた平和というものだ

彼らは抑圧すること、修養すること
意志を通して特定の人格をつくり上げることを教えてきた
しかし、意志を通して成し遂げられるものはすべて
エゴを通して成し遂げられるものだ
それは深いところに達することができない ──
エゴそのものが極めて表面的な現象だ
それは美しい外見を与えてくれる
それだけのことだ

2つめの平和は瞑想だ
平和の啓発ではなく
自分自身の思考への気づき
自分がしていること、考えていること
感じていることへの気づき──3次元の気づきだ
ひとつ目の次元は行為、2つ目の次元は思考、
3つめの次元は感情だ
これらの次元のすべては静かに
批判せずに見つめなければならない

そうすれば、しだいに奇跡が起こり始める
見つめれば見つめるほど、見つめるものがなくなってくる
見つめることが完全になると、思考が完全に止まる
完全に絶たれる
その思考の停止こそが平和だ

平和が瞑想の副産物のようにやって来れば、これは正しい
そしてそれはあなたと存在との間の橋となる

瞑想は思考(マインド)のない状態だ
それは思考の中心でもなく、また周辺でもない
それは思考ではない
思考を外側から見つめることだ
これこそが、英語でいうところの「忘我(エクスタシー)」——
外にいることだ
忘我とは、思考の外にいることを意味する

そしてこれが、瞑想の何たるかだ
外側にいる観察者になるのだ
もはや参加者ではない
もはや思考へのとらわれはない——
あたかも路上で木の下に静かに座り
往来を見ているように
誰が通り過ぎて行くかは問題ではない
ただ起こるものを見つめるのみ
好感もなく、嫌悪もなく、正当化もなく、非難もなく
偏見も何もない
非難なしに思考を見つめることができたとき
評価することなしに、「良い」、「悪い」を言うことなしに
見つめることができたとき
深い静寂の中で見つめることができたとき
それが瞑想だ
瞑想には奇跡が起こる
奇跡は瞑想だけに起こる
思考が消え去るのだ
ゆっくりと、ゆっくりと、遠くに、遠くに離れていく

思考はゆっくりと、ゆっくりと
離れたところから音だけが聞こえるようになる
そして突然、ある瞬間がやってくる
そこには思考がない
思考は色あせてしまう
しおれてしまう

思考がそこになく、思考から離れてひとりになると
芳香が放たれる
あなたは我が家に戻ったのだ
あなたは満たされている
千の花びらを持つあなたの存在の睡蓮が花開く
自分自身の芳香を存在にささげたのだ
それは祈りだ
私たちが存在に与えることができる、
ただひとつの贈り物だ
そして、それが存在によって受け取られる、
ただひとつの贈り物だ

瞑想は深いくつろぎの中でのみ花開く

くつろぎは、瞑想が起こるのにふさわしい土壌だ

瞑想は集中ではない

覚えておきなさい

集中することは無理をすることだ

それはくつろげない緊張になる

それによって平穏を得ることはできない

集中とは、他のすべてを退けて

自分の思考力をひとつの焦点に合わせることだ

たいへんな努力、労力を要するものだ

それは科学には有益だ

科学は集中によって機能する

なぜなら、科学が思考を超えることは決してないからだ

そして思考がその絶頂と限界で機能するのは

集中を得たときだ──

なぜなら、おのずとすべてのエネルギーが

一点に引き出されるからだ

宗教は、思考を超えようとする力のひとつだ

そして集中することは、ここでは何の助けにもならない

それゆえ、集中と瞑想は同義語ではない

同義語ではないばかりか、このふたつは互いに両極の対をなす

瞑想とは、完全にくつろいだ状態、

くつろぎのため、思考が融けた状態のことだ

逆に集中することで、思考はしだいに強くなっていく

集中すればするほど、強くなる──

くつろぎの中では、思考はしだいに弱くなる

そしてそこには、無理も緊張もない──必要がないからだ
必要がないのは、自分に焦点を合わせようとしていないからだ
ゆとりがあり、自らがひらかれている
存在へのそのゆとり、ひらかれたさまが瞑想だ
瞑想はきわめて平穏で、くつろいだ背景を必要とする

だから、時間のあるときはいつでもくつろぐことだ
そして、回りで起こることすべてに
ただ油断なく注意を向けることだ
犬が遠くで吠える声、隣人の口論、往来の騒音……
すべて、気が散らされるものではないはずだ
瞑想の中では乱されるものは何もない
注意の散逸があるのは、集中しようとしているときだけだ
だから、何も邪魔にはならない、何も気を散らせるものはない
すべてが吸収される

そしてその解放された状態で、思考はしだいに消えていく
蒸発していく
そして思考のない状態が、かすかに現れ始める
それは大いなる経験だ
そしてゆっくり、ゆっくりと、ある日、それが起こる
自分が思考の外にいることを
完全に思考の外にいることを知る
超えてしまったのだ
時に神秘家が狂人のように見えるのはそのためだ
狂人は自分の思考からはずれている

狂人は思考から落ちている
そして神秘家は、思考を超えている
両者とも異なった方法、異なった方向で思考をなくしているが
ひとつが共通している
だから、神秘家が狂人のように見えることがあり
逆に狂人がいくらか神秘的に見えることがある

瞑想なしの人間は凡庸になる
その意識はさびつく
その意識はほこりにまみれる
すべての輝き、すべての知性が失なわれる
ゆっくりと、しだいに自分が誰であるかを忘れ去る
何という愚かさ——それは愚かさの極みだ
自分が誰であるかを忘れてしまうとは
そしてそれが人類全体に起こっていることだ

瞑想を通して意識が研ぎ澄まされ
ほこりが払われ、さびが洗い落とされる
自身の鏡が再び輝き始める
そして意識は、輝いているときに真実を映し出す
神とは真実の別名だ
神を知ることは、すべてを知ることだ
神を知らずにいることは
無知に、暗闇に、死の中に生きることだ

聴覚を全く持たない者を除き
人々は皆、自分は聞くことができると思っている
視覚を持たない者を除き
人々は皆、自分は見ることができると思っている
しかし、これは正しくない
正しく聞くこととは、深い愛と思いやりで聞くことだ
敵対心を持って聞くこと
結論を推測して聞くこと
偏見や思考の条件づけを持って聞くこと
これらは正しく聞くことではない

しかし、愛はこれらのすべてをわきへ置くことができる
愛は静寂を聞くことができる
そしてすべてが、光明のプロセスへのきっかけとなる
雨が屋根に降りかかるこの音……
正しく聞くことができれば──
何の考えも、解釈しようと欲することもなく
理解しようとする努力もなく、純粋に耳を傾ける──
これで充分だ
そうすれば、それが屋根に降りかかる雨ではなく
神そのものであることに気がつくはずだ
松の木々を吹き渡る風が、松の木々を吹き渡る神になり
水の流れの音が……すべてが神になる
何を聞くかが問題なのではない
問題はどのように聞くかだ
愛を通して聞けば、真理は遥か遠くのことではなくなる

愛は鳥―自由であることを愛する

Love is a Bird. It loves to be Free

私のメッセージは愛だ
ある意味で、それは単純なものだ
何の複雑さもない──
儀式も、教義も、仮説に基づく哲学もない
それは極めて単純で、直接的な人生へのアプローチだ
短い言葉「愛」にはそれが含まれている
誰を愛するのかが問題なのではない
愛を向ける対象が重要なのではない
重要なのは、1日24時間、
呼吸するように愛することだ

呼吸に対象が必要ではないように、愛も対象を必要としない
時には友といて呼吸し
時には木のかたわらで呼吸し
時にはプールで泳ぎながら呼吸する
それと同じように愛することだ
愛は、自分の呼吸の内側の核であるべきだ
呼吸のように自然であるべきだ
まさに、愛と魂との関係は
呼吸と肉体との関係に等しい

人類の最も根本的な幻想のひとつは
誰もが皆、愛が何であるか知っていると思っていることだ
それゆえ、誰も愛を発見できない
誰もが皆、愛が何であるかを知っていると決め込んでいる
それゆえ、学ぶ必要も、探す必要も、経験する必要も生じない
愛が世界から失われているのはそのためだ
恋人達はいるが、愛はない
両親は子供たちを愛している風を装っている
子供たちは両親を愛している風を装っている
夫たちも装い、妻たちも装う――偽り、偽りだ
そしてこれは、人々が故意にしていることではなく
事実に全く気づいていないのだ
もし誰もが最初から、愛が最高の魔法であるゆえに
最も奇跡的な現象であるゆえに
それが人生で最もすばらしい芸術であることを
知らされていたら――
それは当然のように手に入るものではない
探求し、深く入っていかねばならないものだ
その道を学ばなければならないものだ
それは芸術だ……
愛は生まれつきの才能ではなく、誰もが持っている可能性だ
それゆえ、すべての人間が
いつか愛の極致に到達することができる
実にその日こそが、真の人間が生まれる日となる
私たちはまだ、真の事象以前に生きている
それはまだ起こっていない

包括的な愛はすべてを含む

まさに何も残らない、すべてがそこに含まれる

覚えておきなさい

私は完璧な愛のことを言っているのではない

包括的な愛のことを言っている――このふたつは全く異なる

何世紀にも渡って

私たちはどのようにして愛を完璧にするかを教えられ

そして失敗してきた

なぜなら、その考えはすべて意味がないからだ

愛を完璧にすることはできない

完璧にするということは、それを殺すことになる

愛を殺すことはできない

なぜなら、愛は命、愛は永遠、

愛は時間を超えたものだからだ

愛は死を知らない

愛は、人間の経験の中で

死を超越することができる唯一の現象だ

しかし、包括的な愛は完璧な愛とは全く異なる現象だ

完璧な愛にはある種の観念があり

その観念が満たされることを必要とする

人は特定のパターンに従わなければならず

たくさんの「すべき」、「せざるべき」おきてがあり

しだいに完璧さのための

特定の質を養わなくてはならなくなる

しかし、包括的な愛には理想がない、何の観念もない

必要なのは、することが何であれ

それぞれの瞬間ごとに心のすべてを込めて行なうこと
ためらわないこと──これだけだ
これが私の言う「包括的に」の意味だ
躊躇してはならない

愛は花というよりむしろ、芳香だ

花には形がある

そしてすべての形には制限があるが、愛には制限がない

それゆえ、愛にはいかなる形もない

しかし、私たちは無意識に愛に形、色、姿、

限度をあてはめようとする

私たちは境界をつくり出そうとし

これがうまくいけばいくほど、愛は遠くなる

愛は死ぬことになる

愛は空をはばたく鳥であるはずだ――

籠に閉じ込めることはできない

黄金の籠をつくっても、鳥を殺すことになってしまう

籠の鳥と開かれた空の鳥とは同じではない

それらはふたつの異なる現象だ

似かよってはいるが

空を飛んでいる鳥、風の中、雲の中の鳥には自由がある

そして自由であるがゆえに、至福の中にいる

籠の鳥は外見は同じだが、空も、自由も、至福もない

愛は鳥だ、そして自由であることを愛する

成長するための大空を必要とする

だから覚えておきなさい、愛を籠にいれてはならない

閉じ込めてはならない

愛に制限や形、姿、名前、住所、

レッテルをあてはめてはならない――決して

ただ芳香として、見えないものとしておいておく

そうすれば、愛はあなたをその羽に乗せ、究極へと飛び立つ

愛のない人間は鈍感だ
愛のない人間は、本当に生きているわけではない
まだ生まれてもいない
物理的には母の胎内から出てはいるが
心理的にはまだカプセルに包まれている
風にも、雨にも、太陽にも、すべてに対して閉ざされている
怖れの中に取り残されている

閉ざされたままでいると
エネルギーが自分自身の内側に動き始める
それは全体との接触を失う
そして全体との接触を失うと、必ずみじめさがつくり出され
流れが止まり、死が始まり、根が絶たれる
人はもはや川ではなく、小さな泥沼になってしまう

恐れがもたらすものは死だけだ
恐れは生の源を持っていない
しかし、人が開かれていれば——
すべての扉、すべての窓が開かれていれば——
同じエネルギーが愛になる
そのエネルギーが動き始めるとき、あふれ出すとき……
泥沼の同じ水が、川の流れの中で純粋になる
川の動きが海に向かう
その流れこそが純化になる
なぜなら、より大きいもの、高いもの、
はてしないものに向かって動いているからだ

人生を愛として生きなさい
人生を恐れとして生きてはならない
人生を愛として生きれば、永遠の生を知ることになる
そして仏陀の、イエスの、モハメッドの芳香を知ることになる
その愛にあふれた心のゆえに生まれるすべての詩、
すべての優雅さ、すべての祝福を知ることになる
こうした者は至福を得るだけではなく
すべての存在に至福を与える者となる

誰もが皆、愛の美しい花、蓮華になる種を持っている
しかし、花になることができるのはわずかな人々だけだ
それには明らかな理由がある
それは、そのわずかな人々だけが覚醒しているからだ
他の人々はものを区別することができない

どれだけ多くのものが愛を装っているか、見てみるがよい
もし愛であるなら、それはみじめさをつくり出しはしない──
これを基準にしてみることだ
もし、みじめさをつくり出すものであれば
それは愛ではないのだから、取り除く
愛はいつも至福を与える
決してみじめさを与えたりはしない──
これをいつも覚えておきなさい
一瞬たりとも忘れないように

しかし人々は実に愚かだ
愛のふりをする醜いものを落とさずに
愛そのものを落とそうとする
これこそが、何千年にも渡って聖職者達が行なってきたことだ
彼らは愛を落とした
彼らは愛を落とすことをしたが
嫉妬や所有欲、支配欲、自尊心を落とすことはしなかった
エゴを救い、愛を落とした
彼らは社会から逃げ出した
なぜなら、社会は愛に出会う好機だからだ

今に至るまで
人間の歴史がこのような愚かさの歴史であることは
未来にあざけりの対象となるだろう
私たちの子どもたちは
人々が真実でないもののために真実を落としたこと、
真実のために真実でないものを
落とせなかったことが信じられないだろう

多くの人々が最も低い核——セックスに生きている
それゆえ、サニヤシンへの働きかけは
セックスセンターから始まる
なぜなら、そこにはエネルギーがあるからだ
私がセックスを非難しないのはそのためだ
それはエネルギーだ
私たちはただ、それを上昇させればよいだけだ
そして、それに深い敬意を払うとき、親愛の心を感じるとき
親しみを持つとき、そのときだけ、上昇が可能になる

世界中の宗教は、セックスエネルギーに対抗することを教える
そして、一度セックスエネルギーに対抗すると
魂の成長への手がかりをすべて失うことになる
なぜなら、自分自身のエネルギーの源との
触れ合いを失うからだ
自分自身の源から引き離されることになるからだ
聖者たちが死んだように鈍く
愚かで、無知なのはこのためだ
彼らは、成就した者の香りや味わいを持たない
彼らは罪に苦しんでいる
なぜなら、対抗している対象がそこにあるからだ
自分自身のセックスエネルギーに対抗するだけでは
そこから抜け出すことはできない
そこから抜け出す唯一の道は
これをより高い段階に変容させ
低い段階から消滅させることだ
そして自分自身が高くなるほどに、さらに喜びが満ち溢れる

自分自身が高くなるほどに
至福、平和、静寂、落ち着き
中心の定まりがより感じられるようになる
そのとき、人はただ、何の理由もなく喜びに満ち溢れる

肉体は呼吸を通して生きている
呼吸が止まれば肉体は死ぬ
魂は愛を通して存在する
しかし、多くの人々は魂を持たない
それは愛そうとしないからだ
彼らはただ
自分たちが魂を持っていると思い込んでいるにすぎない――
彼らは魂を持ってはいない
むろん、潜在的にはその可能性がある
もし愛することを始めさえすれば、それは現実になる
愛は潜在的な魂を、真実の現象に変容させる
それは人生の大いなる奇跡、大いなる魔力、大いなる謎だ
愛より高い水準にあるものはない

しかし私が「愛」という言葉を使うとき
それは特別な意味を持っている
そこには、一般的にいうところの暗示的意味はない
それはただ、存在との愛をこめた関係、
すべてのものとの親しみのある関係だ
たとえそれが
普通は死んでいると思われているものに対しても

覚者は椅子でさえも、あたかも生きているかのように扱う
生きているかどうかが問題なのではない
要するに、覚者は愛することなしではいられないのだ
覚者が行くところは、どこにでも愛がある

神が理解する言語はたったひとつ、愛の言語だ
神の存在を愛すれば
神に対して言うべきことはすべて言ってしまったことになる
だから、特別なときに
特別な儀式で神に祈る必要はなくなる
宗教は儀式ではない
そして宗教が儀式になると、それは死んだものになる

宗教とは愛だ
生き生きとして、動悸を打ち、脈動するものだ
だから、存在を愛しなさい
顕在的な神にも、潜在的な神にもそれがわかる
潜在的なものは、顕在的なもののすぐ後にあるからだ
顕在に対して行なったことは何であれ、潜在に届く

いわゆる宗教家たちが何をしているかを見るが良い
彼らは神に祈り、キリスト教徒はイスラム教徒を殺し
イスラム教徒はヒンズー教徒を殺し
ヒンズー教徒はイスラム教徒を殺す
彼らは皆神に祈り続け、生きている人々を殺し続ける
神が創造したものを破壊し、殺し続ける――
そして彼らは皆、こう言う、神は創造者であると
しかし、彼らは意味を全く知らずに
そのような言葉を繰り返しているようだ
神が創造者なら、それを破壊することは神に反することになる
それならば、神に関わる唯一の道は創造的であることだ――
そして、それが私のアプローチだ

でき得る限り、すべてを創造しなさい
創造的でありなさい
存在に何かを心から贈る——それが祈りだ
人生をより良く生きる
この世を去るとき、より良く去る
そうすれば、正しく生きたことになる
そこには計り知れないほどの報酬がある

愛と祈りは
同じエネルギーのふたつの経験だ
愛はより現実的で、祈りはより非現実的であるが
経験は同じだ
愛そのものには限界がある
それは人と人との経験であるからだ
祈りに限界はない
それは人と、人ではない存在との関係であるからだ
そして、人と人ではない存在との関係であるのは
最初のうちだけだ
なぜなら、人ではない存在との関係が始まると
自分がなくなるからだ
それはあたかも
水のしずくが海に落ちるようなものだ
しずくはもはやしずくではなく
その境界がなくなる
それは海となる
失うものは何もない
すべてを得ることができるが、古い主体性は消え去る

しかし不幸なことに
きわめて少数の人々のみが愛の何たるかを知っている——
祈りについては話にならない
愛はきわめて少数の人々によって
まれな人々によって経験される

なぜなら愛は、その経験のために
欠くことができない多くを要求するからだ
頭の中が、愛に対抗する傾向で満たされていたら
愛は存在できない
愛は、嫉妬や所有欲、自尊心、
憎しみ、怒りと共には存在できない
それは不可能だ
それはすべて愛に対抗する現象だ
愛の可能性そのものを破壊してしまう
そのようにして人々が教会に行っても
その祈りは偽りでしかない

祈りは愛の究極の開花、愛の芳香だ
愛を深く、強く知る者、自尊心や嫉妬、所有欲、
すべての無意味なことがらを落とすことができる者は
自然に祈りに向かう
ひとりの人間を愛することが美しいなら
存在全体を愛することはどれほどすばらしいだろう
それが祈りだ

何世紀もの間、人々は愛を捨て
修道院や山奥、砂漠に逃避してきた
ただ、愛が生まれ得るすべての経験を避けるために
彼らは洞窟の中に孤立して生き、愛を恐れる
これには理由がある
それは、愛が混乱を招くからだ
愛のない人生には、ある種の平穏がある
しかし、その平穏さは冷たく、死んでいる
そうだ、そこには静寂がある
しかし、その静寂は墓場の静寂だ
そこには何の歌もない、何の価値もない

人は愛を変容させなければならない
そして、逃避することでこれを行なうことはできない
人は愛の混乱のすべてに入り込み
それでも注意を怠らず、油断なく覚醒していなければならない
そうすれば、その混乱は周辺にだけあり
中心には決して届かない
そして中心は静止している

愛は受け入れられるものだ
そして、その愛によって自分が妨害されることはない
愛は多くの問題をもたらす
そのような問題は良いものだ
なぜなら、それが人生に冒険をつくり出すからだ
そして冒険に挑戦するとき、人は成長する

最初に必要なのはエゴを落とすことだ
そこから苦闘が始まる
エゴはまとわりつく
人はエゴにすがり、エゴはすべてを支配しようとする——
しかし、愛は支配され得ない
エゴにすがると、愛は消える
エゴを落としたときにだけ、愛が生まれる
これが最初の挑戦だ
そして、次々と新しい挑戦がやってくる

愛は、人生における最大の勇気を必要とする
理由は明らかだ
それは、愛の世界に入って行くためには
自分自身のエゴを消滅させなければならないからだ
私たちは、それがすべてであるかのようにエゴにすがりつく
そのために死ぬことができるほどであるが
エゴを死なせてやろうとはしない
なぜなら、それは私たち自身の存在意義を明確にし
私たちに主体性をもたらすからだ
エゴは私たちに別の存在を与える
私たちが重要であり、意義深いものだと思わせてくれる
しかし、本来、エゴは偽りの現象であるため
こうした感情はすべて誤った考えに基づいていることになる
それゆえ、私たちは心の底では
エゴから与えられる重みがにせものであること
まやかしであることにいつも気がついている
私たちはそれを知っているが、まだ知ってはいない
私たちは気がついているが、まだ知りたくはない
私たちは気がついているが、まだ忘れたままでいたい
これが人間のジレンマだ

愛の中に入るということは、このジレンマから抜け出すこと
誤った考えを落とすこと、にせものやまやかしを落とすこと
そして、ただ存在しないもの、無になることだ
しかし、その無から、計り知れない価値が生まれる
人生は祝祭となる

愛とは、相手を最後まで尊ぶことを知ることだ
人間は道具ではない
相手を道具とみなすことは、この世で唯一の悪徳だ
実際、悪徳というものの定義は単純だ
もし相手を道具として利用すれば、人は悪徳者となる
相手を最後まで完全に尊ぶことができれば、それは善だ

相手は、いずれ自分だけの空間を欲しがるようになり
そのために人の心の中に恐れが生まれる
相手を囚人にしたくなる——もちろん、美しい鎖につなぐ
ダイヤモンドが散りばめられた黄金の鎖に
相手を監禁して、明日が確実になるようにしたいのだ
さもなければ—— 誰に知ることができよう
恋人は離れて行ってしまうかもしれない
次の瞬間に何が起こるのか
誰も知ることができない
だから、人は次の瞬間を確実にしたがる
何か保証を欲しがり
そしてその保証こそが愛を殺すのだ

夫や妻がいる—— 愛を破壊し、抹殺する人々がいる
今や、結婚は確かに不変の現象だ
あたかもプラスチックの花のように
本当のバラはいずれ消滅する
強い風が吹けば、花びらはしおれてしまう

人は、人生が絶え間なく流動しているということを
受け入れなければならない

愛はこのようなあらゆる挑戦をつくり出す
しかし、自分自身の中心が定まり、注意深く覚醒していれば
挑戦は限りない助けになる
挑戦は人を豊かにする

何世紀にも渡って、結婚には手がつけられていない
なぜなら、男が女の自我を抹殺したからだ
それは殺されたのではなく、地下に潜ってしまった
それだけだ
潜行的に作用するようになったのだ
女性は利己的な要求に非常に巧妙になり
それが、うるさい小言やあらゆる類の女の計略になる
女がそれを発明しなければならなかったのは
直接的な表現では
男が女の自我を受け入れられなかったからだ
女は間接的な方法を見つけなければならなかった
しかも、男に本当の主人は誰なのかを示さねばならなかった
そして毎日、すべての家庭で重要なのは
誰が主人であるかということになった
それを決めることはほとんど不可能だ
なぜなら、そのようなことはすべて無意味だからだ

愛があれば、誰も主人ではない、愛が主人だ
男も女も愛の中に消える
男が主人なのではなく、また女も主人ではない──
愛が両者を占有する
しかし、それを受け入れられる者は誰もいない
人は愛と、愛の対象を所有したがる
それゆえ、男は女を必需品におとしめようとし
女もまた男を必需品におとしめようとする
そして、両者ともに成功した

だから、女はただ性的に利用できる道具となり
男は経済的に利用できる道具となった
女は給料日が近づくと
とてもやさしくなる
そんなとき、女は非常にやさしいものだ
いちど給料を手にしてしまうと
もうどうでもよい
そして後の２９日間、男には価値がなくなるのだ

そして、男は性的な必要性があるときだけやさしくなる
そうでないときは、全く興味を見せない
いちど女と愛を交わすと
男は背中を向けて寝てしまう
もう用は足り、女もそれを知っている
女が苦しむのはそのためだ

愛を義務にすることはできない
義務にすればその瞬間、
愛は人工的でうわべだけのものになる
そして、皮一枚でさえなくなる
父親というものはこう言う
「私を愛しなさい、私はおまえの父親なのだから」
なぜ子どもが彼らを愛するべきなのか、父親は理由をあげる
あたかも、愛に理由が必要であるかのように
彼らは、子どもが自ら愛にあふれる人間として
花開くような環境をつくろうとせずに、観念を押し付ける

愛が自然に感じられなければ、子どもは罪を感じる──
なぜなら、父親や母親を愛していないなら
それは悪いことだし、あってはいけないことだからだ
子どもは、自分自身を非難し始める
そして、罪を避けるためだけに愛そうとするとき
その子は、それが偽善にすぎないことを知る
しかし、偽善を学ばなければならないのは
生きて行くためだからだ
それはその子の生死の問題だ
そして、兄弟、姉妹、おじ、おばを愛さなければならない
愛することが「必要」なので
愛が本来自然に生まれるものであることを完全に忘れてしまう
今や愛は義務、達成すべき命令であるため、ただ従い続ける
それは空虚なジェスチャーになる
そして、それが全人生のパターンとなる

世界中でわずかな人々だけが、愛にあふれる人々だ
これほどの不幸があるのはそれが原因だ
誰もが人を愛したがる
誰もが人から愛されたい
しかし、愛することのアートを知る者はいない
それはすばらしいアートだ
人は可能性だけを持って生まれるが
その可能性を実際に変容させなければならない
現実にしなければならない
そして最初に必要なことは、覚醒を深めることだ
人々は無意識だ
それゆえ愛を欲しがる
人々は愛を欲しがるが、無意識であるがゆえに
することがすべて逆になるばかりだ
人々は自分自身の愛を破壊する
愛のすべての可能性を破壊し、みじめになる
そして、運命を、神を責める――
自分自身以外のすべてを責める
気づきを持つ者は、いつも自分自身を責める
なぜなら、自分の欲望と行動とは相反するものであること
互いに矛盾したものであることに思い至るからだ

根本的に必要なことは、気づきを持つことだ
気づきのアートは愛のアート、至福のアートになる
それが宗教のすべてだ

この世のものを愛さない限り、創造的にはなれない
木の美しさを愛さずに、どうして木を描くことができよう
鳥の歌を愛さずに、どうして歌うことができよう
松の木々を渡る風の調べを愛さずに
どうしてバイオリンを弾くことができよう
存在するものを深く愛する者だけが、創造的になれる
私のメッセージは、創造的であることが
宗教的になるための唯一の道である、ということだ
神が創造者であるなら
創造的であることが、神に接するための唯一の道になる
神の存在に接するための
神の存在を祝福するための唯一の道になる

恋人になる
特別な誰かのではなく、ただ恋する者になりなさい
愛を誰かとの関係にするだけではなく、自分の質としなさい
なぜなら、ひとたび関係になってしまうと
愛に含まれるのはたったひとりの人間だけになり
他のすべての存在が除外されるからだ
それは極めて危険な取り引きだ
すべての存在が自分に属し
また自分もその存在に属するときに
たったひとつのものだけを選択し、他のすべてを除外する
すべての存在が
その愛をあなたに注ぎかけるとき
それに応えないのは感謝の心を表さないことになる
だから、太陽を、月を、星を、木を、川を、山を、
人を、動物を愛しなさい
ただ、恋する者となりなさい
そして、すべてを自分の愛するものにしなさい
それこそが、人が宗教的になるということだ
愛が空間のすべてに広がるとき、愛に境界がなくなるとき
何物も愛を制限しなくなるとき、愛が無限になるとき
愛がどんな対象にも焦点を当てず、ただ存在となるとき
愛は祈りになる
そのとき、愛は瞑想になる
そのとき、愛は自由になる

愛の中に高く入っていけばいくほど

人生はさらに意味深いものとなる

心により多くの歌が生まれる

より大きな喜悦が生まれる

そして究極において愛が神の領域に入ると、人は蓮華となる

芳香を、恍惚を放つ蓮華となる

そこには死も、時間も、思考もない

そこで人は永遠の一部になる

そこには恐怖がない──当然のことだ

死がないのに、どうして恐怖が存在できよう

そこには不安がない

思考がないのに、どうして不安が存在できよう

そこには大いなる信頼、満足、充足がある

旧約聖書の雅歌は、かつて創作され、表された歌の中で
最もすぐれたもののひとつだ
しかし、また最も誤解されている歌でもある
キリスト教徒たちは特に困惑している
雅歌は旧約聖書の一部であり
彼らにはこの意味を理解する能力がない
彼らは恐れている
非常に恐れている
なぜなら、雅歌は美について
愛、喜びについて語っているからだ——
そして、宗教に対する彼らの認識は悲しみの概念だ

十字架はまさしく彼らにふさわしいが
愛する者や愛の歌は物質的で世俗的すぎるのだ
だから、雅歌に関するキリスト教徒の論評は存在しない
ユダヤ教徒たちはもう少し現世的な人々だが
それでもやはり困惑している
なぜなら、雅歌に使われている象徴が愛だからだ

私の経験から言えば
愛は神性について何かを表現できる、唯一の言葉だ
恋人たちの出会いは、何か言い表すことができないもの
漠然としたものを表現できる唯一の経験だ
ひとりの人間が存在に溶け込んだときに生まれる、
その深い喜悦の片鱗、
かすかな気配を示すことができる、唯一の経験だ
それはまるで、恋人たちが互いに溶け合うような
深い愛の抱擁なのだ
むろん、存在との合一は
恋人たちの抱擁よりはるかに大きく
深く、高い質と異なる局面を持っている
それでも、恋人たちは他の何よりもそれに近づくことができる
十字架はここに近づくことができない

私にとって、雅歌は聖書の中で――
新約と旧約を含めた中で、最も美しい部分だ
しかし、雅歌はこれを解釈するための
全く新しい視点を必要としている

歌になることができなければ
人生は空虚で意味がないままになる
そして、人々は歌以外の何かになろうとする
金持ち、権力者、有名になりたがる
しかし、金持ちになること
政治的に力を得ること、有名になることで
人生を喜びにするための質をすべて失ってしまう
すべての明るさを失い、深刻になる
深刻になることが必要なのは
達成しようとするものがすべて競争を伴うからだ
それらはすべてエゴの延長であり
エゴはきわめて深刻なものだからだ

エゴは何物をも愉快にはしない、非常に深刻なものだ
それゆえ、エゴイストが聖者になることがある
なぜなら、それが深刻さを全く失うことなしに
権力を得、尊敬され、有名になるための近道だからだ
実際、聖者として有名になるに従い
人は深刻さを増していくものだ
しかし、それはまた、徐々に死んでいくことでもある

死者が笑っているのを見たことがあるかね？
死んだ者は非常に深刻だ
当然のことだ、笑うことができないのだから
しかし、生きているうちに笑うことをやめた人々は
死にかけている人々だ

喜びなさい
でき得る限り
喜びなさい
でき得る限り
より生き生きと
していなさい

私にとって
宗教的であるということは
生命がみなぎること、
他者と分かち合えるほどに
生命に満ち溢れること、
死にかけている人々を
甦らせることができるほどに
満ち溢れることだ──

死んでしまった
多くの人々がいる
すべての愛を失った人々
すべての笑いを
失った人々がいる

愛には、神の最初のきらめきが与えられた
そして人々はそれを深く探索し
求めることに駆り立てられた
人々が瞑想に気づいたのは愛を通してだ
愛は自然現象で、瞑想は意図的な科学だ
愛の中では、人はただ風の恵みと共にある
稲妻が現れるときがあれば、現れないときもある
自分ではどうすることもできないものだ

瞑想は稲妻のコントロールを可能にする
スイッチをオンにすることも、オフにすることもできる
電気が人に仕えるようになる
電気は常に存在していたが
私たちのコントロールを
超えたものだった
今やそれが千通りにも、
私たちに仕えるようになった

私のメッセージは愛だ
なぜなら愛は
普遍的に人の心を動かす唯一の
現象だからだ——
それは自然だからだ

人はキリスト教について反対する
ヒンズー教について反対する
仏教について反対する
しかし、愛について反対することはできない

そしていちど愛を感じると、瞑想はひとりでに生まれてくる
そして人は瞑想に惹かれていく
実はそのとき、すでに誘惑されてしまっているのだ
愛は誰をも瞑想へと誘惑する
もし愛が人を瞑想へと誘惑できないなら
それができるものは皆無だ
愛が唯一の希望、唯一の保証だ

しかし、そこには常に成功がある
失敗はない
失敗するはずがない
深い愛の経験の後に
瞑想が起こるのは
避けられないからだ
そして瞑想が
神の寺院への扉を開く

のびのびと人を愛すること、自然に愛することは
宗教的であるということだ
宗教とは、イエスや仏陀、クリシュナを崇拝することではない
マントラを唱えることではない
それは、教会や寺でなされている
あらゆる類の儀式とは関わりがない
このような無意味なことには、一切関わりがない
ほんとうの宗教とは
内部から自然に起こる愛のことを言う——
そして社会全体がこれに対抗している

しかし、覚えておきなさい
愛が内発的に成就されない限り
人生は全くの無駄になってしまうことを
人々は大いなる可能性と共に生まれ
そして物乞いのように死んでいく
可能性は満たされないまま、果たされないままになる

愛は神の王国への扉だ——
しかし、それは他人から強制された愛ではなく
のびのびとした愛、自然な愛、
何の理由もなく自分自身の内側から生まれて来るものだ
愛のための愛であれば、愛はどれほどにも美しく
優雅で、はかりしれない深さを持つようになる
ヒマラヤの頂でさえも
比較にならないほどの高さを持つようになる

愛には、愛だけが持つ認識の方法がある
それは、思考（マインド）が持っている方法とは全く異なるものだ
たとえば、思考を通してバラの花を知ろうとすると
そのバラを解剖しなければならなくなる
そして解剖によって、その美しさは破壊される
バラの化学的な性質を知ることはできるが
真実であるバラの詩を得ることはできない
魂を殺して、その死骸だけを得ることになる
それゆえ、これはバラの花を知るための正しい方法ではない

その正しい方法とは
詩人の道、恋人たちの道、音楽家の道、踊り手の道だ
音楽家であれば歌を歌う
風の中で踊る花と旋律が調和する
そして花の傍らに静かに座り
その花の音楽に耳を傾ける

そうだ
花のまわりには音楽がある
極めて静かなものだが、そこには音楽がある
そこには詩がある
本に記されたものではなく
花の存在そのもの、そのささやき、ダンス、
光との戯れ、そのすべてが詩となる
すばらしい詩となる

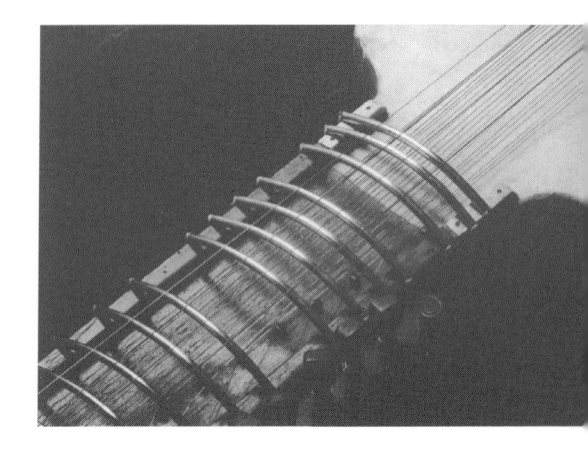

花を愛することができれば
花の魂であるその詩を、音楽を
ダンスを知ることができるようになる
確かに、その化学的な性質を知ることはできないが
魂そのものを知ることになる

存在は愛を通して認識されるものだ
そうすれば神を知ることができる
神とは、愛を通して近づいていく存在にほかならない

音楽は、楽器さえも必要でなくなるとき純粋になる
それゆえ、インド神話が他のどの神話よりも
深い洞察力を持っていると言えよう

インド神話では、神の演奏家には楽器が必要でないと言う
彼らは歌を歌うことすらしない
静寂が彼らの音楽であり、静寂が彼らの祈りなのだ
そこにこそ深い意義と尊厳がある
静寂は音楽だ
純粋な音楽だ
禅の人々はこう言う
究極の悟りは、あたかも片方の手で手をたたくようなものだと
両方の手で手をたたくと、音が鳴る
衝突がある
片方の手だけで手をたたくとき、当然、絶対的な静寂がある
何の音もない
そして、その静寂こそが究極の音楽なのだ

愛は私にとって究極の音楽だ
それは相手さえ必要としない
相手が必要であるとき、それは動物的な愛、
あるいは最も人間的な愛になる
しかし、相手が全く必要でなくなるとき
それは神聖な愛になる
そして、関係性は問題ではなくなる
愛していることすら問題ではなくなる

愛そのものになるのだ
そして人は音楽になる
歌になる
もはやそれは質ではなくなる
行動ではなくなる
自分自身の存在そのものになる

そして愛が自分自身の存在になるとき
自身の内側に大いなる祝祭が起こる
そこには何の音もなく、何の楽器もない
しかし人は天の音楽を聞く——つくられた音楽ではない
内側に調べが調和し始めると、突然、何かが聞こえる
ふいに、説明できない何か、
言葉にできない何かで満たされる

愛がそこまで来ている
覚えておきなさい
愛が人生の音楽となる

愛がつくり出す竜巻（サイクロン）の中心にいることができれば
人生が成長し始める
そして、挑戦のたびに中心が深くなっていくとき
地が固まり、地に根が張り
何ものにも引き離されなくなったとき──
何物にも打ち砕かれることがなく
あらゆる類の危機の中にありながら定まりを得たとき──
人は愛に感謝する
なぜならこの定まりは
このようなすべての難問を通り過ぎることによって
起こるものだからだ

そして、人は愛より高く舞い上がる──
それが、優雅であるということだ
愛があり、愛が何の問題も起こさないとき
そこには優雅さがある
そこには肉体の、思考（マインド）の、魂の、限りない美がある
そして、それらはすべて、その優雅な調べの中に溶け合う
しかし、愛を避けるなら、そこに道はない

決して、愛とその問題を避けてはならない
向き合うのだ
挑戦と困難とを受け入れ
しかし同時に、静かに落ち着いていることだ

自分が唯一のものであることを覚えていなさい
自分を愛しなさい
自分を尊重しなさい
自分自身の声を大切にしなさい
自分の声に耳を傾け、それに従うのだ
自分自身の声に従って地獄に行く方が
他人に従って天国に行くよりはましだ
なぜならその天国がどれほどのものなのか
わかりはしないからだ

あなたは、ただの妄信的な追随者になるだけだ
自分自身を尊重し、そして他人をも尊重しなさい
自分自身を愛し、そして他人をも愛しなさい

そうすれば
このわずかな心の変化が
根本的な変革をもたらす
あなたの存在全体を
変容させることができる

愛は人を自由にする
愛すれば愛するほど、自由になる
究極的に、雲の自由を手に入れることができる
雲は完全に自由で、決まった形を持たない
常に形を変え、予測ができない
ある瞬間には象のように見え、
次の瞬間には虎のように見える
予想がつかない

ある瞬間は東に向かって動き
次の瞬間には西に向かって動く
絶対的に自由で、どこかに留まることがない
地上に根を張ることがない
それゆえ、執着がない
こだわりや、何かにとらわれることもない
愛もまさにそのようなものだ
根もなく、執着もなく
絶対的な自由の中で雲のように浮かぶものだ

愛とは、人の存在に起こる、最も深い現象だ
それは深奥を貫き、明かりを灯し、人を光で満たす
人は光を放ち始める
それは普通のありふれた恋の中にさえ、起こりうる
人が恋をしていないときと
同じ人間がある日恋をしたときを見ればよい
そのとき、人の光は全く違ったものになる
顔は輝き、光を浴びたようになる

ありふれた恋の中でさえ、人々は輝きを得る
私がここで言う愛、
覚者たちが年月を経て語り継いできた、
人と総なる存在との愛とはどのようなものだろう
それは、人が光にあふれることだ
肉体はもはや物理的な現象ではなくなる
純粋なエネルギーとなる
ただ一筋の炎となり
その炎がすべての欲望、すべての欲求を満たす
その炎が人を神の火炎の一部にする

愛の灯、愛の炎となりなさい
人生との熱烈な愛の中にいなさい
激しい強さが必要だ——
なまぬるいものでは役に立たない
人生のたいまつの両端を同時に燃やさなければならない
そうすれば、たった一瞬でさえも、永遠を超越するものになる

愛、至福、瞑想、真理 ——
すべてが大きな強さを必要とする
人は調和の中に在らねばならない
人というものは、断片であるにすぎない
何千もの破片がそこにあるが、何のまとまりもない
弱いということの意味は、分割されていること
分割されていないということは、強いということだ
そして分割されていなければ
人は文字どおり、一個の個人となる
一個の個人という意味は、分割できないということだ
それが強さをもたらし、強さが神のいしずえとなる

すべての瞑想は破片をひとつにまとめ
互いを溶かし、調和をつくりだし
存在に中心をもたらすための道具だ
その中心が成長し始めると
人は未知のものに入って行くのに充分な勇気を得る
すべてをかけるのに充分な勇気を得る
そのとき、神がこう言う
すべてをかけるのだ ——
そうすることによってのみ
至福を得ることが、愛することが
真実であることが
神聖であることができる

宗教は、笑いがなければ死ぬ
宗教が生きるのは、徹底した笑い、
激しく、強い笑いがあり
その笑いがすべての細胞の中で踊り
あなたの存在のすべてに
振動を与えるようになったときだけだ
そして、笑いが自分より大きな何かになり
自分はその中の小さなひとつのものになる
それがオーラのように自分をとりまき
自分がその中に消えてしまう

これこそが、笑いの中で起こることだ
自分自身のエゴが消える
祈りの中でエゴが消えてしまうわけではない
祈りがエゴを強くすることさえある
祈りを込めることが、聖人ぶることになってしまう
それは自分の権威と禁欲主義のために
いつまでもなくならない──
それどころか、さらに徹底して強固になっていく
しかし、良い笑いがあれば、エゴはもはやそこにはなくなる
窓が開け放たれた瞬間、その瞬間にエゴはなくなる
そしてエゴがなくなったとき、自分がそこにいる
エゴがあるとき、自分はそこにはいない

Life is a Gift...

祈ることは、これまで大いに誤解されてきている
祈りは神への信仰の一部となってしまった
それゆえ、神を信じない者は祈ることができない
それが、多くの人々から祈りを取り上げることになった
祈りは神への信仰から解放されなければならない
本来、祈りが最初にあり、神はその後にある
神は祈るための必要条件ではない
神は祈りの結果なのだ
祈りの中にあれば、神の存在を知ることになる
そうすれば、神を信じることが必要ではなくなる

すべての信仰は偽りだ
死ぬまで神を信じることはできるが
信じることだけで信仰は成就できない
自分に暗示をかけること
神への信仰が真実であると、思い込むことはできる
しかし、それは偽りであるだけだ

人生は神から贈られるものだ
私たちはまだ、それを受け取っていない
それどころか、私たちはそれに値しない
私たちは感謝の心を持たない生き物で
「ありがとう」のひとことさえない
成長し、見つめ、愛し、笑い、存在の音楽を
世界の美しさを楽しむ機会が与えられていることに
感謝の心を持たない
私たちは皆、全く感謝していない
逆に、常に不平ばかりを言う

人々の祈りを聞いてみると、驚くばかりだ
それらは皆、不平だ
その祈りは感謝の心から生まれたものではない
何かをそれ以上に得ることを望んでいるのだ
彼らはこう言う
「まだ足りない」
そして事実、彼らが充分に満たされることは決してない
なぜなら、貧しい人々が欲しがり、
豊かな人々が欲しがり、皇帝が欲しがる──
誰もが皆、欲しがっているのだから
誰もが何かをそれ以上に欲しがる
それは、何を与えられようとも
充分ではないということだ
「私にはこれ以上がふさわしい
あなたは不公平だ」
私はこれを、非宗教的と呼ぶ

それゆえ、私にとっては
寺やモスク、教会で行なわれている祈りはすべて非宗教的だ
真実の祈りは感謝の祈りだけだ
ただ「ありがとう」のひとことで充分だ

真の祈りとは、世界中で祈りとされているものとは
いっさい関わりがない
真の祈りは儀式ではない
教会や寺、モスクとは関わりがない
真の祈りはキリスト教でも、ヒンドゥー教でも
イスラム教でもない
真の祈りは言葉に関わりがない
言葉に表せないものだ
それは、静かな感謝の心だ
存在に向かって静かに頭を下げることだ

だから、土に、木に
空に向かって頭を下げたくなったら
いつでも、どこでも、頭を下げなさい
頭を下げることで、人はしだいに消滅し始める

祈りは、エゴを破壊する最もすぐれた方法のひとつだ
そしてエゴがなくなったとき、神が残る
神を暗い雲の中に隠しているのはエゴだ
その雲がなくなったとき
太陽の光がそのすべての栄光の中に、美の中に
壮麗の中に、光輝の中に放たれる

人々は、苦しみの中で祈る
不幸であるがゆえに祈り
祈ることによって、苦しみから逃れられると思っている
そのような類の祈りは、人々を慰めるのがせいぜいで
苦しみから逃れる助けにはならない
人々は苦しみの中に落ちつき、順応するようになる──
それは実に危険だ
いわゆる宗教の働きかけは、このようなものだ
宗教は、あらゆる類の苦しみに自分を順応させる
東洋の人々があらゆる類の苦しみの中で
それに反逆することなく、人生を向上させるために
何の努力もせずに生きているのは、まさにそのためだ
それは、いわゆる宗教性のゆえだ
彼らはすべてに順応してしまい
人生が違ったものになることをすっかり忘れてしまっている
人生をそのまま受け入れてしまっている

それは良い状況とはいえない、進化を止めてしまう
それゆえ私は、苦しみの中にいる者には祈ることを指示しない
祈りは人が楽しく、至福に満ちているとき
踊り、歌うことができるとき、喜びにあふれるときのものだ
そうすれば、祈りは未知への大いなる飛躍になる
なぜなら、祈りが、存在を信頼することへの助けになるからだ
祈りは信頼することだ
それは存在との恋愛、
木や星、山、すべてとの恋愛だ

祈りと呼ぶ価値のある祈りは、愛だけだ
他の祈りはすべて、祈りと見なされているだけで、偽者だ
ただの貧しい代用品だ
愛することができない人々が祈る
むろん、その祈りはある種の慰めをもたらす

人間は他人をだますのが非常にうまく
ついには自分自身をもだますようになる
人間を愛することができないために
人間性を愛するようになる
それが策略の始まりだ
思考（マインド）が人をだまし始める
人間性を探しに、どこへ行こうと言うのだ
どこへ行こうとも、探し出せるのは、形のある人間だけだ
人間性とは、ただの抽象的な概念、認識にすぎない——
概念は愛することができないものだ
しかし、概念を愛することはたやすい
なぜなら、それは何の問題も起こさないからだ
何の犠牲も払わずにすむ
前と何ら変わることなく過ごし
自分が大いに人間性を愛する人間であることを、自慢できる

存在を愛せない人々は神を愛し始める
今や、存在が目の前にありながら
神は思考の中だけにある、ただの概念になってしまった
概念は存在しないものだ
人々は愛を恐れるが、容易に神を愛する

神は決して死ぬことがない
なぜなら、神はそもそもそこにいないからだ
存在しないものが死ぬことはない
しかし、私の意味するところは
神は過去も未来も持たない、ということだ
神性は存在するが、神とは哲学的な概念であるだけだ

祈りに休息しなさい
祈りに生きなさい
この美しい存在を愛しなさい
どこにでもある限りない神性の存在に気づくのは
愛を通してだ
繰り返して言う
存在するのは神ではない
神性なのだ

祈るために神を信じる必要はない
最初に祈ることを知らねばならない
そうすれば、自然に神を信じるようになる
しかし祈りが最初にくる、神は次、二番目だ
偽りの世界では、神が最初にくる
人は神を信じなければならない
それはプラスチックだ──信仰とはプラスチックのことだ
そのようにして人は祈る
自分自身の信仰に向かって祈っているのだ
そして、人は神の像、
あるいは好ましいものすべての像ををつくり出す
それは、自分だけの玩具だ
そして、自分で美しい祈りをつくり上げる
あるいは、その専門家である聖職者がつくり上げる
昔のものから拾ってくることもできる
しかし、それはすべて人間がつくったものだ
宗教のすべては、人間がつくったものだ
ゆえに、それは偽りだ

真の宗教は、愛から自然に生まれる
そして、それはヒンドゥー教でも、キリスト教でも
イスラム教でもない、宗教とは無縁だ
教会でもなく、教義でもなく、信条でもない
それは、溢れ出る愛だ──それが祈りになる
そして究極的に、祈りが人に神を示すことになる
それは信仰ではない──見えなかったものが明らかになることだ

祈りは、極めて個人的なものであるはずだ
のびやかで自発的なものであるはずだ
それは、学ぶものではないはずだ
教えられた祈りは偽りの祈りだ
オウムが復唱するようなものだ
それは意味がなく、ばかげた空虚なことばだ
しかし、祈りが人の心の中から生まれるとき
祈りの中に自分自身の何かがあるとき
そのとき祈りは深い意味を持つ
そのとき、祈りは
「……愚か者によって語られた物語、
意味のない音と怒りに満ちた無価値なもの」ではなくなる
そこには計り知れない意義と音楽がある

人はすべての存在と交わることを、覚えておかねばならない
星に向かって語りかける
川に向かって語りかける
木に向かって語りかける
岩に向かって語りかける
そして、それに気おくれしてはならない──
なぜなら、そのようにして神がその姿を表すからだ
これこそが、神の現れだ
顕在している神との交わりを持つことから始めなさい
そうすることによってのみ
いつか潜在するものとの交わりが生まれる
目に見えるものから始めれば
見えないものへの遥かな飛躍が可能になる
地球と語りなさい

草原と語りなさい

最初は宗教的には見えないかもしれない
しかし、一本の木に向かって声をかけるだけのことの中に
美しい何か、霊的な何か、神聖な何かがある
なぜなら、人はその木の魂を知り、その木の存在を知り
その存在を無視することがないからだ
そして人がたったひとつのことを知ったとき
すべての顕在の中にある神を無視しないことを知ったとき
そのとき無知は消え去り、智恵が生まれる
人の内奥の核から智恵が生まれる

旅は愛に始まり、光や光明を得ることで終わる
そして、橋は祈りだ
無知から智恵へのすべての巡礼は
祈りの巡礼に他ならない

祈りとは
「私はあまりにも小さい
だから、存在の助けなくして
私にとって可能になることはない」
ということを意味する
祈りとは、自己を存在に明け渡してしまうことだ
絶望のゆえに降伏するのではなく、深い理解による明け渡しだ
小さな波がどうして大海に抗うことができよう
それは滑稽な努力だ
しかし、これこそが人類全体がしていることだ
私たちは皆、意識の大海の小さな波でしかない

その意識の大海を神、真理、光明、超脱(ニルヴァーナ)、道、法、と呼ぶ
これらは皆、同じことを意味している
それは、私たちが無限の大海の一部であるということだ
しかし、私たちは小さな波にすぎない
我意を手にできず、自からの運命をも手にできない
我意を得ようとすること、
欲望から何かを達成しようとすることこそが
苦しみの原因そのものとなる

祈りとは、人間の我意の無益さを知ること
神性なるものに自らを明け渡すことだ
「神の御心がなされる
御国を来たらせたまえ」という言葉がある

それは、すべての存在への
大いなる愛があるときだけ可能になる
それゆえ私は、旅は愛で始まり、光明で終わると言う
そして旅の途中は祈り、深い解放(レットゴー)によってのみ編まれる

9

もっと感謝すること
これを自分自身の勤めとしなさい
感謝の心は祈りのエッセンスだ
そして感謝の心は
すべてが贈られたものだと知ったとき
一息一息が贈られたものだと知ったときに
はじめて可能になる
何という贈り物だ
あまりにも尊く、これを買う方法はない
値段のつけようがない

人生を買うことはできない
愛を買うことはできない
審美眼を買うことはできない
想像力を買うことはできない
知性を買うことはできない——
それはすべて、与えられるものだ
求めるより以前に、すでに与えられているものだ
自分自身の内側へのわずかな探求、
それによって、人はあふれるほどの財宝に出会う

祈りは、言葉の上だけのことではないはずだ
言葉の祈りは偽りの現象だ
祈りを装ってはいるが、それはプラスチックだ
本当の花ではない
真の祈りは言語に全く関わりがない
なぜなら、神は言語を理解しないからだ
地球上には、３千の言語がある
そして科学者によると
生命が存在する５万の惑星があると言う
想像してみるがよい
これほど多くの言語を理解しようとすれば
神は気が狂ってしまうだろう
神が理解するのは、たったひとつの言語だ
その言語の名は沈黙――
沈黙はドイツ語でも、英語でも、フランス語でもない

沈黙の中に入る者は誰でも
どのような国籍や言語区分、人種、宗教にも属さなくなる
沈黙は境界を知らない
それは無限だ
そして、沈黙の中にいるということは
祈りの中にいるということだ

沈黙は、人間によってつくり出されるものではない
それは、神から授かったものだ
沈黙の中にあるとき、人は神と調和する

祈りはどこにでもある
星が祈り、木が祈り、海が祈る
人間を除き、すべての存在は常に祈りの中にある
人間だけが、意識的に
祈りに向かっていかなければならない――それには理由がある
人間は唯一、意識を持つ動物だからだ
それゆえ、人間には選択肢がある
存在の本来の流れから外れるか、
あるいはその一部となるかだ
このような自由を持つ動物は他にはない
鳥が朝鳴くのは、選んでそうしているのではない
ただ本能的に鳴いているのだ
木が祈り、山が祈る
しかし、その祈りは自然現象にすぎない

人間の尊厳は、祈ることへの選択ができることだ
しかし、それはまた、落とし穴にもなりうる
なぜなら、人は祈らないことをも選択できるからだ
人間はいつも十字路にいる
一歩踏み出すたびに選択肢があり、一歩踏み出すたびに
正しい道へも間違った道へも行くことができる
悲しみと喜びが目の前にあるとき、いつも喜びを選ぶ
深刻さと陽気さが目の前にあるとき、いつも陽気さを選ぶ
そして覚えておきなさい
私たちは選んだものすべてになることができる
それは、ただ選択の問題であるだけだ

人生には重大なことは何もない
人生は小さなものごとから成っている
しかし、その中で喜びを知ることができれば
その小さいものごとが、すばらしいものに変容する
覚者の手の中にあれば、ただの水がワインになる
それこそが、イエスが行なったと言われる、奇跡の意味だ
イエスが水をワインに変えたと言う
愚か者だけが、これを文字通り事実だと考える
それは、象徴的な意味においての真実なのだ

イエスの手の中では、水がワインになる
ただの純粋な水で酔うことができる
人がそれをどのように飲むかによるのだ
その飲み物そのものが異なるわけではない
飲み手によって異なるのだ
私は自分の経験から言うが
ソーダにウイスキーは混ぜない方が良い
ソーダとソーダを混ぜる──これは効く

13

世界には２種類の宗教がある
瞑想の宗教と、祈りの宗教だ
そして、これらはあたかも敵同士のように存在し
人類全体を分割してしまった

たとえば、仏教は瞑想の宗教で
キリスト教は祈りの宗教だ
そしてこれまで、両者の間に橋が架けられたことはない
それは人類全体を分割しただけではなく
ひとりひとりを２つに分割してきた
なぜなら人間は、
その人間自身の一切が満たされることを必要とするからだ
そして、人間はその存在に２つの相を持っているからだ

その相のひとつは、瞑想によって満たされる
もうひとつの相は、祈りで満たされる
そして、その一方だけに固執すると、人は半分のままになる

私のつとめは、橋を架けることだ
私のサニヤシンは
瞑想と祈りとの両方を、共に持たなければならない

祈りは宗教とは関わりがない
祈りとは本来、芸術家のアプローチだ
祈りとは美的な現象であり、宗教的な現象ではない
しかし、存在するものに対して喜びと感謝の心を感じ始める、
今まで感じたことがなかったものが
しだいに自分を取り巻いてくることに驚きを覚える
バイブレーションを感じることができるのは、感謝の心だけだ
そのバイブレーションが神だ

神が来るのは必ず後からだ
しかも、それは経験としてやって来る
決して信仰としてではなく、常に経験としてやって来る
そして神は解放になる
神は超脱になる

祈りから始めなさい
神から始めてはならない
なぜなら、そのような神は偽りになるからだ
そして偽りの神を信じるとき、祈りは偽りになる
可能な限り深く祈る
心から祈ることから始める
そうすれば、神は自然にやって来る
だから、祈りの心を知ることだ

愛は花、最も美しい花だ
そして目には見えない
なぜなら、それは心の中に咲くからだ
しかし、その芳香は外からでさえ感じることができる
それは心の中に開くが
その芳香は絶え間なく放たれ、他の人々にも届く
そしてその香しさのあまり、すべての存在が満たされるほどだ
イエスやブッダのように
その心が愛の花となった者がいるところでは
すべての存在が祝福される

瞑想とは、思考のない気づきの状態を意味する
それは、ある意味で否定的とも言えるものだ
思考を退け、人の内側に沈黙の状態をつくり出す
その沈黙は美しいものだが、何かが欠けている
そこには音楽がない
何の詩もない
何のダンスもない
それはある種の死んだ沈黙だ
そこから生まれる歌は何もない

祈りとは、心が愛で満たされることだ
それは肯定的なアプローチだ
祈りにはダンスがある
祈りには歌がある
祈りは祝祭になる
しかし、そこに瞑想がなければ
そのような祝祭はすべて、表面的な騒音でしかない
そうだ、そこには明るい陽気さがある
しかし、その陽気さは子供じみたもので、成熟してはいない

成熟さは瞑想によってもたらされ
喜びは祈りによってもたらされる
中心に在ることは瞑想によってもたらされ
ダンスは祈りによってもたらされる
中心に在りながらダンスの中にいる者、
竜巻の中心になれる者は、真に祝福される

そして、真に宗教的な者、全体性を持つ者、
これこそが、私のビジョンであるサニヤシンだ

いつも心にとめておきなさい
瞑想的であること
祈りの心を持つこと
瞑想を通して空虚をつくり出し
祈りを通して、その空虚を満たす愛をつくり出すのだ
そうすれば、空虚が、溢れ出る愛になる

人生には美しいものが数多くあるが
瞑想の美しさにかなうものはない
多くの美しい花、星、朝日、夕日があり
美しい人々がいるが
瞑想の花、瞑想の星、瞑想の朝日とは比較にならない
なぜなら、瞑想は人を神の世界に導くからだ

思考^{マインド}の投影から人を超越させるからだ
そして、いちど瞑想が何であるかを知ってしまうと
その沈黙の美酒を味わってしまうと
見るものすべてが、その目を通して変容してしまう
同じ木が、鳥が、人々が、もはや同じものではなくなる
すべてのものが光り輝き、潤いに溢れ、永遠の生命に満ちる
人は神々に包まれる

そのときこそ、人生が生きる価値のあるものとなる
そして人は一瞬ごとに喜びに溢れ
幸せに満ち
絶えず神に感謝し、満たされるようになる
その感謝の心が祈りだ
祈りは瞑想の芳香だ
人は瞑想することなしに、真に祈ることはできない

神への感謝の心は
存在がどれほどのものを自分にもたらしているかを
知ることから生まれる
それは、星や太陽、月、花、虹、雲、人々――
自分を取りまく美を経験することから生まれる
自分の存在そのもの、この奇跡、この神秘の宇宙
すべて与えられている
自分に与えられる価値があるわけではない
まさしく授かったものだ
しかし、人はそれを神に感謝したことすらない

このすばらしい贈り物に気がついたとき
人の心に大いなる感謝が芽生える
その感謝の心は何も要求しない
それはありがたく思う心、謝恩の心だ
それが祈りだ
そこには、計り知れない美がある
そのような感謝の心だけが宗教性を持つ
そのような感謝の心だけが祈りだ
神を利用しようとする心はみじんもない
神によって行なわれたことすべてに、感謝するのみだ

人はただ、こう言う
「私は与えられるに価しません
あなたは私に入りきれないほどのものをくださいました
あなたの愛は何と偉大なことでしょう」
この感謝の気持ちは
心の中からあたかも芳香のように生まれ
天に向かって昇りはじめる
これこそが、神に聞かれる最初の祈りだ
他のどのような祈りも、かつて神に届いたことはなかった

そしてこれこそが奇跡だ
このような者だけに、あふれるほどの至福が降り注がれる――
望んで得たわけではない
その感謝の心によって
人はさらなる至福を受け取ることができる
その開かれている心によって
人はさらなる美、喜び、音楽を吸収できる
その存在すべてが花園となる

神への感謝が起こるのは、喜びの心を通してのみである
これが、わたしの見方だ
それは言葉である必要はない──
実は、言葉では表せないものだ
言葉というものは、あまりにも空虚で無益なもので
感謝の心を表すことはできない

人は存在を通して祈る
知識を通して祈るのではない
人間の存在の組織のひとつひとつが喜びで脈動し
細胞のひとつひとつが祈りの中で踊る
そのとき、人は祈りそのものになる
そのときにだけ、祈りの中に在ることができる
そうすれば、何も言うことはなくなる
すべてが語りつくされてしまう

教会やシナゴーグ、寺に行く必要はない
どこにいても、人は喜びの心でいられる──
なぜなら、神がそのように決めたのだから
神がそのように人をつくったのだから

喜び──それは、神が人に与えた、美の世界を見る機会、
可能性なのだ
この神秘的な存在を見ること、その存在の一部であること
存在と共にあること、存在から吸収すること
存在に吸収されていること、その可能性なのだ

言葉というものはひどく重いものだ
それは地上に留まり、地上を超えて動くことができない
沈黙の喜びだけが
究極の真実を見通すことができる

だから、陽気でいなさい
喜びに満ちていなさい
そして、祈りたいときはいつも、踊り、歌いなさい
神のことは忘れるのだ
神に呼びかけたり
神に話しかけたりすることが大切なのではない──
それはすべて意味がない

いったい、何を神に話すのか
ＹＥＳと言う以外に、何を話すことがあるのか
それは、ダンスによってのみ語られる
言葉によっては語れないものだ
言葉というものは全く不充分なもので、限界がある
言葉は世俗的な物事には便利だが
もうひとつの世界に入っていくとき
超越した世界に入っていくとき
とたんに無益なものになってしまう

感謝の心こそが祈りの始まりだ
感謝ができる者は、祈りに向かって飛び立つ心を持っている

感謝の心とは、他者を自分より高い位置に置くことだ
それはエゴには毒となる
ひとつひとつのすべてに感謝の心を持ち
宇宙全体が感謝の対象となったとき、エゴは消え去る
そして、エゴが消え去ることによって
神に近づくことが可能になる
エゴが完全に消え去ったときだけ、神が降りてくる
エゴは心を明け渡さなければならなくなる
神が入ることができるのは、そのときだけだ

神とは、ただ存在を意味する
エゴとは、人が存在から離れようとすることだ
エゴがなくなるとき、離れようと奮闘しなくなるとき
人はしだいにやわらぎ、溶け合うようになる
そして存在へのやわらぎ、溶け合い、出会いが
喜び、至福、祝福をつくり出す
それがサニヤシンのゴールだ

私たちをとりまくすべての美、
気づかれないような美に、感謝の心を持ちなさい
太陽の光、夕焼け、星、雲、木、人々に
感謝の心を持ちなさい
なぜなら、それらはすべて神の現れだからだ

感謝の歌になりなさい
感謝の目で見つめなさい
批判的であることを落としなさい
批判的であることは
大切なものすべてを失うための確かな道だ

創造的でありなさい
批判的であることをやめなさい
感謝のしかたを知る者だけが、創造的になれる
その感謝の中からこそ創造力が生まれる
人はその存在を分かち合うことになる
そして美を目にしたとき、存在の輝きを目にしたとき
それを、今少し、美しくしたいと思う

創造力はこのようにして生まれる
それは、人生を、今少し美しくしようとする努力、
今少しの微笑みを、笑いを、喜びを、愛を
存在にもたらそうとすること
存在を今少しよくして立ち去ること
それが真実の感謝というものだ

人生は贈（ギフト）られるものだ
しかし私たちは、自分たちが存在に感謝していないことに
何のありがたみも感じていないことに、気がついていない
これほどに与えられているにも関わらず、不平を言い続ける
さらに多くを要求し続ける
そして、思考（マインド）がみじめなのは
与えられれば与えられるほど、さらに多くのものを望むことだ
さらに強く、頑強に、傲慢に
激しく、攻撃的に要求するようになる
それは、至福に至る道ではない
これこそが地獄に至る道だ

至福に至るには、ありがたく思う心、感謝の心を通って行く
存在に感謝の心を向けなさい
存在はあなたに、どれほどのものを与えたことか
これ以上を望まなければ、さらに多くのものが与えられる
要求すれば、決して与えられない
感謝の心を持つものだけに与えられる
感謝の心の中で、人は受け取る者となる
感謝の心の中で、人は受け取る価値のある者となる
要求すれば、それを失うことになる
存在に要求をしてはならない
存在によってなされたすべてのことに
ただ感謝の心を持っていれば、いつか驚くときが来る
存在の鍵を見つけることができるのだ
何も要求せずに存在のすべてを手にするようになる

人は、命を当然のことと思っている
だから、何の感謝も感じない
感謝の心がなければ、成長がない
感謝の心がなければ、宗教がない
感謝の心がなければ、祈りがない
宗教は感謝の心で始まり、感謝の心で終わる
それは、感謝から感謝への旅だ
始まりは種子で、終わりは花になる
しかし、根本的なことは
生命が当然ではないということだ
私たちが生命を自分で手に入れたわけではない
生命は贈られるものだ
それは、極めて明らかな事実だ
おそらく、あまりに明らかなゆえに
人々は忘れがちになってしまうのであろう

宗教は、神が存在するという信仰によって始まるのではない
それは、生命が贈られるものであるという、
気づきから始まる
私たちは、生命が誰から贈られるのかは知らない――
それは探求を必要とする――
しかし、それが贈りものである、ということだけは
唯一確かなことだ
何か未知の力、神秘的な力が、人に最も尊いものを与えた
そして、この感覚が内部で結晶になったとき、探求が始まる
神は感謝から遠く離れているわけではない

今、この瞬間から、すべてを祝福として見つめなさい
私がすべてと言うとき、それはまさしくすべてを意味する
痛みを感じるときでさえ、それは祝福だ
理解できないかもしれないが、それは祝福なのだ
いつの日か、それが祝福だったこと、必要だったこと、
必然的だったこと、自分が成長する助けになったことに
気がつくときが来る
苦しみでさえ、祝福となる
それは、自分自身を浄化し、融和させるための助けとなる
幼稚さから離れ、成熟する助けとなる
苦しみから、ある種の成熟さが生まれる

祝福をどこからでも探し出し、見つめ、見守っていなさい
それは時には全く別の姿で現れ、時には仮の姿を装う
時には一糸まとわぬ姿で現れる
しかし、注意深く見つめていれば
それは常に、すぐそこにあることに気がつく
成功の中に、失敗の中に、痛みの中に、喜びの中に
人生の中に、死の中にさえあることに気がつく
それは夏の中にある
冬の中に、若さの中に、老齢期の中にある
それは健康の中に、病の中にある
私が言う宗教的な人とは、どこにでも祝福を見る者、
祝福でないものは、何ひとつ見ることができない者だ

自然を尊びなさい
教会に入ることは、人間が作った物に入って行くことになる
森に入りなさい
川に、海に行きなさい
そうすれば、人は神がつくったものに向かうことになる
そして、神の創造に近づくとき、神が近くになる
人が神の創造物を崇拝する……
これこそが、神を崇拝する唯一の道だ
神は目に見えないが、神の創造物は目に見える
神の創造物が橋となるのだ

神の創造物を尊ぶことによって
しだいに、人は神の圧倒的な存在に気がつくようになる
神は木の周りに、岩の周りに
男の周りに、女の周りに存在する
しかし、まず尊ぶことから始める
なぜなら、尊ぶことが、神の存在を、目に見えない存在を
見出すことの助けとなる
そうすれば、しだいに目に見えるようになる
しだいに形のあるものになる
触れることができるようになる

そして、それを深く感じることができた瞬間、人は変容する
人はその一部となる
人は神の存在に溶け合い、融合する

存在はすべてを慈しむ
存在が私たちを愛することなしには
私たちは一瞬たりとも生きることはできない
存在は私たちに命を注ぎ続ける
私たちは存在によって
計り知れないほど尊重されている
私たちが、それを当然だと思い続けているにも関わらず――
これこそが、私たちが愚かであるゆえんだ
私たちがそれを当然と思えば
そこには何の感謝の心もない

宗教的である者は、感謝の心を、
計り知れない感謝の心を感じる
ただ存在そのものに、感謝を感じる
ひとたび感謝の心が芽生えると
そこには千とひとつほども
感謝の心を感じるものがある
そして、感謝の心が増すほどに
多くのものが贈られるようになる

宇宙は大いなる調和の中にある——
すべてが互いに調和し合っている
それはすばらしい奇跡だ
広大で、果てしなく、計り知れない
それにも関わらず、すべてが調和している——完全に
ただ、人間だけがその例外だ
人間だけが存在の中からはみだしている
そして、人間がそこに適合しないのは
人間には尊い贈りものが与えられているからだ
それは、意識という贈りものだ

人間以外のすべてのものは、宇宙と調和している
宇宙と調和することは、きわめて自然なことだ
人間は、調和の中に入るか、
その外にいるかを選ばなければならない
そして、人間にはその選択肢がある
それはすばらしい贈りものだが
誤って使われるものでもある
それは、非常に多くの人々に
間違った使われ方をされている
このような人々は、存在との調和に入らない選択をする
存在との葛藤、戦いを選択する
彼らが苦しむのは当然のことだ

人は存在と争うことはできない
それは争うにはあまりにも広大で、計り知れない

あたかも、水の滴が
大海と戦うようなものだ
それは愚かなことだ
全く愚かなことだ
しかし、これこそが
多くの者が選んでいることだ

自我は
神と戦う水の滴にすぎない
宇宙を征服しようとしている、
水の滴にすぎない

人はこの地上にあっても
あたかも楽園にあるように
生きるべきだ
そうすれば、楽園に入る資格が
得られるようになる
楽園に入れるのは
すでに楽園にいる者だけだ
他には誰も
入ることができない
すでに喜びを味わっている者だけが値する

この地球は、この人生は
覚醒し、鋭い感受性を持ち
調和の中にいるための機会だ
そうすれば、どこにいても喜びを感じ
存在のダンスを感じられるようになる──
それを感じるだけではなく
ダンスの一部となる
自分自身をその中に溶け込ませる……

美しさは自然であり、醜さは自然ではない
美はあなた自身だ
自然と醜さは互いに相容れないものだ
誰も醜くなりたくないのはそのためだ
しかし、無意識が人々を醜くさせる
誰でもが美しくありたいと思う
しかし、美しくなる方法を知らずに、人々は顔に化粧をぬり
髪を刈り、この服、あの服、と取り替え
ただ美しくなるために
ダイエットやあらゆる類の事を試そうとする
しかし、人々は
それが助けにはならないことに気がついていない

美しさとは内側のものだ
それが存在すれば、それを見つけ出せば
美は肉体から、思考（マインド）から、人が持つすべての部分から
発散されるようになる
内側の美が存在すれば、すべてのものが美しくなる

わずかに歌うことができれば
わずかに喜びを分かち合うことができれば
わずかに自分自身の存在を表わすことができれば
それで充分だ
充分過ぎるほどだ

私たちは非常に欲深い
分かち合うことをしない
これが、誰にでも起こり得る不幸の最たるものだ
そしてこれこそが、すべての人間に起こっていることだ
私たちは、不幸になるように育てられた
たとえ私たちが何かを与えたとしても、そこには取引があり
真の分かち合いにはならない
より多くの見返りが欲しいがために人に与える
それは常に駆け引きだ
それは真に与えることではない

全身全霊を込め、可能な限り与えなさい
それが、私の言う、わずかな歌の意味するところだ
抱え込んではならない
表現するのだ
あたかも、朝の鳥のように
鳥は、誰かが聞いているかどうかには関心がない
観客には関心がない
鳥は、見返りが欲しくて歌っているのではない
ただ、喜びの中で歌っているのだ

朝日が昇り、朝が再び訪れ、夜が終わり
そしてすべてが歌になる
すべてがダンスになる

これこそが、真に生きる道だ——瞬間ごとに、喜びがある
命の恵みに溢れている
共にいるものすべて——
木と、動物と、岩と、分かち合う
分かち合いなさい

分かち合いが命となったとき、人はサニヤシンになる
歌うことが命となったとき、人はサニヤシンになる
私のサニヤスは厭世ではない
喜びだ

存在はあたかも大海のようなものだ
そして、私たちは波だ
太陽の中で踊り、太陽の中で歌う
幾度も繰り返し消え、幾度も繰り返し現れる
そこには誕生も死もない――私たちは永遠だ

表面的にだけ見れば、波は生まれ、そして死ぬ
しかし、それは表面だけのことだ
なぜなら、それは常に同じものだからだ
時にはそれは判然と姿を表す
空に、星に届かんばかりに、太陽に向かって上昇する
そして次の瞬間、海の底深く緊張を解き、休息する
死は休息だ
そしてその休息が終わると、波は再び上昇し始める
これは、永遠の循環だ
私たちは、幾度も幾度も繰り返しやって来る
死を恐れる必要はない
なぜなら、死は偽りで、当然、誕生もまた偽りだからだ
私たちは誕生前に存在し、死の後にも存在する

これを感じることができれば
信じるのではなく、経験によって感じることができれば
すべての恐怖が消え去る
そして、恐怖に取り込まれていたエネルギーが
解放されて愛になる
それは、恐怖に取って代わったエネルギーだ

31

恐怖がなくなりさえすれば
計り知れないエネルギーが放たれる
そして、そのエネルギーが愛になる
エネルギーはあなたを通して光を放ち
他の人々にも届く
あなたは、愛で満ち溢れる

自分自身のドアと窓を開けなさい

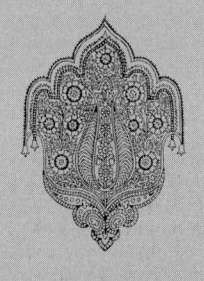

Open Your Doors & Windows

人生は好機だ
自分自身を知る好機だ
これをのがす者もいる
大多数が、この機会をのがしている
わずかな人々のみが、これを成し遂げることができる
そして成し遂げられるわずかな人々のみが
自身の内なる世界に入る人々だ

金、力、地位にいつまでもこだわることは、全く無駄だ
人が第一に心にかけなければならないことは
「自分が誰であるか」ということだ
それを知るまで、満足してはならない
自分自身の存在の最奥の核で、真に心を決めるのだ
「成し遂げなければならない」と
なぜなら、その決意こそが、種子となるからだ

人生は旅、巡礼の旅だ
それは静的ではなく、動的なものだ
それは常に未知に向かって行く
しかし、人はそれを恐れるあまり、知り得たものにこだわり
人生を先に進ませようとしない
未知へ突き進むための自由を、人生に与えようとしない
大海に向かって踊り出す自由を、与えようとしない
人生はあたかも川のようなものだが
私たちはそれを池にしてしまう
池になることは死だ
川であることは、生きていることだ
池が流れて行く所はない
ただ乾いてしまうだけだ
泥がたまり、汚れ、臭う
それは、池がよどんでいるためだ
池は新鮮であることができない
純粋であることができない
川には、純粋で新しい流れがある
そして、喜びがある
なぜなら、そこには驚きが待ちうけているからだ
予測できないことがあるからだ──
次は何が起こるのだろう

人生は、一瞬ごとが驚きだ
終わりのない驚き、終わりのないサスペンス、
始まりも終わりもないミステリーだ

2

month 5

しかし、人は川でなければならない
恐れることなしに、こだわることなしに、海に向かっていく
常に流れていなさい
自分自身をよどませてはならない ——
絶えることのない変化と若さを保つのだ
肉体はいつか古くなるものだが、魂までが古くなる必要はない
魂が古くなるのは、それが古くなることを許したときだけだ
死は最後として来るのではなく、始まりとして来る
新しい扉がひらくのだ

人間は、死ぬことだけを考える
死とは誤った観念だ
死ぬ者はなく、また、生まれる者もない
誕生も死も永遠の生命の中の、ひとこまにすぎない
誕生は始まりではなく、また、死が終わりでもない
人は誕生の前に存在し、死の後にも存在する
これを覚えておくこと、
気づくことこそが、宗教の目的だ

不死を経験することが
すべての恐れと不安から
脱する唯一の道だ
なぜなら、それらのすべてが
死への恐怖に根ざしているからだ
死も誕生も存在しないことを
経験すると恐怖から解放される
地獄から解放される
あらゆる悪夢から解放される
そして、大いなる平和が訪れる
その平和は墓場の安らぎではなく
歌い、踊り、祝う平和だ
それは、生命にあふれる平和だ

4

瞑想とは、本来の自分を探し出す方法、手段、技法だ
それは自分の内側にある
それは、今までも、これからも、常にそこにある
どこをさまよっていても
自分自身の存在に帰って来ない限り
自分自身を振り返って見ることをしない限り
人は暗闇の中に留まったままになる
自分自身を見つめれば、その瞬間、すべてが光になる
そして、その瞬間から、暗黒はなくなる
闇はなくなる
すべてのものごとが、本来の明確さを見せ始める
すべての問題が消え去る
人生が、まさに祝祭となる

今以上に瞑想を続けなさい
時間のある限り、その時間を瞑想のために使いなさい
最初に優先されるのは、瞑想であるべきだ

知識を多く持つ者がほんとうに賢くなりたいのなら
その知識は脇へ置いておかなくてはならない
智恵を妨げるものは無知ではなく、知識だ
それゆえ、知識が真の無知、ということになる
人が知っていると思っていることのすべては
真の知識ではない
それは自分が知っていることではないのだから
真の知識ではない
脇へ置いておきなさい ——すべてがらくただ
知ることができるように準備をしなさい

人は、他人の目を通してものを見ている——
これで、どうして真に見ることなどができよう
あなたは、私の目を通してものを見ることはできない
それは不可能だ
人は、ものを見る自分自身の目を持っている
そして、これは外側の目だけではなく
内側の目にも言えることだ
人から借りてきた方法で生きることはできない ——
しかしこれこそが、人々がしていることだ
このような人々の人生が、ただのイミテーション、
コピーでしかないのはこのためだ
そこには何の美も、喜びもない
ダンスも、祝祭も見ることができない
本物だけが踊り、歌う
喜びが得られるのは、本来の自分があるときだけだ

生き物はすべて唯一のものだ
神は決してコピーをつくったりはしない
神は常に、唯一の原形をつくる
神はその原形だけを生かす
神は真の創造者だ
決して同じ物を繰り返しつくることはしない
しかし、人間はイミテーションの中に生きる
私たちは他の誰かになろうとする――それは不可能だ
何をしても失敗になる
人は自分自身にしかなれない、他に道はない
しかし、私たちは皆、他の誰かになりたがる
それは、私たちの失敗、人生の悲劇のすべてを物語る

私のつとめは、皆が自分自身を尊重すること
自分自身を愛すること、自分自身を受け入れること
自分自身になることを助けることにある
なぜなら、それが唯一の道だからだ
それ以外に道はない
自分以外になる必要などはない
神は、人を唯一のものとして創造した
私が示そうとしているのは
ある特定の性格や生き方ではなく、洞察力と気づきだ
それは、自分で自分の生き方を決めるため
自分の光の中で生きるようにするためだ
そして、自分自身の光の中で生きるようになった瞬間、
至福がやってくる

その日のために備えなさい
朝日はもう扉をたたいている
眠りから覚めるのだ
毛布の下に自分を隠すのはもうやめなさい
どんなに心地が良くても
頭が「もう少しこのまま、あともう少し、３分だけ」
とささやいても、それを聞いてはならない
なぜなら、その３分には決して終わりがないからだ
思考^{マインド}はいつも物事をあとまわしにするからだ

思考は人を眠ったままにしておきたがる
なぜなら思考は
人が眠っているときにだけ、存在できるからだ
人が目を覚ましているとき、思考は消え去る
あたかも、目が覚めると夢が消え去るように
思考とは夢の現象だ
夢を成り立たせているものと、同じものでできている
だから、もう延期は終わりだ――
目を覚ましなさい

神は広大で果てしなく、無限だ
私たちが分裂しているのは、境界を設けてしまったからだ
肉体との境界、思考（マインド）との境界をつくってしまったからだ
このような境界は、私たちを外に追いやる
境界を取り払ってしまいなさい
私は肉体を取り払えと言っているのではない
肉体は完全に善だ
使いなさい
肉体は家だ
そこに住んでいなさい

しかし、自分が肉体だと思ってはならない
肉体に住んではいるが、肉体は自分自身ではない
思考の中にいるが、思考は自分自身ではない
そして、この境界が取り払われた瞬間、
認識の相（ゲシュタルト）が変化する
無限を感じるようになる
これこそが神だ
自分自身が、果てしなく広大になる

そうすれば、神をどこかに探し求める必要がなくなる——
自分が神になる
そして、それが、神を知る唯一の道だ
神を知る唯一の道は、神になることだ
他に道はない
神にならずして、神を知ることはできない

人には神性がある
そして人は形を持たない
神は数えられるものではない
神は質としてのみ存在する
神は有形ではない
それは存在そのものだ
神は、花というより、むしろ芳香のようなものだ
人はそれを感じることはできるが
つかまえることはできない
楽しみ、愛し、共に踊ることはできるが
自分のものにすることはできない
銀行に入れたり、貯えておくことはできない
なぜなら、神は誰かの所有物ではないからだ
それが、形を持たないことの意味だ

神を人として見てはならない
すべての存在を取り巻く現れとして見るのだ
そうすれば、寺に行く必要も、彫像に向かう必要もなくなる
どこにいても、深い愛の中で、深い感謝の心で
頭を垂れることができる
神と結ばれているのだ
心を委ね、感謝で満たされるとき
人は神への橋を渡る

10

内なる炎に向かう
それは、多くの危険をはらんだ、極めて困難な道だ
暗闇に向かって進むとき、人はつまづく
暗闇に向かって進むとき、人は何かにぶつかる
暗闇に向かって進むとき、人はころび、
そしてまた起き上がらなければならない
そんなとき、変わらぬ勇気と、支えが必要だ
逃げ出し、逃避してしまわないように
誰かの支えが必要になる
それが、師（マスター）の役割だ
手を取り
「恐れることはない ──
ゴールは近い ──すぐそこだ」
とはげまし続ける
ゴールはすぐそこではない
覚えておきなさい……
しかし、師はいつも、すぐそこだと言う
ゴールはいつか必ず来る
しかし、人はその日を待たねばならない
忍耐が必要だ

凡庸な人間は、他者に依存して生きる
聡明な人間は自分自身の光に従って生き
どのようなリスクでも、受け入れることができる
それは、自分自身の知性を信頼しているからだ
挑戦が大きいほど知性が深まることを、彼らは知っている
それゆえ、挑戦を受けることができるのだ

危険の中に生きるのは
知性が危険の中、不安定の中にのみ、
生まれ得ることを知っているからだ
危険も不安定もなければ、知性は死んでしまう
私の言う凡庸な人間とは
自分自身の知性を自ら死なせてしまう者、
さびつかせてしまう者のことだ
瞑想は、自分自身の知性を研ぎ澄ませていく道だ
そして、知性が深まるほどに、神に近づいていく

人生とは悪夢のようなものだ
悪夢に苦しんでいるのなら
自分のエネルギーのすべてを目覚めさせることだ
それだけが唯一必要なことだ
ライオンに追いかけられているのなら
そのライオンを殺す必要はない
なぜなら、ライオンなどはいないからだ
岩の下で潰されているのなら、岩をどける必要はない
それは、自分の枕かもしれない
必要なことはただひとつだ
目を覚ましなさい

人生は贈られるものだ

しかし、それに気がついている者はわずかだ

なぜなら、神は常に声高に知らせることをしないからだ

あまりにも静かであるがゆえに

私たちは、尊いものが贈られることに全く気がつかない

そして、神は感謝されることを待ちはしない

神は与えることをひけらかしたりはしない

「存在の中で一番大切なもの——

命、意識、愛——をあなたに与えよう」

などと、ささやいたりはしない

神はいかにして与えるかを知っている

それが、贈ることのアートだ

贈りものを与えられる者は、そのことを知っていてはならない

そうでなければ、神は面目を失ってしまう

きまり悪い思いをするだろう

それゆえ、神は匿名の贈りものをする

何が贈られたのかを知ろうと意図的に努力しない限り、

その贈り物に気づくことがない方法でだ

そして、それに気づいたとき

人はさらに多くを受け取ることになる

贈りものに感謝の心を持ったとき

さらに多くを受け取るに値するようになる

自分に起こることすべてについて神に感謝するとき

人は限りなく多くを受け取るようになる

なぜなら、感謝の心が開かれていくにつれて

その受容性も増していくからだ

すべてが贈られるものであることを、心に留めておきなさい
自分に起こることはすべて、すばらしい贈りものだ——
すべての苦しみ、喜び、嘆き、快感、幸福も不幸も
何もかもが美しい
なぜなら、それが人の成熟、
究極の開花のために貢献するからだ

神には形も、名前も、定義もない
神とは説明がつかず、漠然として
言い表わすことができないものだ
それゆえ、神について言われていることはすべて間違いだ
言われた瞬間に、間違いとなる

神について正しいことを言えるのは、人が沈黙したときだけだ
たったひとことでさえ、核心を見失わせるのに充分だ
神について言えることは何もない
それはただ、経験であるだけだ
何の証明も論理的な確証もないが、実存するものがある

サニヤスは物事を見つめる新しい道だ
それはしだいに、神がいたる所に姿を現し始める、
そのように物事を見つめる道だ
形がないにも関わらず、神はあらゆる形で現れるようになる
そのとき、人は神を
あらゆる形で感じることができるようになる

ひとつの波は大海であると言うことができる
また、すべての波が大海であると言うこともできる
形をもたないのが神であると言うことができ
また、すべての形が神であると言うこともできる

思考^{マインド}はこれを知ることができない
なぜなら、思考が認識できるのは、形だけだからだ

形のないものを理解しようとするなら
思考を超えなければならない
少なくとも日に一度、
わずかな瞬間、思考を落とさなければならない
そうすれば、神に浴することができる
そして、そのわずかな瞬間が真実の瞬間となる
それが、真に生きる唯一の瞬間になる
他の時間はすべて、流れ去って行く
とめることはできない
神と共に生きる時間、
神の存在と共にある時間だけが留まる

自分自身への旅は、たいへんな忍耐を必要とする
しかし、私たちはあまりにも短気だ
特に、今世紀の人々は
人生を急がずに生きることを、忘れてしまっている
人々は常に何かを急ぎ、すべてを今すぐに欲しがる
すべてをインスタントコーヒーのようなものだと思っている
しかし、たいへんな忍耐が必要なものもある
だからと言って、
今すぐにそれが起こらないというわけではない
これは逆説だ
人が忍耐強ければ、それは今、直ちに起こる
しかしせっかちに望むと、起こるまでにかかる時間は無限だ
あるいは、もう起こることはないかもしれない
我慢できない者は手にすることができず
我慢できる者は簡単に手にすることができる

だから、旅の始めから覚えておかねばならないことは
すべてが自分次第だということだ
忍耐がなければ、旅はたいへん長いものとなる
忍耐があれば、旅は短いものとなる
絶対的な忍耐があるとき
「永遠に待てるようになった」と言うことができたとき
旅をする必要は全くなくなる
ただ何もせずに静かに座っていれば
春が訪れ、草が自然に茂る
それは、まさにそのようにして起こる

時間と場所を見つけて、瞑想するようにつとめなさい
最初は難しいが、気長にやってみる
必要なことは我慢だけだ
そして、常に希望を持って、楽観的でいなさい
なぜなら、それは時間の問題だからだ
種をまいても、次の日に芽が出るわけではない
芽が出るまでには時間がかかる
時期が来てはじめて芽が出る
人の期待に添ったりはしない
それだけが持つ法則に従っている
それは、内在的な法則、本来の姿だ
雲の到来を待ち、雨を、春を……
ふさわしい季節が来るのを待ち続ける

だから、希望を失ってはいけない
これが、多くの人々が瞑想を始め、
うまくいかなくなる主な理由のひとつだ
始めてからたった2、3日で、人々はこう言う
「うまくいかない」
それは、成功や失敗の問題ではない
何が起こるのかに関わらずただ続けていくことだ
毎日、入浴したり、寝たりすることと
同じようなものだ
それがうまくいくかどうかを、気にしたりはしない
そこから何かを得ようとするわけではない
入浴することそのものが良い

そこには本質的な価値がある
やがて、瞑想も内面的な入浴のようなものになる
心地よく、中心がすわり、根がはり、落ち着いてくる
そして、待ち続けていれば
ある日それは爆発のように、稲妻のようにやって来る
そしてその瞬間から、もはや以前の自分ではなくなる
その瞬間から、瞑想をする必要はなくなる
何をしていても、瞑想の中にいるようになる
呼吸することが瞑想になる
歩くことが瞑想になる
食べることが瞑想になる
そのとき、瞑想が自分そのものとなる

至福は、自分自身の内部から昇ってくる太陽だ
人間は普段、暗い闇に生きている
夜明けも、朝日も知らず
暗闇の中をつまづきながら、あちこちと転び、傷つく
人の一生を見ると、その人生すべてが手探りであること、
また、全く意味をなさないものであることがわかる
なぜなら、その手探りの中で扉を探し出せないからだ
扉を探し出せるのは
人の内なる存在が光で満たされるとき
太陽が昇ったときだけだ
それは、瞑想を通して起こる
瞑想は日の出の始まりだ
自分の内側から昇る太陽への招待だ
それは、光を呼び、静寂を呼び、平和を呼ぶ
私たちは普段、このようなことを考えることはない
平和、静寂、沈黙、光——これらは真の宝だ
私たちの真の王国を成り立たせるものだ

だから、今これから、さらに多くの平和を
さらに多くの静寂を、沈黙を招きなさい
たとえ一瞬でも静寂を得る機会、
沈黙する機会を逃してはならない
くつろぎ、内側を見つめる機会を逃してはならない
そうすれば、ある日、それが起こる
しだいに起こってくるのではなく、突然に起こるのだ
突然に、自分の内側に赤い東半球を見る
太陽が昇り、夜が終わる
そのとき、真の人生が始まる
一瞬ごとがかぎりなく尊く、喜びにあふれ
それが永遠の一瞬になる
過去も未来もなく、今がすべてになる
そして人は知る
死がないということを
誕生がないということを
常に今ここに在るということを

内側に入りなさい
自分自身の存在の中にくつろぐのだ
くつろぎが深くなるにしたがい
しだいにそれが確かな現象になり
自分が何物にも妨害されることがなくなったとき
サイクロンの中心になったとき、至福が生まれる
むろん、至福にあふれる者は、社会にも祝福を与える
それは、惨めな者が社会の問題の種となるのと同じだ

自分自身に神性があること
これだけを覚えておけば、瞑想のために充分だ
自分の内側の底流のように常にこれを心に留めていれば
他に必要なことは何もない
問題はただ、自分に神性があることを覚えているかどうかだ
自分自身に神性があること、これを覚えておきさえすれば
他の誰にでも神性があることを知るようになる
他の人々の中に神性があるときだけ、
自分も神性が得られる
神性な存在の中にいるときだけ、神性が得られる
私たちは、ひとつの有機体の一部だ

できうる限り何度でも、これを思い出しなさい
呼吸のように覚えておきなさい
そうすれば、多くの神秘がその姿を現すようになる
人々を目にするとき
皆に神性があることを思い起こしなさい
木や岩、星にも神性があることを思い起こしなさい

幾千もの神性なるものに囲まれていることを
感じるようになったとき
もはや苦しみの存在する場所はなくなる
そして、自分が空を飛んでいるかのように感じられる
体の重みがなくなり、羽が生えてくるように感じられる
それが瞑想、それが祈りなのだ

祈りは科学的ではない

しかし、瞑想は極めて科学的なものだ

科学者が客観的な現象を見つめ、観察するように

瞑想者は心理的な現象を見つめる

両者は同じプロセスを持つ

結論のない、公平な観察、偏見のない観察——

なぜなら、あらかじめ結論を持っていると

観察する意味がないからだ

自分の結論を証明するために、操作をしなければならなくなる

そうすれば、すべてのプロセスが非科学的になる

同じ観察のプロセスを

自分自身の思考（マインド）にも向けなければならない

人が実験室になる
観察の大いなる実験だ
自分自身の思い、欲望、記憶、怒り、貪欲さ、肉欲——
あらかじめ結論を持たずに、何の判断もせずに見つめる
これが良い、あれが悪いといった判断をせずに見つめる

完全に判断することから離れたとき
偏見も、結論も持たなくなったとき
観察が純粋でまじりけがなく、無垢になったとき
観察する対象が消えてしまう
科学と宗教が異なるのはここからだ
科学では観察すればするほど、事実が明らかになる
観察の前にはそれほど見えなかったものが明らかになる
以前には見失っていたかもしれないものだが
もう見失うことはない、それは目の前にある
前より確かになったものがある

自分自身の思考を見つめることは、これとは異なる
怒りを見るとき、その怒りは蒸発しはじめる
もう存在しなくなる
しだいに、思考全体が思考ではなくなる
見つめる対象である思考がなくなったとき
ふいに、観察する者が自分自身となる

それが実現の瞬間だ
自己の実現、サマーディだ
それが、すべての超自然的なアプローチの究極のゴールだ

存在が、私たちには全く無関心であるという感覚を
持つことがある
しかし、それは間違いだ
それは、科学の発達のゆえに
人間の思考（マインド）の中に入ってくる、愚かな考えだ

科学は人類に多くの福音をもたらしたが
その結果、ある種の不幸をもたらした
科学は人間の体をより健康に栄養豊かにしたが
その魂を栄養不足に、飢餓に近い状態にしてしまった
科学は多くを与えたが、また同時に多くを取り上げた
本質的ではなく表面だけのものを与え
最も重要なものを取り上げた
科学は私たちに快適な生活を与え
同時に人生が無意味であると感じる心をも与えた

智恵のある者は、存在することの無意味さを感じ始めている
そしてその原因は
存在することが無意味であるからではなく
私たちが、存在するものと語るための言語を
完全に忘れてしまっていることにある

空を見るとき、自分自身も空だと思う
星を見るとき、星が自分自身の中にいると思う
このことを、何度も繰返し思い出しなさい
自分が空の中にあり、空が自分の中にある、というように
そうすればしだいに、自分自身の認識^{ゲシュタルト}全体が変化し
その新しい認識の中では、些細な問題は起こらず
それらは意味をなさなくなる
それが、真の宗教者が人生を生きる方法だ

心を動かされることなく穏やかで、落ち着き、
平静で、中心が定まり
その存在に深く根差している——
そのとき、人は何物にも
死によってさえも心を動かされなくなる
なぜなら、たとえ死でさえも
彼から何も取り上げることができないからだ
取り上げられるものはすべて落とし
人は永遠にあるものとひとつになったのだ

人間は、機会を持つ者として生まれる
すばらしい可能性をもってはいるが
可能性はただの可能性にすぎないことを
覚えておきなさい
可能性は、実現するように変容させなければならない
可能性は実現化させるべきものだ
そのためには、大きな努力が必要になる
それは、困難な課題だ
そのために、人はこつこつと
努力を積み重ねていかねばならない

期待するだけでは、至福に達することはできない
ただ望むだけでは充分ではない
すべてのエネルギーを注がねばならない
そして、それが人生最大の成就になる
それゆえ、自分のすべてをかけるのだ
それ以下では達成することはできない

人間のはたらきには、ふたつの道がある
そのひとつは
コンピューターのように思考する機械として機能することだ
これが、初、中高、大学によって人々に与えられるものだ
よく動く、効率的なコンピューターのように機能することだ
しかし、それは人の魂を破壊する
コンピューターは
アインシュタインがするようなことが、すべてできる
しかし、コンピューターが光明を得ることはできない
覚者だけができることを
コンピューターが行なうことはできない
人類が死にかけているにも関わらず
それがあまりにもゆっくりと進んでいるために
私たちはそのことに気がついてさえいない
死は、ゆっくりと毒がまわるように進んでいる
人類は、しだいにコンピューター生物に変容しつつある

心は人の中心そのものだ
これを軽視してはならない
無関心でいてはならない
思考を使いなさい
しかし、思考に使われてはならない
思考を美しい機械のように使うのだ——
車やコンピューター、エアーコンディショナーのように
しかし、決してそれ以上ではない

心の中に根を下ろし、心の中から動きが起こるようにしなさい
感受性を判断の基準とする
たとえそれが不合理に見えても
それを判断の決め手とするのだ
そうすれば、人生が自分自身のダンスとなる
自分自身の美、自分自身の喜び、自分自身の祝福となる

神の声は、常に心の中にある
いつもあなたに呼びかけている
しかし、あなたは聞こうとはしない
世俗的なことに、ありきたりのことに紛れている
思考が、不必要ながらくたであふれている
用もなく忙しい
だから、いまだに小さく静かな内側の声を逃している
思考が沈黙したとき、考えることが消えたとき
あらゆる思いから離れたとき、突然、声が聞こえる
そして、自分自身の心から神の声をじかに聞くことが
変容の始まりになる
それは、天の啓示だ
神は常に、啓示として訪れる
知識としてではなく、常に啓示として訪れる
覚えておきなさい

それは遠くにあるわけではい
神はいつもそこにいる
１日２４時間、あなたを待っている
しかし、人々はあちらこちらを走りまわるばかりだ
人生のすべてを、愚かで無意味なことに費やす
人間がこれほどまでに無知になれるとは
理解に苦しむほどだ
しかし、これが事実だ

25

心は常に真だ

心は決して偽りにはならず、頭は常に真になることがない

頭は偽りの中に生きる

頭は偽りにたよって生きる

それはあらゆる類の欺瞞の中に存在する

心は信ずべきもの、誠実なもの、

純粋で、狡猾さがないものだ

心はすばらしい知性を持っているが、狡猾ではない

心はただ、心そのものを映し出す

その美しさ、その真実を映し出す

神は、決して頭を通しては知ることができない

価値あるものはすべて、頭を通して知ることはできない

愛、美、神、それらはすべて心を通して知るものだ

心は、真実への道なき道だ

頭から心に進みなさい

やさしさが、人を傷つきやすくする
やさしさが、人を開かせる
やさしさが、私たちをとりまく神秘への感受性を高める
やさしさのない人々、岩のように硬い人々は人生を逃し続ける
人生はただ過ぎ去っていくものでしかない
人生がこのような人々を感動させることはない
彼らは感動しない人々だ
やさしい人々、柔らかで愛にあふれ
あわれみ深く、感受性の豊かな人々にとって
人生は喜びとなる
そうすれば、人生そのものが真実の証となる
神の存在を、幾千通りにも証明することになる
しかし、硬い岩のような者にとっては、神の証は存在しない
そのような人間に、神の存在が明かされることはない
なぜなら、このような人間は感受性を持たないからだ
感覚をすべて失い、考えることだけで生きているからだ
心を失い、頭だけになってしまったのだ

頭はただのがらくたにすぎない
心になりなさい
頭は失うことになってもよい
頭はなくしてしまいなさい――
それは価値があることだ
頭がないことは美しい
しかし、心をなくすことは醜い

私は、普通の生活と精神的な生活とを分離しない
これらはひとつのものだ
分離できないひとつのものだ
分離すれば、分割された人間を
分裂病的な人間をつくり出すことになる
人生は統一体だ
分離できない有機的な統一体だ
高いものも、低いものもない
階層はなく、すべてが同列に同時に存在している
だから、縁を切るべきものは何もない
拒絶すべきものは何もない
むろん、すべてを変容させねばならない

愛を通して、至福を通して
喜びを通して、変容させねばならない
自分の人生にダンスをもたらすことができるとき
人生が瞬間ごとにメロディになるとき
人生がリズミカルな経験になるとき
神が訪れるのはそのときだ

信じることを始めると、自分自身も開かれていく
不信の中では閉ざされる
当然、守りの中で人は閉ざされる
傷つくことを恐れる
信じることの中で人は開かれる
恐れることは何もない
これは私たちの家なのだ
木や星、太陽、月、これらは皆、私たちの家族、兄弟姉妹だ
宇宙はひとつの家族だ

これを経験することは、信じることの中でのみ可能だ——
そうすれば、必ず至福に至る
この経験がなければ、苦しみをこうむるのが私たちの定めだ
それは避けられない
この経験があれば、至福は自然のものとなる
至福は自然におとずれる

人生は、下り坂の現象として生きるか、
あるいは上り坂の努力として生きるかのどちらかだ
下り坂を進めば、それは便利で心地が良い
努力も、リスクも、挑戦もない――
しかし、得るものは何もない
ただ誕生から死までを、あてどなく漂流するのみだ
人生は、はてしなく空虚なままだ
人は、根気強く挑戦を受け入れていかなければならない
挑戦が、人を上昇する旅に向かわせる
それは困難で危険だが、人に最善をもたらすものでもある
それは人に全体性を与える
そして、究極的に魂をつくり出す

人が、すべてのエネルギーを人生に注ぎ込むとき……
すべてのリスクを負うとき……
そのときだけ人生が輝き、花開く
人生が喜び、成就、至福、感謝となる

私たちは、すばらしい宝を持って生まれてくる
計り知れないほど大きく、無尽蔵のすばらしい宝だ
しかし、私たちはひどく貧しく生きている
なぜなら
自分自身の内側を掘り下げることをしないからだ
私たちは、どこか別の場所を探し続けている
これが、人間の最も不思議なところだ
あらゆる場所を探し求める――
エベレストに行くことができる
月に行くことができる――
しかし、自分の内側に行こうとはしない

「内側に入りなさい」と言っても
それを聞くことができない
そこにこそ宝がある
いつも宝を運び続けながら、まだ物乞いのままだ
自分の真実が内側にありながら、外側を探し続ける
最初に尋ねる先は、自分自身の内側だ
もしそこに見つけられないのなら、世界中を探検してもよい
しかし、そのようにして真実が探し出されたためしはない
内側に向かった者は、必ず宝を探し出すことができる

自分自身を探し求め、探り出すことを始めた瞬間から
人は祝福を受けた者となる
その探求心そのものが、変容の始まりとなる
その探求心が激しければ激しいほど、変容も早くやってくる
激しく探し求めなさい
すべてをかけて完全に

これが、生命と存在の最も重要なかぎのひとつだ
自分の命さえも犠牲にする覚悟ができるものを得たとき
人は初めてその人生を生きる
人生に命より高いもの、大きなもの、神聖な何かを得たとき
そこから人生が始まる
人生そのものがより高い終焉を迎えるための手段となったとき
人生は脈略を持ち始める
そしてその脈略の中に、初めて意味が生まれる
深い意義が、喜びが生まれる

独り──私たちは翔ぶ

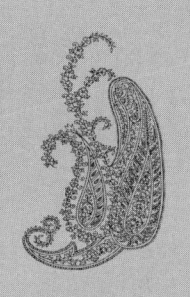

Alone We Fly

私たちは限りない智恵を持って生まれるが
知識を集めることの中でそれを失っている
知識はがらくただ
それは、世俗的で平凡なものだ
私たちは全く無意味なことのために
尊いものを手放し続ける

知識と呼ばれるものから、今一度、無知に戻りなさい
知識の重荷をおろしなさい
学んだことを忘れるのだ
すべての知識から離れれば
その瞬間、智恵があふれ始める
それは、人が元々持っている本質的なものだ
学ぶものではなく
探り出すものでも
外側に向かって探し求めるものでもない
智恵は、人の存在の内奥だ

瞑想とは、智恵が生命の存在を再び明らかにするように
知識から離れることだ

人には家が必要だ
食べ物、金、服が必要だ
このすべてに注意を払わねばならないが
それだけが、すべてになってはならない
いくばくかの空間と時間とを
内側の探求のために向けることが必要だ
それが、私の言う瞑想だ
瞑想とは、自分自身が座り、自分が自分であり
自分の主観に自分自身を開くことだ

その受容性、開放性によって
人は自らの自己に向かってではなく
存在そのものに向かって開かれる
生の何たるかを知らなければ、人は人生を無益に生きる
私たちを取り巻く計り知れない美と
歓喜の神秘を味わうことがなければ——
それはいつもそこにある
ただ、今少しの気づきと感受性が必要なだけだ——
神秘を味わうことがなければ、生命は空虚なままだ
人は生まれているが、実はまだ生まれているとは言えない
生きてはいても、死んでいるのと変わりがない

自分自身を見出すことで、人は新しく生まれ変わる
自分自身への出会いが再生、真実の誕生となる
人は二度誕生するのだ

3

知識は外側から入ってくる
知ることは、内側の浄化を必要とする
知識は情報だ
知ることは、ものごとを見つめ、理解する受容力だ
知識が人を変容させることは決してない
知識は人を偉大な学者にすることはできるが
学者であるということは
鸚鵡であること以外の何物でもない
学者はただ繰り返すのみ──まさに蓄音機だ
それ以上でもそれ以下でもない
しかし知ることができる者は、自分自身の判断で物事を知る
信じるのではなく、知る
キリスト教の信者ではなく、あるひとりのイエスだ
仏教徒ではなく、あるひとりの仏陀だ

覚えておきなさい
意識への根本的な変化、
全く新しい類の意識が必要であることを
注意を怠らないこと、気づきを持つこと、
瞑想的であること、愛にあふれていること、
これらは、知ることを可能にするための礎となるものだ
知識を広げるのではなく、人を完全に変容させるものだ

私のしごとは知識を与えることではなく
人を変容させることにある
そして、それがサニヤスの意味するところだ

知識は簡単で安いものだ
好きなだけ積み上げることができる
他人から借りることができる
しかし、智恵は高価で、尊いものだ
大きな努力、気づき、瞑想をもって
自ら手に入れなければならない
誰かが智恵を与えてくれるわけではなく
また、誰かが奪うわけでもない
智恵を導き出すのは、自分自身の力だけだ

それは種子のようにすぐそこにあるが
また単に種子でしかない
これを植え、栄養を与え、保護し、水をやり
世話をしなければならない――
そしてこれこそが、瞑想の意味するところだ
種子はしだいに成長し始め、バラの茂みになる
そして、多くの花を咲かせる
花々が開いた瞬間、芳香が風の中に放たれる
そこには大いなる喜びがある
その喜びはひとりだけのものではない
すべての存在が、共にその喜びを分かち合う

ひとりの人間が光明を得れば
存在全体が歩を進めることになる

私たちは皆、内側に限りない美の星を持っている
私たちは星なのだ
むろん、多くの霧と雲に囲まれている
そのために、外側からはその星を見ることはできない

瞑想の働きとは、自分を取り巻く暗い雲を突き抜け
永遠の光が存在する中心に到達することだ
生命が喜びの、至福の
無限の美の炎となる中心に到達することだ
この内奥の炎を経験することが、神性を経験することだ

この旅は困難だが、出てみる価値がある
そして、困難なのは始めのうちだけだ
未知の喜び、未知の自由、未知のスリルに慣れるにつれ
旅はもはや困難なものではなくなる
そして、それは瞬間ごとに計り知れない美、
無上の喜び、圧倒的な恍惚になり
人はどんな困難をもいとわなくなる
そのために死ぬ覚悟さえできるようになる
なぜなら
もはや死が死ではないことを知るからだ

愛は大きな勇気を必要とする
実は、愛ほど勇気を必要とするものは他にはない
なぜなら、愛にとって重要なのは自我をなくすことだからだ
愛が花開くのは、自分の自我を消滅させたときだけだ
自我は障壁であり、これを落とすには勇気が必要だ
人は自我にすがり
自分は自我以外の何ものでもないと思い込む
それゆえ、「自我を捨てたらいったい何が起こるのだろう
自分の主体がなくなってしまう」と強い恐怖を感じる

そうだ
自分の主体が、
古い主体、偽りの主体がなくなるときがいずれやって来る
自分が誰であるのか、わからなくなるときがやって来る
そして、真実の主体が引き出されるのはその後だ

禅の世界ではこう言う
瞑想を始める前には、川は川、山は山だ
瞑想をすると川はもはや川ではなく
山はもはや山ではなくなる
そして瞑想が終わり、成就したとき
川はふたたび川に、山はふたたび山になる

古いものが去ることと、新しいものが来ること——
この２つの間には隔たりがある
それは少し混沌としたものだ

それゆえ
このような日々にあるとき
弟子の手をとり
励まし続ける師（マスター）の助けが必要になる

「怖がることはない
夜明けは近い
振り返るな
前を見るのだ……
後に道はないのだから
人生は二度と元に戻らない
人生は常に前進するものだ」

仏陀はこう言った
「*Charaiveti、Charaiveti*」
進みさない、進みなさい、と
何の欲望も残らなくなるところに
行き着くまで進むのだ
それが成就の瞬間だ
至福の、祝福の瞬間だ

愛にあふれるということは
宗教的であるということだ
存在を真に愛するということは
祈りの中にあるということだ
人は、自分自身の愛の質を
常に向上させていかねばならない

無条件に
動機づけもなく
何の要求もせず
支配することも
自分の利を求めることもない愛にまで
高めていかねばならない

愛が完全に純粋になったとき
人は神に到達する
それ以上のものは何もない
生命の極致に達したのだ
愛こそが神髄だ
だから、愛を自分の道としなさい

8

愛——このひとことの中に
人生の中で持つ価値のあるものすべて
人生の中で手に入れるべきものすべてが含まれている
神を忘れても失うものは何もないが
愛を忘れたら、すべてを失う
愛があれば、神は必ず訪れる
なぜなら、愛を経験することの絶頂が神であるからだ
しかし、愛なくして神を望むことなどはできない
愛なくしてはすべてが不可能だ
至福もなく、祝福も、真理も、自由もない
愛は美酒だ
それは人に永遠の生命を経験する機会を与える
愛は時間と永遠との架け橋になる

あなたは愛だ
覚えておきなさい
皆が愛であることを、社会が忘れさせてしまうのだ
社会はあらゆる類の規則をつくり出し
そのために、人は自分が愛であることを
覚えていることができなくなる

愛があるところにはどこにでも神がいる
愛は、神の存在の芳香なのだ

このことを心に留めておきなさい
そして、人が自分の実体を忘れてしまうように
社会がつくりだしたものすべてを壊しなさい
私たちは愛でつくられている
そして、愛のためにつくられている

人は不調和の中で生きている
人は群集のかたまりのように生きている
自分の中にひとりだけではなく、大勢の人間がいる
そしてその人間たちは皆争い、反目し合い
自分こそが主人であると主張している
すべてが小さな断片で
それぞれが自分の思い通りの道に行きたがる
互いに一致する断片はひとつもない
人は統合を必要とする
このようなすべての断片を
ひとつのまとまりの中、
調和の中に融和させなければならない

人は結晶になるとき、ひとつになるとき
ばらばらになった断片が溶け合い、ひとつになるとき
圧倒的な喜びが生まれる
なぜなら、すべての争いがなくなるからだ
そして争いがなくなると、祝祭が始まる

すべての瞑想の手法は
争い合う断片を互いに引き寄せ
親しみ合い、調和へと導くようにつくりだされている

情熱は最も低い意識の状態であり
慈悲は最も高い意識の状態だ
情熱は否定されるべきではなく、変容させるべきものだ
踏み石となるべきものだ
これまで、いわゆる宗教者たちはこれを否定してきた
そして、何世紀にも渡るその教えのために
分裂病的な人間がつくり出されてしまった
彼らは人を、高いものと低いものとの2つに分裂させた
この分裂こそが悲しみや苦痛、不安の原因となる

自分を、高いものと低いもの、2つのものとして考えると
そこには絶え間ない葛藤がある
低いものを克服し、戦い、破壊しようとする──
しかし、破壊することは不可能だ
可能なのは、変容させることだ
破壊は不可能だ

存在の中では、破壊されるものは何もない
そうだ、ものごとを変えることはできる
水を蒸発させることや凍らせることはできる
しかし、それは変化するだけだ
水を完全になくすことはできない
消滅するものは何もなく
また新しくつくり出されるものもない
ただ組み合わせが変化するだけだ

情熱は梯子の最も低い段で、慈悲は最も高い段だ
しかし、両方が共に同じ梯子に属している
覚えておきなさい
情熱は意識されるとき、慈悲になる
情熱が意識されなければ
それは残酷で醜く、動物的なものとなる

自分自身の存在に、より以上の意識を向けなさい
そうすれば、人は神性へと向かい始める
動物から神へと向かい始める
人間は、このふたつの永遠の間に掛けられた梯子にすぎない

至福は、喜びの最も高い次元にある
最初の次元は快感——これは動物だ
次の次元は幸福——これは人間だ
そして、至福は神だ

至福は最終的な目標だ
なぜなら、至福の中でだけ
自分自身の存在の頂点に達することができるからだ
自分自身のすべてを実現できるからだ
人間は、三層の建物だ
最初の階は動物、それは善だ
何も悪いことはない
私はそれを否定しないが
より高いものを皆に知ってもらいたい
最も低いものを礎としよう
しかし、ここに閉じこもっていてはならない
二番目の階は人間で、三番目の階は神だ

至福を知ることで、人は自分自身の神性を知る
自分が神であることを知るようになる
覚えておきなさい
これに気がつかないうちは、人生が成就することはない
深い挫折と欲求不満を抱えたままになる
自分自身の絶頂に達することができてはじめて
人は充足、平和、静寂、心の安らぎにいきつく

人が人前であがってしまう原因は単純だ
それは、自意識を持つからだ
自意識は、優雅さをだいなしにする
友人と話すときは優雅に話せるのに
大勢の聴衆に向かって話すとき、何千もの人々を前にするとき
人は優雅さを全く失ってしまう
とたんにぎこちなくなり、汗がふき出し
震え、何もかも忘れてしまう

思考力は、生まれた瞬間から働き始めると言う
聴衆を前にするという数少ない機会を除き、死ぬまで機能する
このような場面では、思考力は停止する
ギャップが突然生まれる
そして準備をすればするほど
そのギャップが生まれる可能性が高くなる
なぜなら、その準備にこそ
自分が恐れていること、あせっていること
何とかしようとしていることが現れているからだ

舞台の上の俳優には何が起こるのだろう
なぜ俳優は優雅さを失うのだろう
同じ人物が、友人と話すときはあれほど優雅であるのに……
何も変わっていない、同じように話しているだけだ
しかし、今や彼はせりふを忘れ
言うべきではないことを口走り
すべてがぶざまになってしまう

野生の動物は優雅だ
なぜなら、自意識を持っていないからだ
すべての動物が優雅なのは、演じていないからだ
ただ動物の生命を生きているだけだからだ
自分がどのように見えるかを心配することがない
自分がどのように見えるか
他人が自分をどう見ているか
自分が評価されているか
そのようなことを気にするのは人間だけだ
このような悩みが、すべて優雅さをだいなしにする
至福は、優雅さの中にだけ生まれる

14

至福への道、この広大な至福への道は
肉体と思考（マインド）との複合から自らを引き離すことだ
「私は肉体ではない」
「私は見つめる者、目撃者だ」
これをいつも覚えておきなさい

しだいにそれが自然なことになり
覚えていようとする必要がなくなる
すぐそこに、底流のように存在するようになる
眠っているときでさえ
「私は肉体ではない
私は思考ではない
私は目撃者だ」とわかる
夢を見ているときでさえ
「私は夢の目撃者だ」ということがわかる

この目撃者になるということが大きく深まるとき
人は突破の境目にくる
そうなれば突然
すべての境界が取り払われるときがやってくる
ふいに何の制限もなくなり、人は無限になる

至福には、それだけが持つ輝きがある
苦しみは暗く、至福は明るい
苦悩する者は他人の上にまでも影を落とす
あたかもブラックホールのようにやって来て
他人のエネルギーを吸い上げる
その存在そのものが破壊的だ
しかし、至福に満ちている者の存在は創造的で豊かだ
他人に光のシャワーを注ぎかける
それは存在への恵み、祝福だ

私たちの王国は内側にある
外側で物乞いになるのは私たちの常だ
何をしようとも、その根本的な真実を変えることはできない
私たちは多くの金、力、地位を得ることはできるが
その見かけの裏側に物乞いが隠れている
物乞いが居すわっている

金持ちの目の奥をのぞいてみるがよい
そこには物乞いが見える
政治家の目の奥、権力者の目の奥をのぞいてみるがよい
そこには物乞いが見える
物乞いたちは隠れている
自分たちが誰であるかを人々に知られないように
物乞いたちはあらゆる方法をつくしている
彼らは自分たちをカモフラージュしている
しかし彼ら自身は知っている
そして、聡明さを少しでも持つ者たちも知っている
物乞いたちがそこにいることを

人が内側に向かうとき、物乞いは消え去る
神の王国に入ったそのとき
人は初めて本物の王のひとりとなる
イエスは生涯、この内側の王国について説き続けたが
誤解されてきた
それは、覚醒を得た人々すべてにあてはまる──
彼らは常に誤解される

イエスはこの世界やこの世の王国、
あるいはこの世の権力について語ったわけではない
別のことを語っていたのだ
イエスはこのような言葉を隠喩として使ったにすぎない

真実の王国は、自分自身の内側にある
それはいつもそこにある
人がつくり出す必要はない
それを思い出しさえ
すればよいのだ
瞑想の技法はすべて、
自分自身を覚えておくための
技法なのだ

涙があふれているのに微笑む
怒っているのにそれを表さない
人は自分を押さえ込む
当然、このプロセスすべてが自分を分割することになる
涙は真実であるのに、それを許さない
押し戻そうとする
そして微笑みは偽りであるのに、笑おうとする
しかし、それは深い微笑みにはならず
唇の表面だけにとどまる
自分自身とは何の関わりもないものだ

道徳もまさにこの、偽りの微笑みのようなものだ
道徳的なふるまいをしても
それで尊厳が得られるわけではない

尊厳は瞑想を通して得られる
性格をどうにかしようとして何かを行なうのではないが
そこから洞察力が生まれる
ものごとをありのままに見るようになる
そして、人生すべてがこの全く新しい光の中で
視野の中で変容する
他人を欺くことができなくなる
なぜなら、人は瞑想を通して
人間がすべて別々なものではないことを知るからだ
暴力的になることも
人を傷付けて楽しむこともできなくなる

なぜなら、相手も自分の一部であることに気づくからだ
私たちは有機宇宙の一部なのだ
私たちは決して分割された存在ではない

そうすれば当然、あなたは尊厳を得ることが可能になる
そしてその尊厳は統合を通して得られる
だから、瞑想が真の尊厳の源泉であることを覚えておきなさい
尊厳のことはすべて忘れてよい──
自分のエネルギーのすべてを瞑想に注ぐとき
そこから尊厳が生まれる

それは、自分でそうなるように
仕向けるわけではない
無意識的に自然に起こるものだ

そして尊厳が無意識的であれば
そこには独自の美がある
それは、喜びとなる
それは
目的に達する手段ではない
それ自体が最終的なものだ

智恵を持たずに至福を得ることは可能だが
そのような至福は真実の至福ではない
それはただ、人々が幸せと呼んでいるものにすぎない
訪れては去っていく、一時的なものにすぎない
そして、常に深い欲求不満と絶望を残していく
その代償はあまりにも大きく、そこには価値が見られない

至福を得ずに智恵を持つこともまた可能だが
その智恵は偽り、にせものだ
それは、いわゆる知識と呼ばれるものだ
借りてきたもの、重荷となるものだ
自分自身の経験から生まれるもの以外はすべて
常に束縛となる
それはエゴを育てはするが
自分自身を自分に示すことにはならない
真の探求者は、至福と智恵との両方を求めなければならない
そして、それは共に容易に探し出すことができる
なぜなら、至福と智恵は
あたかも鳥の両翼、瞑想の両翼のようなものだからだ

瞑想によって、人は至福を得、同時に智恵を得る
両者は深い同時性の中で、共に生まれる
そして、ついには至福が智恵となり、智恵が至福となる

智恵が生まれるのは
いかにして独りになるかを知ったときだけだ
智恵は、本来自分が持っているものだ
自分が完全にひとりになるとき
この世のすべてを忘れ去るとき
ただ自分自身になり、至福に満ち
他者を必要とせず、何の欲望もなくなるとき
そのとき、そのやすらぎの中、
自分自身の存在の中に智恵が生まれる
智恵は、知識とは異なるものだ
智恵とは、自己を洞察する力のことだ
智恵とは透明さのことだ
智恵は情報ではなく、変容だ
智恵とは、生命を見つめるための全く新しい道のことだ

独りになることを覚えなさい
そして、智恵を自分の存在の表に出してやりなさい
そうすれば、社会に生きていながら
雑踏の中でさえもひとりでいられるようになる
影響を受けることも、気を散らされることも
心を動かされることもなくなる
社会の中にいても社会の一部にならず
何が正しく、何が間違っているかを
見ることができるようになる
外側のおきてに頼ることがなくなる
聖書やギータ、コーランに頼ることがなくなる
それは、自分だけの聖典を見出すからだ

自分の心の中に神の声を見出すからだ
もう二流の情報、使い古しの情報に向かう必要はない
今や、神に直接つながる道を得たのだ

人は他人に執着するのが常だ
他人に執着すればするほど、相手はそれを恐れるようになり
逃げ出すことを望むようになる
なぜなら、圧倒的な自由への渇望が人の内部にあるからだ
自由への渇望は、他のどのような欲望よりも
大きく、根深いものだ
人は愛を犠牲にすることはできても
自由を犠牲にはできない
それはものごとの本質に反しているからだ
それゆえ真の至福が生まれるのは、人が独り在るときのみだ

独り在るということは、ひとつのアートだ
瞑想のアートそのものだ
他を欲することなしに
完全に自分自身の存在の中心にあること
他に何もいらなくなるほど自分自身の中に深くくつろぐこと
それが独り在るということだ
それは、限りない至福をもたらす

まず、自分自身の存在に根をおろし
そこから関係性に向かう
これは、全く異なる現象を生む
分かち合い、愛し、その愛を楽しむことができるようになる
たとえ一時的であっても、歌い、踊ることができる
そしてそれが終わってしまえば、それまでのことだ——
振り返りはしない
別の愛をつくり出すことができるのだから

執着する必要はない
その恋人に感謝し、終わった愛に感謝する
なぜなら、それは自分を豊かにし、成熟さを深め
生命のきらめきを与えてくれたからだ

しかしこれは、自分の存在の中に
根がおりているときにだけ可能になる
自分が持っているのが愛だけで
瞑想的な下地がなければ苦しむことになる
そして、それぞれの恋愛は遅かれ早かれ悪夢になる
独り在ることのアート、
喜びの中で独りあることのアートを学びなさい――
そうすれば、すべてが可能になる

蜂はどんな花にも執着することがない
あらゆる種類の花に群がるが、ひとつに留まることはない
蜂はバラに向かって飛び
マリーゴールドに向かって飛び、睡蓮に向かって飛ぶ
花から花に飛び回り、蜂蜜を集めてくる
しかし、ひとつにこだわることや執着することがない

次に覚えておかなくてはならないことは
蜂が多くの花から蜂蜜を集めてきても
花を壊さないということだ
傷つけることのない、非常に巧みで優雅なふるまいだ
それどころか花にとって蜂が来ることは、圧倒的な喜びなのだ
それは実に礼をつくしたふるまいだ
そして、蜂は破壊的であったことがない
必要なものだけを集め、しかも実に巧みな方法で
花が全く同じ状態を保てるようなやり方で行なわれる

自分によって
他人が傷つくことがないような生き方をしなさい
創造的な生き方をしなさい
技と芸をつくして
感受性の高い生き方をしなさい
そして、決して執着してはならない
あらゆる類の経験を、あらゆる類の花を楽しみなさい
しかし、常に動きを止めないことだ
どこかにとどまっていてはならない
そうすれば、神にたどり着けるようになる

苦しみは執着から起こる
私たちは物に、人に、場所に執着する
私たちは、執着することの中毒になっている
あらゆるものにすがりつき
すがりつくことが苦しみをもたらす
なぜなら、人生は変化し続けているからだ
それは、常に動きを持っている
決して止まることがない
連続する2つの瞬間の間でさえ静止することがない

美しい夕日を見たときは、それを楽しみなさい
しかし、それに執着してはならない——写真ではないのだから
それはすぐに消えてしまう
消えつつあるものだ
見ている間にも消えていってしまう
そこに夜が迫っている
しかし、心配することはない
夜には夜の美しさがある——やがて星が現れる
しかし、執着する者が愚かなのは
美しい夕日にいつまでもすがろうとすることだ
永遠に動かぬままでいたいのだ
このような愚か者たちは
自分たちが何を望んでいるかを知らない——
夕日を求めて泣く
なぜなら、そこにはもう夕日がないからだ
そしてその嘆きの中では
新しく生まれてくる星を見逃してしまう

愚か者はすべてを逃し続ける
賢い者はすべてを楽しむ
昼を楽しみ、夜を楽しみ、夏を楽しみ、冬を楽しむ
賢い者は人生を楽しむ
死を楽しむ
何にも執着しない
執着しないことの中には至福がある

私たちは翼を持っているが、まだそれを使っていない
そして、まだ使っていないために
翼がそこにあることを忘れてしまっている
その小さな翼は、実はそれほど小さいわけではない
なぜなら、空全体をおおいつくすことができるからだ
その能力は果てしなく、計り知れないほど無限だ
翼を持つ鳥ほど美しいものはない──
空全体をその小さな翼の下に抱えている
存在の究極の領域に向かって進んで行く
常に既知から未知へと向かう
決して未知を恐れることがない──
未知に好奇心さえ向ける
常に既知を落とし続ける
なぜなら、一度知ってしまった経験を繰り返すのは
実に愚かなことだからだ

賢い者は新しい経験、新しい眺望の展開、新しい視野を求める
これこそが、翼を持つ鳥が示していることだ……
これこそが、神の何たるかだ
それは、大きく開かれた空全体だ
そして自由を得ることは
試してみる価値がある唯一のものだ
自由が達成されれば、すべてが後に続く
自由がなければ、何の可能性もない

完全に自由になるためには
完全な気づきを持たなければならない
なぜなら、束縛が自分自身の無意識に根差しているからだ
それは外側から、もたらされるわけではない
誰か他人が、自分を束縛するわけではない
自分からそれを差し出さない限り
たとえ殺されても、自由が取り上げられることはない——
つまるところ、自分を束縛するのは
束縛されたいと願う自分自身の心なのだ
何かに頼ろうとする自分自身の心、
自分自身であることの責任を捨てようとする心、
それが自分を束縛する

自分自身に対して責任を持つとき……
バラは花だけがすべてでないことを覚えておきなさい
花にはとげがある
甘いばかりではない
その中に、数多くの苦い瞬間がある
甘さは、常に苦みによって調和が保たれる
甘さと苦さはいつも同じ割合でやって来る
バラの花はトゲによって調和が保たれる
昼間は夜によって、夏は冬によって調和が保たれる
人生は、対局にあるもの同士で調和をはかる
だから、自分自身であることの責任を受け入れる者、
そのすべての美、苦しみ、喜び、嘆きと共に
責任を受け入れる者は自由になることができる
自由になれるのは、それができる者だけだ

ありのままの自分自身であることの責任を、受け入れなさい
良いことも、悪いことも
美しいことも、美しくないことも
すべてを含めて受け入れなさい
その受け入れの中から超越が起こり、人は自由になる

自由とは超越すること、二元性を超えることだ
そうすれば、恍惚も苦悩もなくなる
自分に起こることすべてを見つめる、ただの目撃者となる
その超越が真の自由であり
それが人を光明、解放へと導く

真の探求者が求めるのは知識ではなく、知ることだ
学ぶことのプロセスそのものを学ぶのだ
結果に行き着くことには関心がない
目的に行き着くことにも関心がない
関心があるのは、旅そのものだ
その旅は美しく、瞬間ごとがかぐわしい——
ゴールなど誰が気にしよう

目標という考えは
休みたいがために、怠惰な思考（マインド）がつくり出したものだ
いちど到達してしまえば終りになる
だから、人は近道を探そうとする
目標に関心がある者は当然、近道に関心がある
遠回りをして行く必要がどこにあろう

怠惰な人々が真の探求者になることはできない
真の探求者には何の欲望もない
ゴールを得ようとする野心もない
関心があるのは瞬間、この瞬間、今このときなのだ
その存在全体が生きることの中にある

気づきを深めるとき、人は存在に向かって
まわりに起こるすべての物事に向かって、開かれて行く
自分自身のすべての窓、すべての扉が開かれる
存在が自分自身の中を通り抜けていく
気づきが深まるにつれて、感受性も深まっていく

知識を得ることで、知識が積み重なった老人になろうと
人は同じままだ
それで新しい人間になることはない
新しい教養を身につけた同じ人間が、古くなるだけのことだ
気づきを持てれば、人は新しくなる
それは、瞬間ごとに自分自身をいかに新しくしていくかを
知るようになるからだ
そうすれば、もう年を取らなくなる
感覚が鈍くなることもなくなる
感受性を失うこともなくなる

木や鳥、動物は存在とひとつになっている——
しかし、それに気づいていない
彼らは至福に満ちているが
至福が何であるかを全く知らない
至福を意識しているわけではない
意識されることのない至福は価値を持たない
宝を持っていても気がつかなければ
何の意味があるというのだろう

遠くから聞こえるカッコウの声は美しい
しかし、カッコウ自身には関係のないことだ
カッコウは、美が何であるか、音楽が何であるか
詩が何であるかを知らない
気づいていないのだ
至福、だが気づかれずにいる

気づきがなく、みじめなのは人間だ
しかし、このみじめさは落とすことができる
いま少しの気づきを持ち
みじめさを意識的に落とすことが必要だ
そして、再結合を目指すのだ——
私はこれを再結合と呼ぶ
木、カッコウ、他の鳥、動物、
これらは皆、結び合わされている
人間はこの結びつきを回復しなければならない
人間は、結びつきへの接点を失ってしまっている

すべて私たち次第だ
自分自身のみじめさをどうするかにかかっている
私たちはみじめさを助長し
自分で自分の地獄をつくり出すこともできる
もしこれを落とすことができれば、究極の合一のために
存在へ向かうことが可能になる
自分自身を、存在の大海に溶け込ませることが可能になる
至福が生まれるのはそのときだ
そして人が至福に満たされるとき
その至福が限りない価値を持つようになる
カッコウは至福に満ちているが、その至福には価値がない

神に対して敬謙であるということは
存在に吸収され
溶け込む用意ができていることだ
そうすれば、至福は自然にやってくる

存在に溶け込む用意ができれば、その成果は至福だ
溶け込むことに抵抗するとき
別個の存在のままでいようとするとき……
これこそが、皆がしていることだが……
それは、ひとつの自我であろうとすること
自分を保護しようとすること、自分を守ろうとすることだ

誰もが、存在と自分との間に塀を築こうとする
誰もが存在を恐れる
なぜなら、存在は広漠としているからだ
あらゆる方向から人を取り巻いているからだ
そして、私たちは高い塀を築いている
自分を守るために、万里の長城を築いている
そうしなければ、氾濫してしまうからだ
のみ込まれてしまうからだ
こうして私たちは万里の長城を築き
その影に隠れて小さくなっている……
私たちは分離されてはいない
誰も孤島である者はいない
私たちは皆、大陸の一部だ
だから、大陸と戦うのは無駄だ……
存在に溶け込みなさい、エゴを落としなさい
分離されていると思う自分を忘れるのだ
自分自身が、存在の一部であることを感じるのだ
そうすれば、それがどんなに美しいか、どんなに甘いか
一瞬ごとがどんなに祝福に満ちたものになるかを
知ることができる

人間はみじめでいるのが常だ
なぜなら、自分が分離されたものと考えているからだ
覚えておきなさい
誰も孤島である者はいない
自分が存在から分離されていると思うのは
唯一の幻想だ
他のすべての幻想は、そこから始まる
私たちは広大な大陸の一部だ
別々の孤島ではない
これを覚えておくことが、変容への唯一の道だ

この幻想に生きていることが問題をつくり出し
このような問題のすべてが、さらに問題を蓄積させていく
自分自身のはたらきかけそのものを
最初から変えてしまわない限り、問題は解決できない

根本的な変革が必要だ
少しばかりの改革ではない
そして根本的な改革が起こるのは
自分自身の存在を神の大海に注ぎ落としたときだ
エゴの滴が大海に消え去ったときだ

失われるものは何もない
何かを得るのだ
私たちは自分の小さな境界をなくし、広大で永遠になる
その中で、広漠とした広がりが芳香になる……
エゴの洞窟から、最初の一歩を大空に
星空の下に踏み出す――突然、翼が伸び始める
翼はいつもそこにあるが、それを使う充分な空間がない
ただほんの少しの代償を払えば良い
偽りのエゴを落とすのだ

Alone We Fly 263

瞑想は、エゴを明け渡す道だ
瞑想は明け渡しだ
明け渡すことの本質そのものだ
私たちは自分のエゴに執着するのが常だ
あらゆる手段を持って、これを正当化しようとする
瞑想とは、エゴの世界のすべて、
エゴの体験のすべてを落とすことだ
そうすれば、エゴの正当化には興味がなくなる
なぜなら、その虚偽性、その不合理を知るからだ

エゴを知れば、それを落とすことが可能になる
エゴがもたらす無益さとみじめさを知れば
それを明け渡すことが可能になる
そしてその瞬間から変容が起こる

エゴを空にしたとたん、超越した何かが飛び込んでくる
そして、内側の真空がたちまち満たされる
この超越したものから、急に立ち現れるエネルギーが神だ
瞑想が、超越からの奔流の道となる

しかし、私たちの入れ物は満杯で、これを見失うのが常だ
私たちは、自分自身を完全に空にしなければならない
それに全力をつくさなければならない
しぶしぶであってはならない
いいかげんであってはならない
なぜなら、エゴがわずかでも残っていたら
超越なるものを遠ざけるのに充分だからだ

エゴは徹底的に落としてしまわなければならない
究極の空、完全な空でなけらばならない
そうすれば、そこには何の境界もなくなる
そして、来客が訪れる
空であることが神の宿主となる
他に神を知る道はない

自由は最も神聖な現象だ
それゆえ、自分の自由を何のためであろうとも
犠牲にしてはならない
たとえそれが愛のためであっても
自由を犠牲にしてはならない
なぜなら、自由より高いものは何もないからだ
自由のために、すべてを犠牲にできる
たとえ命でさえも
しかし、自由を何かのために犠牲にはできない
神でさえも、自由のために犠牲にできる
しかし、自由を神のために犠牲にはできない

仏陀は神を信じなかった
仏陀が信じたのは自由だ
マハヴィーラは決して神を信じなかった
マハヴィーラが信じたのは自由だ
彼らは、神の存在の仮説を捨てることができた
しかし、自由の存在の仮説は捨てられなかった
実は、自由こそが真の神だ
自由に生きることは、霊的な人生を生きることだ
しかし、いわゆる聖者たちは奴隷として生きている
彼らは自由人ではない
まさしく、地球上で最も偉大な奴隷だ
死んだ観念、死んだイデオロギーの奴隷だ

自分の意識が完全に自由になったとき
そこにはもう何の拘束もなくなる
閉じ込められていた輝きが放たれる
このときはじめて、自分が誰であるかを知る
自分の光輝、美を知る
そしてその経験こそが
イエスが生命をかけ、そのために死んだもの、
仏陀が生涯をかけて説いたもの、
ソクラテスが自分を犠牲にした、その経験なのだ

私はウォルト・ホイットマンの詩を読んでいたところだ――
彼の詩は実にすばらしい
彼は地球上を歩いた詩人の中で、最も優れた詩人のひとりだ

彼はこう言う
「私は私自身を祝福する
私はひとり歌う
私が想うことをあなたも想う
私に属する原子のひとつひとつは皆、あなたにも属する」
これこそが、すべての予言者のメッセージ、
すべての知を得た者たちからのメッセージだ
そしてとりわけ、私のメッセージは祝福ということだ

心の限り、こう言いなさい
「私は私自身を祝福する
私はひとり歌う」
しかし、覚えておきなさい
自己とはエゴのことではない
自己とは、エゴを超えたものだ
エゴは自分自身の創造物だ
自己とは神の一部だ
自己とは至高のものの一部だ
自己は人を分離した個人にはしない
人を孤島にはしない
自己は、人を存在と一体にする

それゆえ、祝福がある
それゆえ、喜びがある
それゆえ、喜悦がある

愛、至福、祝福、神、真理、自由――
これらは皆、同じ現象の異なる相だ
エゴを落とせば、人は多次元の実在に入っていく
そこには、このような異なる相すべてが含まれている
しかし、それには勇気と度胸が必要だ
すべてをかけて生きるために
無限のものと、永遠のものと調和して生きるために
勇敢でありなさい

month **7**

危険に生きる

Live Dangerously

まず、既知から未知へと進むことを学びなさい
そうすれば
人生がすばらしい興奮、喜び、驚きとなる
すべての瞬間ごとに新しい何かが始まる
そしていつか、究極のリスクを負うときが来る
未知から不可知へと進むのだ
既知と未知、不可知の違いとは
未知はいつか既知となるが
不可知は決して既知とはならないということだ
その不可知こそが神だ

しかし、まず既知から未知へと
進むことを学びなさい
それは、浅い水の中で泳ぎを学ぶことだ
そして泳ぎを覚えたら、恐れなしに
恐怖を一切持たずに海に入る
そのとき、生命は、喜悦の何たるかを知る
人は未知へ進むことで興奮を知り
不可知へ進むことで喜悦と出会う

勇気は最もすばらしい宗教的な資質であり
他のすべてはその次にくる
勇気がなければ、正直にはなれない
勇気がなければ、愛することはできない
勇気がなければ、信頼はできない
勇気がなければ、真実を問うことはできない
それゆえ、最初にくるのが勇気で
他のすべてはこの後にくる

愛が生まれるのは、恐れがないときだけだ
究極なるものへの探求に入って行けるのは
恐れがないときだけだ
それは長い航海だ
またそれは、未知への航海でもある
臆病者はこの岸を離れられない
宗教とは
こちら側からは見えない向こう岸への
大いなる切望を意味する

3

勇気を持つとき、そこには多くの奇跡が起こる
それは瞬間ごとに起こる
なぜなら、勇気ある者は瞬間ごとに既知を落とすからだ
これこそが、真の勇気だ
それが何であれ、既知のものはすべて落とさねばならない
その知を経験し、生きたのだ
もうそれにこだわる必要はない
こだわることが、新しいものの始まりを妨げる
新しいものには空間が必要だ
古いものがその空間を占領しているとき
どうして新しいものが起こり得よう

勇気ある者は過去を
古いものを、既知を、絶えず落としていく
そして、常に未知に入る用意ができている
そのためには度胸が必要だ
なぜなら、次の瞬間に何が起こるのか全くわからないからだ
それは予想がつかないからだ
慣れていることは予想がつく
たとえ苦しいことでもそれに馴染み、習慣になってしまう

至福は、勇気ある者だけのためにある
至福は、過去を絶えず落とすことに他ならない
至福は過去に死に、それぞれの瞬間ごとに新しく生まれ変わる
それこそが、至福の何たるかだ

至福について最も重要なことは
それが本質的に矛盾を含んでいるということだ
至福はその逆説的な本質ゆえに
常に誤解を余儀なくされている
その逆説とは、大きな努力を必要とするにも関わらず
その努力ゆえには至福が起こらないということだ
それは、常に神の贈りものとして起こる
しかし、努力なしに
この贈りものを受け取ることはできない
贈りものがいつもそこにあるにも関わらず
人は閉ざされている

全人類が努力したからといって
それで至福に到達できるわけではない
それが至福を得るための根拠とは、なりえない
ただ境界を取り除くだけにすぎない
それは否定的なプロセスだ
あたかも、閉ざされた部屋に住んでいるようなものだ
すべての窓、すべての扉が閉ざされている
太陽が昇っているが、人は暗闇の中にいる
太陽が昇っているのは、人が努力したからではない
何をもってしても、太陽を昇らせることはできないが
扉は自分で開けられるし
閉じたままにしておくこともできる——
それはすべて、自分の努力にかかっている
扉を開けば、太陽を浴びることができる——

扉を開かなければ
太陽はノックさえせずに
扉の前で待つばかりだ
自分と太陽との境界を取り払うだけですむとき
永遠に暗闇の中で生きることも可能だ

わずかな努力、わずかな信頼、
境界を取り払うための
わずかな努力が必要だ
わずかな信頼と忍耐、待つことが必要だ

「神は慈悲深い
私の境界が取り除かれ
用意ができればいつでもそれは起こる
そうなる定めなのだから」

踊り、歌い、祝うことをしない限り
神を受け入れることはできない
神は祝祭だ
神はダンス、神は歌だ
神は、悲しがる者や深刻な者の前には現れない
神はみじめな者の前には現れない

みじめさは人を萎縮させる
至福は人を広げる
至福は人を雄大にする——
神はすべての空間を必要とする
究極の空（そら）が内に入ってくるのは、そのときだけだ
人は、空のように広大にならねばならない——
そして、これが可能なのは
絶対的な至福の中だけだ

気づきを持つ者は
生が絶えず変化していくことを知っている
生は変化だ
唯一変化しないもの、それが変化だ
変化を除いたすべてが変化する
生のこの本質を受け入れること
すべての季節と気配と共に、変わりゆく存在を受け入れること
一瞬たりとも停止しない、絶えざる流れを理解すること
それが至福に満ちることだ
そうすれば、誰もその至福を妨げることはできない

人に苦しみをもたらすのは、不変への渇望だ
人は、変化のない生を生きようとする
しかし、それは不可能だ──
不可能なことを望んでいるにすぎない

子供が青年になり、青年が老人になる
昨日生きていた者が、今日は死ぬ
このすべての変化、ものごとの本質を受け入れ
そしてそれを喜びと共に許すとき
それがあるがままの人生であると知るとき
その至福は誰にも妨げられることがない

そして人は、生の流れと共にあらゆる瞬間を進んで行く
そうしなければ、人は後退するばかりだ
生は常に先に進んで行く
そして、人はそのはるか後ろをついて行く

生が今ある時点まで近づくと
もうそのとき、生は再び先に行ってしまっている
それはあたかも、川のようなものだ
それは留まることがない、動的なものだ

すべてが変化する
変わらずにいるものは何もない
たとえふたつの連続する瞬間の間でさえ
何ひとつ同じではない
そのとき、物事が永遠に
そのままであって欲しいと願う、欲望のすべてが落ちる
そしてその落下の中で、人は自由になる
不意に、大いなる自由が感じられる
そうすれば、もはや何ものにも妨げられることがなくなる
妨げるものは皆無になる

人が妨げを受けるのは、何か別のものを期待し
それが期待通りにならないからだ
物事に対して欲求不満になるのは
他の何かを望み、望み通りにならないからだ
それは望まれる以外のやりかたで起こる
人の欲望を満たしはしない
それはそれ自身のやりかたで起こる
人の望みを聞いたりはしない

先に何が起こるのかを知ることは、誰にもできない

そして、何が起こるのかを知りえないことは美しい
それは人生の興奮と喜びだ
絶え間なき驚きだ
もし予想できるとしたら、それは機械的なものだ
変化は予想できない――常に驚きが待っている
そして気づきを持つほどに、その驚きも多くなる
それゆえ、人は気づきを持つことを避ける――
人はこの変化から自分を守ることで、繊細さをなくしている

気づきを持つ者は
変化する現象を受け入れるだけの勇気を持っている
その受け容れこそが至福だ
そうすれば、すべてが善となる
もう欲求不満を抱くことはなくなる

人生が始まるのは
自分自身の存在に至福が入ってくるときだけだ
しかし、そのためには無防備でなければならない
風や雨、太陽に向かって、存在に向かって
自分自身が開かれていなければならない
そのためには度胸が必要だ
なぜなら、それは危険であるからだ
生きることは危険だ
死ぬことは極めて安楽だ
実のところ、墓場ほど安楽な場所は他にはない――
何の問題も、心配もない
ただ永遠の眠りへと向かうだけだ

人は死人のような人生を好む――
安楽で便利だが、スリル、冒険、興奮、活力、
これらをすべて失っている

覚えておきなさい
知性のある者にとって何よりも重要なのは
至福を探すこと、探求することであると
ひとたび至福と触れ合えれば
至福を味わうことができれば
そのとき、人は生まれ変わる
そして真の人生が始まる
人は、人生の何たるかを知る

喜びに満ちた者だけが、他人を助けられる
人を慈悲深くするのは至福だけだ
他人を助けられるように、他人に奉仕できるように
人生に美しいエネルギーをつくり出せるのは至福だけだ
至福なしでは、誰にも奉仕することはできない
自分では奉仕しているつもりでも
ただ人を傷つけているだけにすぎない

みじめな人間が他人に与えられるのは、みじめさだけだ
私たちは、自分が持っているものだけを
他人に与えることができる
それが善意であるかどうかが、問題なのではない
他人を助けることを望んでいるかもしれないが
自分の内側に、喜びに満ちたエネルギーがない限り
喜びのエネルギーが満ち溢れていない限り
それは人を傷つけることになる

これが、私が根本的に区別をつけておきたいことだ
なぜなら、今まで宗教の名のもとに
多くの人々が、人類のために奉仕してきたからだ
自分自身がみじめな人々が
人類のためのすばらしい奉仕者になる
彼らは貧しい人々のために奉仕する
障害を持つ人々のために奉仕する
病める人々のために奉仕する
病院を開き、学校を建て、あらゆる類のことをする
彼らはただ、害を及ぼしているだけにすぎない

彼らは誰も救うことができない
彼らが陶酔しているもののすべては
エゴの策略に他ならない

親は子供を助けていると信じ、そして子供を破壊している
私は、親が子供を助けたがらないと言っているのではない
親は子供を助けたいのだが、そうする能力がないのだ
親が自分自身を破壊し
そして今や、その親が自分のこどもを破壊している
みじめさは受け継がれ、積み重なり
しだいに大きくなっていく

それゆえ、私は私のサニヤシンに
人類の奉仕者になれ、とは言わない
瞑想者になるのだ
踊り手になり、喜びにあふれるとき
奉仕することがやって来る
それについて語る必要はない
影として自然にやって来る
それは自分の後について来る
そうすれば、それが祝福になる

バラの花が、心のバラが生まれるのは、至福の中からだ
そして、愛の芳香が放たれるのはバラの花からだ

自分が持っていないものを与えることはできない
与えることができるのは
自分がすでに持っているものだけだ
内なるバラがまだ開いていなければ
自分の愛のすべては言葉だけでしかない
内なるバラが開いていれば、何も言う必要はない
何の言葉も必要としなくなる
その芳香だけで、メッセージを運ぶのに充分だ
自分がどこにいようとも、誰が共にいようとも
愛は絶えず放たれ、脈動する
それは自分を取り巻くエネルギーの、絶えざるダンスになる
しかし、まず心のバラが開かれなければならない——
そしてバラが花開くのは
そこに根本的に必要なものが与えられたときだ
それは、喜びに満ちていることだ

人は絶望から人を愛する
それは不可能の最たるものだ
存在の本質からして、それはありえない
不可能なことだ
人は悲しみゆえに人を愛する
孤独ゆえに相手を求める
愛が可能になるのは、人が喜びに満ちているときだけだ

10

愛が可能になるのは孤独なときではなく
独りあるときのみだ
自分に飽きたのではなく
自分に魅せられ、歓喜しているときだ

瞑想は、人が喜びに満たされるための助けになる……
そしてそれは連鎖になる
瞑想が人を喜びで満たす
至福が心のバラを開かせる
そうすれば、愛が自然に訪れる
あたかも、芳香がバラに訪れるように

進化と呼ぶ価値のある唯一の進化とは、至福の進化だ
至福が生まれない限り、人は進化しない
至福が生まれない限り、社会が進化することはない
実のところ
一般的に人々が理解している進化や発展というものは
全く意味を持たない
科学技術が複雑化されていくことが
進化を意味しているわけではない
それは実に皮相的だ
いくばくかの装置は増やせるが、人間は同じままだ
月に到達し、いつか星々にまで到達できるほどだが
人は地球上で今している事と同じ事を、月でもするだろう
ここでたばこを吸っていれば、あちらでも吸う
ここでトランプをしていれば、あちらでもトランプをする
ここでビールを飲んでいれば、月にもビールを運んで行く
そこで他に何をするというのだ

人間が同じままであれば、そこには進化はない
私たちは偽りの進化の中に、代用の進化の中に生き続ける
それは、人間が進化しているという、錯覚を人々にもたらす
しかし、何世紀にも渡って、人間は進化していない
ところどころにいるほんのわずかな人々だけが
進化しているにすぎない

真の進化とは、至福によってのみ測ることができる
そして、至福は気づきと共に成長する

至福と気づきは共に、同時に成長する
このふたつは同じコインの裏表だ
気づきが育つと至福が深まる
至福が育つと気づきが深まる
ふたつのうちの、どちらからでも始めなさい——
気づき、あるいは至福——
そうすれば、人は成長し始める
人は限りない可能性を持っている
喜びの究極の頂に、到達することができる

人生に対する神秘的なアプローチとは
究極の至福を探し求めることだ
それは、神を神として直接見ることではない
むろん、神秘を体験することの中に神が訪れる
しかし、探し求めるのは至福だ
至福を探し出すことは、神を探し出すことでもある
それはあたかも、コインの裏表のようなものだ
それゆえ、神秘体験には無神論や有神論などの観念論はない
何の信仰も持たず、真理を問うこと
存在の真実そのものを問うことだ
誰でもが神秘家になれる——何の信仰も必要としない

普通の宗教は信仰し、神秘家は経験する
至福ということに関して言えば
何の反目も論争もそこにはない
誰もがそれを探し求めている
有神論者、無神論者、ヒンズー教徒、イスラム教徒、
カソリック信者、共産主義者——
誰もがそれを探し求めている
そして人間だけではなく、動物や鳥、木——
すべてのものが意識的に、無意識的に至福に向かっている
意識的に至福に向かうのは神秘家だ——そこから違いが始まる
まさに違いを生み出す違いがそこにはある
なぜなら、無意識的に至福に近づいていっても
到達することはほとんど不可能だからだ
至福の究極の頂に到達できるのは
深い、深い意識を通してのみだ

13

私たちは絶えず考えている

１日２４時間、明けても暮れても考えている

全く気違いじみたありようだ

思考（マインド）が常に、あらゆる類の欲望や夢をつくり上げる

そして私たちは、このような欲望や思いでふさがれている

この絶え間ない思いを除けば

私たちと真理との間には、何の境界もない

このような思いは止めなければならない

それは止められるものだ

なぜなら、それが本来のありようではないからだ

それは極めて病的で、不自然なものだ

私たちは今まで、このように生きることを教えられてきた

大学やその他の教育機関すべてが

いかにして考えるかを教えてきた

彼らは皆、思考のスイッチを入れることを教えてきたが

いかにして思考のスイッチを切るかを教えた者は誰もいない

私のここでのつとめは

いかにしてそのスイッチを切るかを、あなた方に教えることだ

それは必要とされる場合には良いものだ――

使いなさい――

しかし、必要でない場合にはスイッチを切り

深い沈黙に入るのだ

なぜなら、神がおとずれるのは

そのような沈黙の空間だけだからだ

そして、そのような沈黙の空間にあるとき

人は存在の圧倒的な輝きに気づくことができる

そのとき、かつて想像もできなかったほど
人生が不意に重要で意味深くなり始める
瞬間ごとが、神に感謝しきれないほど尊くなる

騒がしい者が至福を得ることはできない——
人には沈黙の音楽が必要だ
私たちの思考[マインド]はうるさすぎる
自分の頭の中に市場全体を
あらゆる類のがらくたを運んでいるようなものだ
しかも、私たちはひとりではない
私たちの内側は混み合っている
多くの人間たちがいて、絶えず争い
互いに反目し合い、支配しようともくろんでいる
私たちの思考の断片のひとつひとつが
最強の者になりたがっている
そこにはたえず内側の駆け引きがある

至福が可能なのは
この絶え間ない争いが止んだときだけだ
そして、それは止められるものだ
この争いを越えて行くのは難しいことではない
必要とするのはたったひとつ、気づきだ

ゆっくりと、喧騒の微細な層を見るのだ
そうすればしだいに
頭の中に精神病院があるかのようなおしゃべりに
気づきはじめる
何と、私たちはこの悪夢の中に生きているのだ

見つめることによって、奇跡が起こる
見つめているものが何であれ、それが蒸発する

そしてその蒸発の瞬間、人は深い沈黙の中に入る
思いが止んだとき、小さな窓から真実を見るとき
その始まりにあるのはただの間隔、
小さなギャップにすぎない
しかし、しだいにそのギャップが大きくなっていく
それがより頻繁にやってきて、長く留まっているようになる
古くからの神秘家たちが計算してきたことがある
私はこれに完全に同意する
もし、人が４８分間の間、完全に沈黙したままでいたら
光明に達することができる、
絶対的な至福が得られる、というものだ
そのとき、後退は存在しなくなる
時間とその果てしない変遷を超えたのだ
永遠のいしずえに到達したのだ

思考（マインド）は常に凡庸なものだ
思考が聡明になることはない
決して光ることはない
その本質からして、そうなれないのだ
思考は塵をあつめる
思考とは過去を意味する
常に死んでいるものだ
それは記憶の積み重ね以外の何物でもない
塵がどうして光りえよう
過去がどうして聡明になりえよう
それは死んでいる
知性、聡明さを持てるのは生きているものだけだ

瞑想は聡明で知性的、独創的なものだ
思考は常に反復する古びたものだ
それは廃品置き場だ
思考を通して到達されたものは何もない
到達されたものはすべて
瞑想を通してなされたものだ
それは宗教だけではなく
科学においてもなされてきた

むろん、科学においては瞑想は意識されない
科学における瞑想的な瞬間は、偶然にすぎない
しかし、その進歩はすべて
直感的なギャップから生まれたものだ
思考を通して行なわれたのではなく
思考を超えて行なわれたのだ
これは、偉大な科学者たちがそろって認めていることだ
彼らは、自分たちが手にした発明のすべてが
実は彼ら自身のものではない、ということに困惑している
それは彼らが知らないところからやってきた
科学者たちは媒介者にすぎない
ただの手段だ

しかし宗教では
瞑想はきわめて意識的で
意図的なものだ
宗教では瞑想を実践する
瞑想は科学では偶然であり
宗教では意図的なものだ

私のここでのつとめは
科学的なアプローチと宗教的な価値とを複合させることだ
表面的にこのふたつは、全く相反するように見えるが
それは表面だけのことだ
実は奥深くに
これらを対立させずに補い合うようにするものがある
このふたつが持つ領域は異なる
科学は客観的な世界で機能し
宗教は主観的な世界で機能する
しかし、両方が同じアプローチを持つ
科学は外側の実体に関する真理を知ろうとし
宗教は同じ真理を内側の実体に関して知ろうとする

むろん、宗教は科学より高い段階で作用する
なぜなら、科学者は物体や物質、電気、
あれやこれやに関して多くを知っているかもしれないが
彼自身については何もわからないからだ
科学者は科学者自身に関しては何も知らないのに
他のことに関してはすべて知っている

これは非常に偏った状態だ
科学が完全になるのは
宗教を究極のゴールとして受け容れたときだけだ
そして、宗教だけでもまた完全にはならない
なぜなら、人は内側だけで生きるわけではないからだ
人はパンを必要とし、服を必要とする
科学によってのみ与えられる、あらゆる類のものを必要とする

思考^{マインド}は疑いの中に生きている

疑いは、思考が存在するために欠かせない環境だ

同様に、信頼は、心^{ハート}が育つための環境だ

このふたつは対極にある

思考の中に生きたければ

自分の疑いを増やしていかねばならない

そうすれば、すべての努力を

いかにして疑いを鋭くするか

いかにして疑いを絶対的にするかにかけ

何の結論も得られなくなる

科学は疑いに基づいている

なぜなら、それは思考の投影だからだ

それゆえ、科学は何の結論にも行きつくことができない

ただ仮説の上の結論にすぎない

そして、結論が仮説である限り、それが終局にはなりえない

当面の問題であるだけだ

疑いをさらに鋭くしていくほどに

それを変えねばならなくなる

だから、科学は常に真理にほぼ近いというだけだ

決して正確に正しくはなりえない

真理を主張することはできない——

それは科学の領域ではない

宗教はこの正反対にある

それは信じること、信頼を通した行為だ

科学とは完全に異なる生命へのアプローチだ

それは、愛を通したアプローチだ
宗教が結論に行きつくのはこのためだ
そして中心が定まり、くつろぎ、休息できるように
人を助けることができるからだ

仮説が人を休息させることはできない
人を安らかにすることはできない
人はそれがだたの仮説だと知っている
明日にはそれが変わってしまうのだ
そのような移り行く砂上に
どうして家を持つことなどができよう

信頼が育てば、至福が育つ
疑いが育てば、緊張が育つ
苦しみが育つ
疑いが最終的に行きつくのは不安と苦悶だ
科学的なアプローチが
人々を狂わせることになるのはこのためだ
それは世界中を狂わせる
覚えておきなさい
私は決して科学に反対しているのではない
しかし、人間がまず心に中心を置き
その次に科学を道具として使うことを願う
科学がゴールになるわけではない
それが終わりになるわけではない
ただの良い召し使いであるにすぎない
主人にはなりえないのだ

科学は人間の宿にはなりえない
それは人に安楽と便利さ、より良い生活を与えるが
より良い人生の質を与えることはできない——
それは不可能だ

科学は、人間の安楽と便利さのために使われるべきものだ
それは人間に多くの利益をもたらすが
神のように祭ることはできない
祭られることが科学の役割ではないにも関わらず
科学はそれを装ってきた

自分たちが砂漠の中にあると
人間たちが感じるのはそのためだ
そこではすべての意味が失われている
人生が無意味なもの、価値のないものになってしまった
脚をひきずるのがせいぜいで、踊ることができない

ダンス、祝祭、至福、祝福が訪れるのは
信頼を通してだ

私たちは束の間の愛を知っている
今日はそこにあった愛が、別の日にはもうなくなってしまう
束の間であることは、それが真の愛ではないこと
愛の仮面をかぶった別のものであることを示している——
それは、肉欲、生物学的衝動、心理的欲求、
独りになることへの恐れ、
相手に占有されていたいという願い、
空虚感を何とかして満たそうと奮闘することだろう
それは千と一つほどもあるが、どれも愛ではない
もし愛であったら……
愛の最も重要な本質は、永久不変であることだ

愛の永遠性、愛の無時限制を一度味わえば、人は変容する
もはや世俗的な世界に属するものではなくなる
神性の世界、神聖の世界に入るのだ
むろん、以前と同じように平凡な道を生き続ける
それどころか、以前よりさらに平凡になる
すべての見せかけ、すべてのエゴによる陶酔がなくなる
偉い人物になろうとすることを忘れ去るとき
人は全く平凡になる
しかし、その平凡さの中に
喜び、優雅さ、美しさ、大きな輝きがある
愛で満たされるとき、人は光に満たされる
愛で満たされるとき、人は喜びで満たされる
いつでも他人と分かち合う用意ができる
なぜなら、無尽蔵の源泉に遭遇したからだ
欲を張ることはもうできない

私の言う愛とは、いわゆる関係性のことではない
私たちの関係性とは勝手なものだ
愛とは永遠の関わりだが
関係性をつくり出すことは決してない

愛は関わりを生む
それは木に対する関わりを生む
太陽への、月への、風への
人への、動物への、地球への、岩への関わりを生む——
1日24時間の関わりだ
しかし、それが関係性をつくり出すことはない

関わりは川のようなものだ
それは流れ、動き、動的で
生き生きとしたダンスだ
関係性とは、停止したもの、
腐敗してしまったもの、
成長が止まってしまったもの、
発育が妨げられているものだ
そして成長が止まってしまったものがあるとき
人は退屈しはじめる
悲しみを感じはじめる
絶望に取り囲まれ、苦悩が生まれる
なぜなら、人は生命との結びつきを
失いはじめているからだ

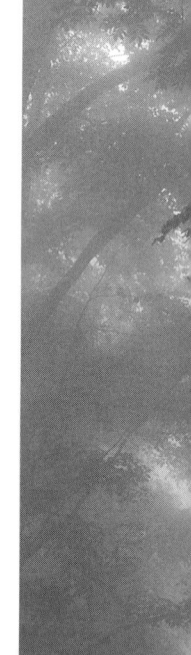

人生とは常に川のようなものだ
そしてそこで人は何かにつなぎとめられる——妻、夫、友人
人は束縛されると、必ず怒りを持つ
なぜなら、誰も自分の自由を失いたくはないからだ
人間の喜びの最たるものは自由であることだ
そして、人間の考えの愚かさは
自由を失っていく状況を絶えずつくり続けていくことだ

鳥のようでいて、その魂は苦しんでいる
なぜなら、飛ぶことができないからだ
飛べない鳥とは、いったい何なのだろう
そして流れの中にない存在とは ——

成長しない存在とは
いったい何なのだろう

存在が生きるのは、
それが転成している
ときだけだ
存在は転成だ
転成が止まれば
人の存在は
死んだ岩のようになる
動き続けていれば
絶えず花開く蓮華のように
なる

決して、一瞬たりとも
自分の自由を失うことがあってはならない
そして、決して他人の自由を奪ってはならない
私にとっては、それが宗教の意味するところだ
真に宗教的な者は常に自由であり
彼に近づく人々が自由になるのを助ける
決して人を所有することがなく
また彼自身が他人に所有されることも許さない

そのためには、絶えず覚醒していなければならない
なぜなら、私たちの思考(マインド)は常に執着したがるからだ
そしてその執着の中で、私たちは自らを失う
執着することの中で、私たちは自らを死に至らしめる
そのとき、きわめて不可解な状況が生じる
愛していた人を憎む
執着していたその相手を破壊したくなる

きわめて不可解な状況だが、もしこれを理解できれば
この状況は完全に明らかで論理的なものとなる
相手を憎むのは、自分の自由が奪われたからだ
その状況を憎むのは
その中に自分が閉じ込められていたからだ
自分が因人だったからだ
そして人が執着するのは、既知のもの、慣れているものが
自分にある種の心地よさを与えていたからだ
そして未知のもの、超越したものを恐れているからだ

人は自分に対して、矛盾していることを絶え間なく行なう
一方では執着し、他方では自由を欲する
世界中の人々がもがき苦しんでいるのはそのためだ
自由であることを欲する気持ちは、止めることができない
なぜなら、それが人に本来そなわっているものだからだ
それを落とすことは不可能だ
それが可能になる道はない

今まで自由を落とすことができた者は、ひとりとしていない
そして、これからもこれができる者はいない
それは私たちが自由を愛しているからではない
私たち自身が、自由そのものなのだ
私たちが成長できるのは、自由の中でだけだ

西洋でテレビが
今や白痴箱（*idiot box*）と呼ばれているのは良いことだ
実に、愚か者だけがその前に座る
箱の前に座っている人々に比べたら
その箱はたいして愚かではない
そして人々は、そこに座り続けている

いったい何を見ているというのだ
同じ殺人、同じ暴力、同じレイプ、
同じ古びたストーリー、
同じ三角関係、
ふたりの女、ひとりの男、
あるいはふたりの男とひとりの女、何という愚かさだ
同じストーリーを何度も何度も書き続ける者、
そしてそれらを見続けるおろか者たち、
ストーリーも同じ、筋書きも同じ、つくりかたも同じ、
新しいものは何もない

自分自身の思考（マインド）を見る方が、はるかにおもしろい
なぜなら、その方がずっときちがいじみているし
創意が表れてもいるからだ
もしこれを続けて見ていれば、驚くに違いない
どんな心理学者も思いつかなかったような
性行為の体位を見つけることができる……

思考とは何とおもしろいものだ
あらゆる類の暴力をふるい、
あらゆる類の殺人を行なう
そして自殺を図る
すべてが起こる──ただ見続けるのだ
奇跡的なことに、それには支払いの必要がない

そして、その情景の全体はゆっくりと消え始める
覚醒が深まるほどに、その情景が消えていく
意識を深めるほどに、その情景の束縛がゆるんで
いく
ある日、人生最大の奇跡が起こる
思考がただ消え去り、そこには広大な空(くう)がある
そして観察するものがもうなくなる
圧倒的な孤独に入る──
それが瞑想だ──
そしてその孤独の中から幾千もの至福の花が
美の花が、真理の花が、神性の花が開く

人は孤独でいるとき
不幸せであるのが常だ
非常に空虚で、何かが足りないように感じられる
長い期間ひとりでは生きられない
たとえ1時間でさえ、何時間にも感じられる
このような者たちは、関係性の中に逃避する
関係性はただ、自分からの逃避であるだけだ
それは真の関係性ではなく、否定的なものだ
男が女と恋に落ちるのは、孤独から逃れるためだ
女が男と恋に落ちるのは、孤独から逃れるためだ

肯定的な関係性とは、これとは全く異なるものだ
自分から逃避しようとするのではない
自分であることを愛すること、
ひとりでいることを愛すること、それを喜ぶことだ

そして時間を見つけては、その中に入っていくことだ
しかし、ひとりでいることの中では
至福がいくらでもつくり出されるために
それを分かち合わねばならなくなる
至福がまるで肩の荷のようなもの、
雨水をいっぱいにためた雲のようなものになる——
それは雨と注がねばならない
土がそれを欲しているかどうかは、問題ではない
木々がそれを受け入れるかどうかは、問題ではない
雨と注がねばならない
荷をおろさねばならないのだ

覚えておきなさい
人生の最も大きな荷とは
自分が至福であふれているときのことだ
他のものは、すべて自分で持ち運ぶことができる
しかし、至福は分かち合わねばならない
それは最大の荷だ——甘いが、山ほどの荷だ
ひとりで運ぶことはできない
それを分かち合う友が必要になる
そのとき、関係性が肯定的なものとなる
もう恋に落ちることはなくなる
恋を上昇させるのだ
そのとき、男は女との恋に上昇する

人生は計算として生きることもできる
そうすれば、人生は単調になる
人生は世俗的に、算術的に、理詰めになる
しかしすべてが乾いている——
花がない、ダンスがない、歌がない
人は生きるのではなく、引きずられる

しかし、人生を詩のように生きることもできる
愛のように、音楽のように、祝祭のように生きることもできる
そして、いかに生きるかは、私たちの選択だ
両方の可能性がいつも開かれている

人間は自由として生まれる
運命と共に生まれるのではない
もし運命があるとしたら、そこには自由がない
もし運命があるとしたら、人間は機械になってしまう
車は飛行機にはなれない
飛行機はコンピュータにはなれない
コンピュータはオーブンにはなれない
機械には機械の運命がある
すべてが決まっている
あらかじめ決められている
特定のプログラムに従わねばならない

しかし、人間は機械のようには生まれない
人間は絶対的な自由として生まれる
ひと足ごとに選択しなければならない

そして人間の根本的な選択とは
単調に生きるか、詩として生きるかを決めること
論理か愛か、算術か音楽か、物質か意識か
世俗的な人生を生きるか、神の至福に生きるかを決めることだ

このことに気づきを持ち、心を込めて選びなさい
理性的に選びなさい
自分の人生を詩的にするのだ
神の何たるかを知ることができるのは、そのときだけだ
神を知ることができるのは
詩人、神秘家、画家、歌手、ダンサーだけだ——
そして、画家が自分が画家であることを忘れるとき
音楽家が自分が音楽家であることを忘れるとき
ダンサーが自分のダンスの中に消える、
希有の空間の中でのみ神を知ることができる

愛はすべての人々を、すばらしい詩人にする

もし愛が人を詩人にしないなら

人を詩人にできるものは何もない

愛は人の存在に全く異なる次元をひらく

愛がなければ、人は論理の世界に閉じ込められたままになる

人生に愛が始まるとき

論理は消えて行き、論理の超越が起こる

論理的な思考が常に愛を狂気、盲目と呼ぶのはこのためだ

論理は常に愛を盲目、狂気として非難する

あらゆる類の名前をつけては非難する

それは単に、知性が愛を理解できないためだ
それは全く別の世界だ
算術にも、論理にも、科学にも全く関係のない世界だ
それは計り知れない未知だ
それが何であるかを
正確にはっきりと知ることは誰にもできない
愛に深く入っていった者でさえ
ほとんど口がきけない自分に気づく——
それは言葉に表せないものだ

しかし、その経験はすばらしく
歓喜にあふれ、幾通りにも爆発する
それはダンスの中に爆発する
音楽の中に、詩の中に、絵の中に
あらゆる創造性の中に爆発する

愛はいつも創造的だ
そして世界が
これほどまでに破壊的なのは
単に人々が
愛のエネルギーを抑圧するように
教えられてきたからにすぎない
抑圧された愛は破壊的になる
表出される愛は創造的になる

人生が人生になるのは、愛が人の内側で燃え光るときだけだ
その愛の炎が明るくなるとき、それが四方に放たれる
それは他の人々にも届いて行く
人々がそれを感じることができる
その愛は、他人が感じられるほどまでに
実体を持ち始める
そのとき、至福は自分だけのものではなく
ほかの人々のものにもなる

真の人間は常に世界を、存在を豊かにする
多くを貢献する
何かに貢献しない限り
人は決して至福を感じることはできない
存在に何かを貢献することによって
創造するもののしごとに参加することになる
なぜなら、自分自身が創造するものになるからだ
創造するものであることは、神の一部であることだ——
他に道はない

人間が生きる道は2つある
せき止められたエネルギーの池になるか
流動する流れ、エネルギーの川になるかだ
せき止められた池はそれを超えるものを知ることができない
なぜなら、その境界から超えることがないからだ
せき止められた池のエネルギーはエゴになる

川のような流れは
人が自分自身を超えていくことを常に可能にする
それは絶えざる超越だ
それは大海に向かう動き、永遠への動き、無限への動きだ
人生は川のようであるべきだ
常に動きがあり、決して執着しない

常に、未知に入っていける覚悟ができている
常に、慣れたものを不慣れなもののために
危険にさらす覚悟ができている

生きるための正しい道とは、危険に生きることだ
常に探求し、星に向かって進む
そうすれば、人生が自然に瞑想的なものとなる
なぜなら、それぞれの瞬間が大いなる驚きをもたらし
一瞬ごとが新しくなり、何も考えることができなくなるからだ
それに遭遇しなくてはならない

繰り返しの人間は、自分の人生を考えることができる
人生を計画することができる
なぜなら、そのような者を予想するのはたやすいからだ
彼が明日何をするか、あさって何をするかを誰もが知っている
しかし、瞑想的な人間は予想できない
他人が予想できないだけではなく
本人にさえも予想がつかない
次の瞬間に何が起こるのかわからない
それゆえ、計画すること、考えることは問題外だ
瞑想的な人間は、開かれた人生を生きている
新鮮で若い、すべての瞬間を歓迎する
そして、そのすべてを受け容れる心で、人は気づく
ゆっくりと、しだいに
神、真理、超脱（ニルヴァーナ）、光明と呼ばれるものに気づく——
名前は異なるが、皆同じものなのだ

自分の人生をある姿勢、働きかけに捧げる者がいるとき
真理を探し出す努力をする者がいるとき
社会は必ずそのような人々に敵意を示す
社会は復讐を始める
社会がそれを許すことができないのは
社会が嘘で成り立っているからだ──
そして、真理に関わる人間は
すべての既得権への危険物となる
そのような者は抹殺せねばならない

人間はいつもそれを行なってきた
わずかでも変わることがない
今日でも全く同じだ
他の面では多くの進歩がある──
技術的、科学的には人間は高度になったが
心理的にはずっと原始的なままだ

しかし、これに関してひとつ言えることがある
真理のために自分が苦しむほどに
真理に対する愛が深くなるということだ
人はそのとき、さらに結晶化される
人は魂となる
人は中心を得ることができる
苦痛を与えられるほどに、苦しむほどに
人は真理に深く関わっていく
真理に深く根づいていく
真理の力を確信するようになる

なぜなら、もしそれが真理でないなら
人々が邪魔をすることは全くないからだ
多くの人間があなたに悩まされ
あなたを許すことができないなら
それはあなたが何か重要なことに
遭遇していることを示している

人々が恐れているのは他の何物でもない
それは真理だ

人間は不思議な動物だ
あらゆる物を探求する
エベレストに行く
北極に行く
月に行く
しかし、自分自身の内側に行こうとはしない
これが、人間が抱えている最も大きな病だ

探求しない唯一の空間が、自分自身の内側の世界だ――
真の宝はそこにある
自分自身の存在の聖堂に入って行かない限り
人の人生はただの消耗、
計り知れないほどの消耗になってしまう
私たちはこのような黄金の機会を失いつつあるが
そのことに気づいてさえいない
あまりにも無意識に尊いものすべてを捨て
がらくたを集めている

古い経典を集める人々がいる
そのような経典は古ければそれだけ良いと思われている
そこには金の収集家がいて
あらゆる類の愚行が続いている
彼らは実に最古の財宝を探しているが
探している方向が違うのだ

探す価値がある唯一の財宝は、本来の自分自身だ
真の冒険とは、自分自身の内側に向かうことだ

一度そこに関わってしまえば──
意図的に、意識的に心を決めれば
「何が起こっても私は私自身を、
本来の私自身を、私の存在を探さねばならない
私はこの人生の機会を逃さない」──
この決心が明らかになり
エネルギーがそこに注がれ始めるなら
失敗する理由はどこにもない
失敗した者は誰ひとりとしていない
自分のエネルギーを内側の探求に向けた者は
誰でも、自分自身を探し出すことができる

外に太陽があるように、内側にも太陽がある
外の太陽は昇り、そして沈む
しかし、内側の太陽はいつもそこにある
それは昇ることもなく、沈むこともない——
それは永遠だ
内側の太陽とその源泉を知らなければ
暗闇の中に生きることになる

できる限りの努力を注いで、内側に向かいなさい
始めは骨が折れるが、最初のうちだけだ
それはあたかも、アートを学ぶようなものだ
泳ぎを習うことは最初は難しいが
コツをのみこみさえすれば容易なものだ
後で、なぜあんなに難しかったのかと不思議になる
ただ川に浮かんでさえいれば良い
何もする必要がない

このようにして、それが内側に起こり始める
わずかな力、わずかな苦労がいるのは最初のうちだけだ
すぐに、内側に向かう川の流れに
浮かぶことができるようになる
そしてそれは、人を深い深い至福の国に連れていく
光に満ちた領域に、永遠に、神に連れて行く

個としての人の存在とは、推移を意味する
それは、集合性から普遍性にかかる橋だ
個はまず人を集合性から解き放つ
そしてひとたび、集合性から解き放たれれば
人はもはや個である必要がなくなる
そして存在に溶け込むことができる
これこそが個としてあることの奇跡だ
個としてあることによって
まず人は集合性から解き放たれる
そして、個は自然に死に絶える
なぜなら、個であることが充足されるからだ
もうその役割が終わるからだ
それは薬の作用を持つ
病気が殺されれば、人は薬を止める

真の勝利とは神の勝利のことだ
真の勝利とは、集合性を超えて神が勝利を得ること
死を超えて神が勝利を得ることだ

まず社会から解き放たれ、次に自己から解き放たれる
そして、自己のない状態にいること
思考のない状態にいることが
神の中にいることになる――それが私たちの勝利だ
そこには苦しみも、痛みもない
そしてすべてが喜び、至福、平和になる
それが永遠だ
それが永劫だ

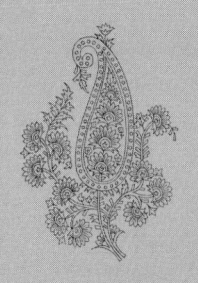

Man Contains Oceans of Bliss

最も愛にあふれた歌は、歌い手のない歌だ

自分が歌い手ではなくなったとき

神が歌い手となったとき

自分が空洞の竹となったとき

フルートとなったとき

神が自分の中を流れるにまかせたとき

遮断しなくなったとき——それだけで、歌は美しくなる

私たちの側で唯一必要なことは

遮断しないこと、障害物とならないことだ

神が自分の中を流れるにまかせることができれば

人生は輝き、光に満ち

これ以上よくなることが、考えられないほどになる

これ以上の喜びを得る可能性を

夢見ることさえできなくなる

流れにあるのが自分ではなく

神であることを受け入れれば

これ以上のものを想像することができなくなる

生命を誕生させることによって
存在はすでに私たちを受け入れている
最後の審判の日は問題にならない
私は最初の審判の日を信じる——
それはすでに過ぎ去ったこと、終わっていることだ
神が世界の創造を決めた日、それが審判の日だ
その日、神は世界を創造するかどうか悩み、熟慮したはずだ
しかし神は創造することを決めた
創造しないより、創造したほうが良いと判断したのだ
神は何もないより、何かあることのほうを好んだ

そして創造されたものすべてに対して
その責任を負うのは神だ
私に責任があるわけでも、あなたに責任があるわけでもない
誰にもその責任はない
すべての責任は神、あるいは存在にある
良いことは何であれ神に属する
悪いことは何であれ神に属する

私たちは、聖書のその一節を閉ざしてもよい
心配する必要はない
私にひとつ言えることがある
それは、人は瞑想に深く入っていくほどに
未来の審判が問題にならないこと
それを悩む必要がないことに気づく、ということだ

2

沈黙に入れば
神の愛が周囲のすべてから注がれていると感じる
そのとき、人は神が自分に関心を向けていること
無視されてはいないこと
誕生が偶然ではないこと
自分が存在に内在するものであることに気がつく
神はあなたを必要としている
だからあなたを創造したのだ

神は自分自身の内なる声だ

聖職者は必要ではない

自分の人生には、誰の指示も必要とはしない

だが、しなければならないことがひとつだけある

それは、自分の内側に入り、静かな小さい声を聞くことだ

ひとたびそれを聞けば

どのようにしてそれを聞くかを知れば

人生のすべてが変容する

そのとき、行ないはすべて善となる

ソクラテスは、知識は徳であると言った

彼の言う知識とは、物をよく知っていることではない

彼の言う知識とは、直感的な洞察力、知ることを意味する

彼の言葉は極めて重要だ

直感的に知ることは徳である

彼は何が徳であるか

何が罪であるかについては言及していない

直感的に知ることは徳である

なぜなら、直感的に知ることができる者、

自分自身の最奥の核を聞くことができる者は

徳とならざるを得ないからだ

それは悪徳にはなり得ない

それは避けられないものだ

いちど聞いてしまえば、それには逆らえない

なぜなら、それほど愚かな者はいないからだ

それは想像を絶する

私はあなたに修行を課したりはしない
私はただ、あなたが自分自身の核を聞き
自分自身の心に従うように助けるだけだ
それは徳となる
そして、それが真の品性、真の徳性だ
しかし、それは自分の最奥の核から来る
外から強制されるものではない

人間は魂の暗夜に生きている

朝は外側には来るが、それは内側では稀だ

内側に朝が来れば、その瞬間、人はキリストになる

人は仏陀になる

人生のすべては実に、その内なる朝を成就する機会なのだ

内なる太陽は、必ず昇らせねばならない

そして、それは可能だ

太陽は私たちを待っている

私たちからのわずかな働きかけだけで、太陽は昇り始める

「受け入れる用意ができています」

「喜んで迎えます」と、ただ自分を示すだけだ

そうすれば、奇跡が起こってくる

聡明な者は、自分自身の内なる存在から探求を始める――

これが最初の探求となる

自分の内側に何があるかを知らない限り

どうして世界中を探求して回ることができよう

世界は実に広大だ

そして内側を見つめた者は

直ちに、瞬時に、それを見つける

それは段階的な発展ではない

それは突然の現象だ

突然の光明だ

自分を開放すれば、その瞬間、出会いは起こる
神は常にひらかれている
問題は私たちにある
私たちは閉ざされている
太陽がすでに昇っているにも関わらず
私たちは目を閉じたまま座っている——
あわれな太陽は、どうすればよいのだ
光が注がれているのに、私たちは暗闇に生きている
目をひらくのは実に簡単なことだ
目をひらけばその瞬間、暗闇はすべて消え去る

同じことが内側の世界に対しても言える
神は常にそこにいて、ひらかれ、
求めに応じる用意ができている
人を愛と喜びで満たすのを待っている
至福を与える用意をしている
しかし、私たちは閉ざされ、受け入れる用意ができていない
私たちは窓のない、扉のない、
閉ざされた独房の中に生きている
その方が安全で危険がないと思っている
それは安全でも無事でもない
それは死だ
墓場の中で生きることだ

私にとってはそれが、生き返ったラザロの物語の意味だ
それは暗喩、寓話、詩歌だ

ラザロは一度死に、イエスが彼を甦らせた――
それが、すべての時代のすべての師の役割だ
しかし、ひとたび自分を開放すれば、その開放の喜びは
暗い独房で生きていたみじめさと比べようがない
今や、空全体が自分のものだ
星のすべてが自分のものだ
そして、神秘のすべてが自分のものになる

師とはただ神の伝達、媒介者を意味する
神は人に直接、話はできない
誰かを通して来なければならない
ひとたび師に呼ばれる声を聞けば
自分の窓を開放できるほどに師を信頼できれば
そのとき、師の役割は終わる
そうすれば、人は窓の外に飛び立つ
もう暗い独房に残ることはあり得ない

私は他の世界、死の向こうにあるものを求めているのではない
私のつとめはこの瞬間、
今このときをパラダイスに変容させることだ
これを先延ばしにはしない
「徳の高い者は死後に報われる」などと言う人々は
皆、人を欺いている
死後に起こることを、誰が知ることができよう
戻って来てそれを教えてくれる者は誰もいない
このようなことを私たちに言い続ける人々は
何もわかっていない
それは鸚鵡のような繰り返しにすぎない

決して延期してはならない、延期は思考（マインド）の巧妙なトリックだ
瞬間のすべての中に生きるのだ
これが自分が手にした唯一の瞬間だ、
ということを、いつも覚えておきなさい
そこには他の瞬間はない
そこには他の世界はない
この世界は神だ、他に神はいない

ひとたびこの見方が自分のものとなれば
それが人生すべてを変容させる
そのとき、小さなものが美しくなる
ありふれたものが神聖に、平凡なものが突然、非凡なものとなる
自分に備わっている力の使い方を知る者は、黄金になる
その人生は実に尊いものとなる
瞬間ごとが計り知れないほど、貴重になる
瞬間ごとが、感謝しきれないほどの贈りものとなる
私たちが神に感謝の心を示す方法はない
神の贈りものはあまりにも広大で、私たちはそれに値しない
神はその豊潤さのゆえに、私たちに贈りものを与える

この調和を知ること、この調和を感じることで
人は至福を得る
そしてその至福の中から、存在への感謝が生まれる
その感謝が祈りだ

祈りに言葉はいらない
神に何を話すのだろう
神はそれをすでに知っている
神に何を頼むのだろう、神はそれをすでに与えている
もし与えられていないのなら、必要がないということだ
神は人々より賢いにも関わらず
「これをしろ、あれをしろ、これをくれ、あれをくれ」と
人々は常に神に指示をする
まるで神の智恵が足りないかのようだ

人々の祈りは、すべて指示だ
そして、毎日それに固執する
それはあたかも、神に小言を言うようなものだ
「あなたはいつまで、私の言うことを聞かないつもりですか
朝に晩に頼んでいるのに……」
私にとって、祈りとは言葉とは関係がないものだ
それは静かな感謝だ
完全な静寂だが、深い感謝だ
それが可能なのはいかにして至福を得るかを知ったときだけだ
そうでなければ、何に感謝するのかわからない

自分の人生を、愛と笑いの人生にしなさい
そうすれば、自分自身の中に
繊細な祈りの心の存在を感じるようになる
そして、その祈りの心はキリスト教でも
ヒンズー教でも、イスラム教でもない
それはただ祈りの心であるだけだ

心（ハート）が歌い、踊らない限り
真に生きていることにはならない
ただひきずられているだけだ……
義務を遂行し、儀式をとり行なう
何とか外面をとりつくろい
それを維持しているようなものだ
しかし、心の奥底には空虚さとおののきがある
なぜなら、人は心の奥深くで
人生がまだ満たされていないこと
自分の歌がまだ歌えていないことを知っているからだ
誰もが皆、歌と共に、自分の歌と共に生まれる
そしてその歌を歌わない限り、人は満たされぬままになる

木が花を咲かせるところを、見てみるがよい
大いなる充足、喜びが木を取り巻いている
木が踊っているのは、我が家に帰ってきたからだ
木が自分に与えられたつとめを、成就したからだ
もはや空虚さはなく、満ち溢れている
花が咲くのは、木が満ち溢れているときだけだ
そして歌がやって来るのも、人が満ち溢れているときだけだ

至福は音楽だ
自分の要素のすべて——肉体、思考（マインド）、心（ハート）、存在——
これらすべてが深い調和の中で機能する
そのときに音楽が生まれる
そのとき、人生がひとつのオーケストラになる

普段は騒音だけがあり、音楽はない
肉体はそれ自身の欲望を叫び続け、充足されることを求める
自分以外の他の要素に必要とされるものには、関心がない
思考はそれ自身の野心、欲望を主張し続けるが
心のことを気にかけはしない
自分の充足のためには、
すべてを犠牲にする用意がいつでもできている

心はそれ自身の感覚、感情、愛に固執し続ける
そして、存在は完全に無視されている要素だ
私たちはこれを忘れ去ってしまっている
存在は人の内側で
かすかな小さい声でささやき続けている
しかし、誰もそれを聞こうとしない
なぜなら、肉体があまりにも騒々しく
思考があまりにも明晰で
心があまりにも頑固だからだ

この人生は、ひとつのハーモニーにもなり得る
独演しているすべてのパートを
オーケストラの一部にすることができる
ただ必要なのは、この4つの要素をすべてひとつにし
互いを理解させ、助け合うようにできるようなガイドだ
それが、瞑想によって、気づきによって起こることだ
気づきがガイドとなり、人の存在の別々の要素に
互いに歩み寄るようゆっくりと説得する

自分のエネルギーのすべてを、気づきの中に注ぎなさい——
瞑想的でありなさい
瞑想の中から、大いなる音楽が生まれる
その音楽こそが至福だ
ひとたび自分自身の内なる音楽を聞けば
他のすべては色褪せる
その美、その祝福は、何物にも比べることができない

笑いは最も神聖な経験のひとつだ
しかし、ほんのわずかな者だけが真に笑う
人々の笑いは浅い
それは、知性的な笑い、表面的な笑い、社交的な笑い、
習慣的な笑い、そのいずれかだ
しかし、それが完全な笑いになることは決してない

人が腹の底から笑うとき、心から笑うとき、
何もためらうことなく笑うとき、
まさにその瞬間にすばらしいことが起こる――
なぜなら笑いは、それが完全であるとき
自己が全く意識されないからだ
そしてそれが、神を知るための
無我になるための唯一の条件だ

無我になるためには多くの道があるが
笑いは最も美しい道だ
笑いに才能はいらない
事実、子供の方が美しく笑う
完全に笑う
子供は成長するにつれて笑いが浅くなる
笑いを押さえるようになる
笑うべきか、笑わざるべきか
笑ってよい状況かどうかを、考えるようになる

小さな子供の笑いを、もういちど思い出しなさい――
意識的に完全に笑いなさい――

そして他人に対してだけではなく、自分に対しても笑うのだ
決して笑う機会を逃してはならない
笑いは祈りだ

人間はきわめて局部的な人生、
中途半端な人生を生きるのが常だ
なまぬるい道、冷たくも熱くもない
これでもなければそれでもない
その人生には情熱がない
強さがない
鈍感なのはそのためだ
平凡なのはそのためだ

人生を完全に、強く
情熱的に生きるとき
リスクを負うとき
その人生は全く違った味わいを
持つようになる
そのとき
大いなる知性が自分の中に生まれる
リスクを負うことで
人は刀のように研ぎ澄まされる
しかし、リスクを負わなければ
その刀には、ほこりがたまるばかりだ
その鏡には、ほこりがたまるばかりだ
刀はさびつき、役に立たなくなる

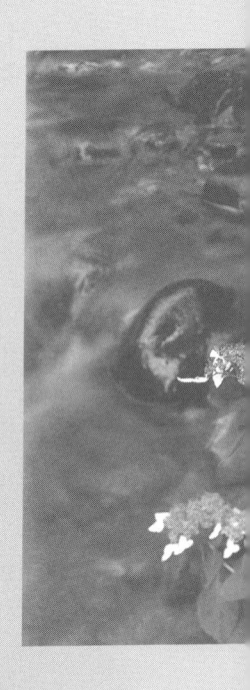

そしてこれこそが
多くの人々とその魂に
起こっていることだ

私のここでのつとめは
あなたが自分の
意識の鏡のほこりを払うこと
自分の知性の刀のほこりを払うこと
その手助けをすることだ

その唯一の道は
摂氏100度の道を生きることだ
なぜなら、それは蒸発が起こる、
その瞬間だからだ
エゴは消え去り
あなたは存在の一部となる
そして
存在の一部となることが
神聖になることだ

陽気でいるとは、宗教的であることだ
陰気でいるとは、非宗教的であることだ
それゆえ、私に言わせれば
いわゆる聖人は決して聖人ではない
彼らはあまりにも陰気で鈍く、生命を失っている
彼らがどうして神を経験できよう
もし神を経験することが
かくのごとき悲しみをもたらすのなら
それは経験に値しない
神を経験することが人々をこのように鈍くし
憂うつな顔にするなら
神を避けた方が良い
偶然にその神に出会ったとしても、逃げるのだ

それは、私の言う神とは異なる
それは、聖人たちの前に現れた、
神の仮面をかぶった悪魔に違いない
悪魔がこの聖人たちを欺いたのだ
神とは祝祭のことだ
神とは祭典だ
私にとって、神とは祝祭の次元に他ならない
だから、喜びに満ちていなさい
そして、その喜びを自分の祈りとしなさい

緑は生命を、活力を、はつらつさを表す
それは木々の色だ
何千年にも渡って、いわゆる宗教が
人間の存在の緑樹をすべて破壊してきた
彼らは人間を、死にかけた木にした
枝葉も、花もなく、精気が溢れることもない
人間が哀れで退屈して見えるのは、このためだ
私は人間にダンスを取り戻したい
人間がふたたび地上に根をおろし
精気がふたたび溢れるように
多くの枝葉と、多くの緑樹が蘇るように

花が咲かない限り、人は不満を抱いたままになる
木が満たされるのは、そこに花があるときだ
人間も、同じようにして満たされる
愛の花、至福の花、自由の花、知性の花、神性の花——
このような花々だけが充足感を与えてくれる
そして、満たされている人間は決して悲しむことがない

私にとっては、満たされている人間が聖者だ
他の人々は、ただ聖者を装っているだけだ
私は、私のサニヤシンたちが
本当の意味での聖者になることを望む
生き生きとし、喜びに溢れ、歌い、踊る
人生を祝祭にするのだ

人間は生のままのエネルギーを持っている
そのエネルギーは洗練させなければならない
そうすれば、普通はみじめさ、闇、
絶望をつくり出すその同じエネルギーが
大いなる至福、大いなる祝祭をつくり出すようになる
それは同じエネルギーだ
このエネルギーには瞑想の繊細な作用、
ほんのわずかな精練が必要だ

たとえば、太陽と月はどちらも光っている
実際には、月がそれ自身で光っているわけではない
ただ太陽の光を反射しているにすぎない
しかし、その違いははなはだしい
太陽の光は過酷で攻撃的、激しく、熱く、暴力的だ
同じ光が月に反射すると
それはとたんに涼しく、温和で、柔らかく、穏やかになる

月は何時間でも見ていられるが
太陽を見つめることはできない
もし見つめれば、目は焼かれ
脳の敏感な神経系は破壊されてしまう
しかし、月は穏やかで人を育む
太陽の光が月の光と本質的に異なるわけではなく
それは月を通り抜けてくるのだ

瞑想は月のようなものだ
それは欲望のエネルギーを愛に変容させる
怒りをあわれみに、貪欲さをわかち合いに
攻撃を受容に、自尊心を謙虚さに変容させる
月の光は深い意義を示している
なぜなら人はそれと同じプロセスを
経験しなければならないからだ

太陽から月へ、外から内へ
外に向かうことから内に向かうことへ
そのとき、奇跡が起こり始める
信じ難い奇跡が起こり始める
これほどの美しさがあろうとは
かつて夢に見たことも
想像したこともない、
それほどの美しさだ
人が初めて
神に感謝の心を感じ、
祈りが
自然に生まれるのは
このときだ

黄金は常に象徴だ
それは東と西の両世界において同様だ
何世紀にも渡って
錬金術師たちがこのことを語ってきたが
彼らは大いに誤解された
なぜなら人々は、
錬金術師たちが本物の黄金について
語っていると思ったからだ
彼らは単に比喩として
黄金について語ったにすぎない

人間はひとつの
オーケストラであるのが常だ
そこにはリーダーもガイドもいない
ひとりの人間の中の別々の要素が
それぞれに独演している
それはオーケストラであるにも関わらず
要素のすべてが皆、
自分勝手に演奏している
他の要素を気にすることがない
要素のどれもが
ハーモニーを生み出そうとはしていない
それゆえ、そこには騒音がある
その中には狂気が、錯乱がある

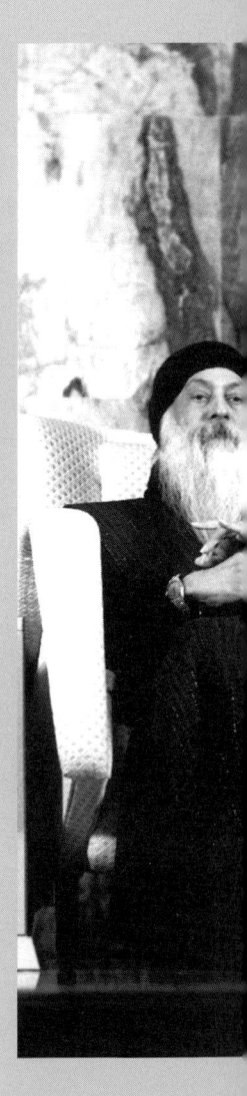

ほとんどすべての人間が錯乱している
むろん、人によって程度は異なる
ある人の狂気さの度合いは強く
ある人の狂気さはそれほどでもない
しかし、それは大した違いではない

わずかな人々だけが——
稀にブッダが、老子が
芭蕉が、イエスが——
ほんのわずかな人々だけが
自分に備わっている力の
導き手となることができた
そして独演ではなく
オーケスラを演奏できたのだ
自らの存在の中に
調和をもたらすことができる、
このようなわずかな人々は
究極の真理を知った

それが、黄金の意味するところだ
それは最も尊い金属だ
それゆえ、黄金が象徴になったのだ

生命は奇跡だ
それについての説明、
なぜそうであるのかということの説明もない
哲学者にも神学者にも、科学者にさえも
なぜ生命が存在するのかについて、全く説明ができない
これから先も、それは説明できないと私は思う
その謎は残るであろう
その謎を解くことはできない
なぜなら、さらに多くを知ることが問題ではないからだ
実は、生命は奇跡のようなものだ
存在するはずではないにも関わらず、存在している

バラの花や蓮華、幾千もの花々の必要性は何であろう
本質的な必要性は何もないように見える
もしこれらの花々が存在していなくても
何も失われはしない
もし私たちがここに存在していなくても
地球は私たちがいないと寂しく思うことも一切なく
太陽の回りを回り続ける
存在も同じように続いていく
星がそこにあり、月が昇り、木々が育つ
すべてがあるがままだ
しかし、生命は起こった──
生命だけではなく、意識、愛さえも
これらはすべて、奇跡の上の奇跡だ

朝、太陽がまさに昇ろうとするとき
そこには歌とダンスがある――
鳥たちが踊り、木々が風にそよぎ
誰もが、太陽が水平線に現れるのを今かと待っている
そして太陽は突然に現れる
それは歓迎の歌、最も美しい歌だ
なぜなら、それが朝の始まりだからだ
新しい一日の始まり、新しい誕生だからだ

東洋では、毎晩の眠りは小さな死だと教えられてきた
なぜなら、眠りの中では
自分が誰であるかを完全に忘れてしまうからだ
もし人が眠りの中で死んだとしても
自分がいつ死んだのか、
あるいは生きていたのかどうかさえわからない
だから、眠りは小さな死、小型の死だ

毎朝が小型の誕生、新しい誕生だ
だから、神を称賛するべきだ――
神が新しい一日を与えてくれたのだから
私たちはそれに値しない
私たちは昨日を、昨日丸一日を無駄にした
しかし神は寛大にも
私たちにもう一度試してみる機会を
生きる機会、喜ぶ機会、総てをかける機会を与えてくれた

今日、根本的に最も必要とされることは
新しい人類の始まり、ということだ
古いものは終わり、消え去った
古いものは疲れ、消耗し、使い果たされた
私たちは古い死骸を運んでいるようなものだ
それは燃やし、告別しなければならない
私たちは新しいものを迎えるために
それに別れを告げなければならない

瞑想は人に新しい誕生の始まり、内なる誕生をもたらす
それは内なる夜明けの始まりになる
瞑想によってのみ人は眠りから覚め
その日に入っていくことができる
なぜなら、人が目覚めることは
瞑想を通してのみ可能だからだ

その朝は決して遠くにあるわけではない
必要なのはただ心を開き、歓迎の歌を歌うことだけだ
そうすれば、それはそこにある
心の歌が歌われるのをただ待っている
踊り始めればその瞬間、
太陽は地平線の上に昇らずにはいられなくなる

私が時折思うことは
ある日すべての鳥たちが歌うことをやめたら
太陽は昇らなくなる、ということだ
何のためにそうするのだろう
すべての木々がその花を咲かせることをやめ
「太陽を先に昇らせよう」と決めたら
太陽は昇らなくなるだろう

そこには内的な結びつきがあるはずだ
それは片方だけの営みではない
太陽が昇り、花が咲き、鳥が歌う──
それだけではない
その逆もまた真理だ
花が咲き、鳥が歌い、太陽が昇る
それは双方向の営みであるはずだ

生命は常に内部が結び付いているものだ
詩人はそれを感じてきた
テニソンはこう言っている
「もしひとつの花、根とそのすべてを知ることができたら
宇宙全体を知ることになる」
彼は正しい──
しかし、これは詩人が持っている感覚にすぎない
神秘家はこれを見、これを経験する

内なる音楽には、不思議な資質がある
外側の音楽には楽器がいる
演奏者と楽器——二元性が必要だ
内なる音楽は二元性を必要としない—— 演奏家が音楽になる
演奏家が楽器になる
演奏家がすべてだ
何の区別もない
内なる音楽とは沈黙のことだ
沈黙の音だ

沈黙には、それだけが持つ音楽がある
それが聞けるのは、頭からすべての騒音を落とした者だけだ
それは心の中でしか聞くことができない
頭で聞くことはできない
頭だけを使う者は、常にこの機会を逃す
心が満たされている者、
愛で満たされている者だけが、この音楽を聞くことができる

この音楽こそが、人を超越に導く音楽だ
それは虹の橋となる
それは思考（マインド）を使ってつかむことはできない
思考を使って理解することはできない
思考は脇へやっておかなければならない
完全によけておかなければならない
そうすれば、それは突然やってくる

それが、瞑想のアートのすべてだ
思考をゆっくりと脇に置き
内なる音楽の中に入っていく
一たるものの、内なる世界と調和していく
これを神の経験と言うこともできる
タオ、真理、仏法と言うこともできる
これは実に、究極の音楽の経験以外の何ものでもない

太陽の光も風も届かない部屋の中に、花を隠していれば
その花を保護していると思っていても
実は殺していることになる
殺人を犯していることになる
むろんそれは善意からの行為であり
花のためにしていることだ
外では風が吹き、大雨で、太陽の光が強すぎる
だから繊細なつぼみを守りたいのだ
花を咲かせるために、それを自分の寝室に隠し
扉と窓をすべて閉じておく
花はやがて死ぬだろう

花が開くのは、太陽のもとにあるときだけだ
花が開くのは、風の中で踊れるときだけだ
花が開くのは、雨のシャワーを楽しめるとき
星と話せるときだけだ
花は存在に属している
花が開くのは、存在に深く根ざしているときだけだ

人間はいつもつぼみのままだ
その喜びはまだつぼみのままだ
それは、人間が安定ばかりを気にしているからだ
危険、不確実さ、リスクを恐れているからだ
自分自身を境界の中に押し込め
保護壁の内側に閉じこもっている
このようにして人間は囚人となる

人生は不確実さの中でのみ、生きることが可能となる
危険の中でのみ、生きることが可能となる——他に道はない

しかし、安定の名のもとで
私たちは自分自身をひらく機会のすべてを失っている
私たちは死を恐れるために、永遠性を失っている
もし危険を受け入れ、その中に入っていけば
それが喜びとなれば、冒険となれば
そのとき、人生が至福となる
そして、そのような冒険の魂だけが神が何であるかを知る
私が説くのは、冒険、勇気、リスクについてだ
私が説くのは、生き生きとしていることについてだ

私が説くのは、何物をも恐れないこと
そして自由についてだ
恐怖から解放されることは
神を知るために、至福を知るために
真理を知るために必要な最大の資質だ

だから、開かれた場所に出て来なさい
空(そら)の下に出て来なさい
すべての恐怖を落とすのだ
なぜなら、そのような恐怖は全くの偽りだからだ
そして、人生の冒険をそのすべての危険と共に
不確実さと共に楽しみなさい
それは美しい人生だ
人生が美しいのは、その危険性と不確実さのゆえだ

プラスチックの花は危険にさらされていない
本当の花は危険にさらされている
しかし、プラスチックの花は花などではない
一日しか生きられないことの方が
はるかに深い意義を持っている――
朝から夜まで生き、花びらはしおれてしまう
しかし、太陽の下、空の下で
激しく情熱的に一日を生きれば充分だ
プラスチックの花で、何千年も生きることは選ばない
そのような人生は人生ではない
生きる長さが問題なのではない
問題なのは、徹底的に生きるかどうかだ

人は、命のたいまつを
両端から同時に燃やさなければならない
一瞬の生だが
それを完全に、生き生きとしたものにしなければならない
それが、人に神の経験と永遠の経験をもたらすのだ

人間はそれぞれ、解き放たれるべき光輝、
解き放たれるべき香気を持っている
小さく見えても、人間は本当に小さいわけではない
人間は大海を、至福の大海を抱えている
空を、自由の空を抱えている

霊的な経験とは、あたかも原子の爆発のようなものだ
原子は極めて小さいものだが
爆発するときは実に大きく、巨大だ
自分自身を経験することは、まさにこの爆発のようなものだ
それは爆発、原子の意識の爆発だ
突然に自分自身を存在として見る
無限で、果てしない
それが私たちの光輝だ——
それは必ず達成せねばならない
光輝に達することなしに、私たちが満足することはない

新しい者は誰もいない
誰もが皆、極めて古くからの巡礼者だ
私たちは以前からずっとここにいる――
異なる形、異なる肉体で、異なる行ないをする
しかし、私たちは以前からここにいて、永遠にここにいる
私たちが存在から消滅する道はない
存在には破壊されるものは何もない
付け加えられるものもない
存在は常に全く同じものだ

今や、科学でさえも
私たちが破壊できるものは何もないこと
付け加えられるものもないこと
ただ形態が変わるだけであることを認めている
川は流れ続ける
ただ波だけが変わる
時には大きい波があり、時には小さい波がある
そして波がないこともある
しかし、それは同じ川だ
波のある川だ――
波が大きいとき、小さいとき、それがないとき――
川は同じだ

この洞察が、人を時間の超越に導く
そして、時間を超えることは苦しみを超えることになる
時間の超越を知ることは、至福の世界に入ることだ

永続し、決して来ることがなく、行くこともないもの——
これを覚えておきなさい
それが神だ
そして、誰の内側にも神があるように
神はあなたの内側にもある

すべての人間は世界に真理をもたらす
すべての人間は神の使者だ——
イエス・キリストや仏陀、ツァラトゥストラだけではない
彼らは自分自身を知っている
他の人々は自分が誰であるかを知らない
しかし人は生まれた瞬間、
自分の存在に真理を携えている
そしてその真理を表出させない限り
人が充足することはない
世界にそのメッセージを伝えない限り
人は深い不安を感じることになる
なぜなら
自分が持っている存在へのつとめを果たしていないからだ

人は、自分の心の歌を歌わねばならない
自分のダンスを踊らねばならない
完全な個性として在ることだ
模倣ではなく、コピーでもない
本来の自分のありさまを
現しなさい
本来の自分を世界に示すことができれば
その瞬間、人生が充足する
その中から、圧倒的な喜びが生まれる

家の中全体を芳香で満たすのに
たった一輪のチャンパクの花があれば充分だ
庭の中のたった一輪の花で、庭全体が香りにつつまれる
それは小さな花だ
見たところ、決して美しい花ではない
一見して平凡な花だが、見かけに惑わされてはならない
チャンパクの花に出会えば、それは実に平凡で
二度見る価値があろうとは思えない
しかし、それは最も尊い花だ
限りなくすばらしい芳香を持っている
だから、いつも覚えておきなさい
外見が、人生の中でものごとを判断するための
真の要素ではないことを
入れ物が重要なのではなく、中身が重要なのだ

肉体は平凡で地味でも
その魂は理解を超えたものかもしれない
肉体は非常に美しくても、空っぽで
魂など全くないかもしれない
これは人生の中で何度も起こることだ
魂の全くない美しい人々に出会い
地味でも類まれな資質を持った人々に出会う
決して外見に惑わされてはならない
常に深く見つめなさい
深く探りなさい
核心を見るのだ
見るのは回りではない

存在の中に音楽をつくり出さない限り
ダンスとして生きることを始めない限り
存在を祝福しない限り、神を知る可能性はない
なぜなら、神はダンス、歌、
祝福の究極のクライマックスだからだ
神は悲しがる人々のためにあるのではない
神は、愛し、笑うことができる人々のためにある

この存在は圧倒的な遊びだ
深刻に受け止めてはならない
歌と共に、自分の心に受け止めるのだ
喜びに満ちて感謝しなさい
軽い足取りで
自分の心に笑いを持ってこの世界に入りなさい
そうすれば、突然に存在全体が神性な経験になる
世俗が神聖に、平凡が非凡になる

人生は大いなるアートだ
人生を、当然のことと思ってはならない
誕生は生命と同義語ではない
誕生は単なる機会にすぎない
そして、人は自分自身に働きかけなければならない
そこには、千とひとつほども落とすべきものがある
貪欲さがある
怒りがある
憎しみがある
欲望がある
多くのものがある

そして、これらが落ちない限り
私たちの存在から取り払われない限り……
それはあたかも雑草のようなもので
私たちはこれに占領されてしまう
私たちは土壌全体を変えねばならない
すべての石を取り除き、地面を用意せねばならない
バラの花が可能になるのはそのときだけだ
そして、自分自身の存在にバラの花が生まれたとき
人生が喜びを持ち始める
人生が美しさを持ち始める
人生が優雅さを持ち始める
そのとき、神に差し出すものを得る
そうでなければ、何を神に差し出すというのだろう

私たちは皆、岩として生まれる
そして私たちは皆、バラにならねばならない
岩はバラになる能力を持っている
不可能なように見えるが、そう見えるだけだ
それは幾度も起こっている
あなたにも起こり得ることだ
イエスに起こることなら、それはあなたにも起こり得る
私に起こることなら、それはあなたにも起こり得る
私は私自身の経験から言っている

誰もが皆、岩として生まれるが
ほんのわずかな人々だけが
このすばらしい機会を成就させ、バラになる──
ほんのわずかな人々だけが
稀な人々だけがこのすばらしい機会を成就させる

ほとんどの人々はただ岩のように
ころがる石のように生きている
川につられてあちこちと転がり、苔も生えずに死ぬ
彼らは岩として生まれ、岩として死ぬ
人はバラにならない限り、その人生には何も起こらない

肉体は美しい
肉体は寺院だ
しかし、それが美しいのは
自分が肉体ではないことを知ったときだけだ
肉体を自分と同一視すると、それは醜くなる
寺院ではなく、監獄になる

もし人が
「私は肉体ではなく、ただの来客だ
そして肉体は宿主だ」
と知れば、そのとき肉体が寺院となる
寺院には美が、落ちつきが、神聖がある
人はこのことを忘れると
「私は肉体だ」と考え始める
多くの人々がそうであるように——
99.9 パーセントの人々が、自分は肉体だと思っている

肉体に起こることはすべて自分に関わりがない、
という経験はすばらしい自由だ
すばらしい安堵感だ
突然に自分の体から重みがなくなる
この無重量は、瞑想のすばらしい副産物のひとつだ

瞑想とは、目撃することのアートだ
まず自分の肉体を、次に思考（マインド）を目撃することから始め
そして両方から抜け出すのだ
瞑想によって、人はこの両方の外に出る

そして「私は肉体ではない、思考ではない」
と知ったその日、人は我が家に帰る
そのとき、人は自分が誰であるかを知る

肉体への同一視は、死への同一視、
老化、病気への同一視になる
肉体への同一視がなくなったとき
「私は離れている、私は意識だ」と知ったその瞬間、
人は病気、老化、死から解放される
それは肉体に起こるが
自分はただその全てを目撃する者、傍観者であるだけだ
それは自分とは関わりがないことだ

何世紀にも渡って、何度も経験されてきたことがある
それは、一千人の村人の中で
ひとりでも真の瞑想者がいれば
村人全体の質が変化する、ということだ
人間がここまでのレベルに達することができたのは
多数の貢献者がいたからではない
イエスや仏陀、ツァラトゥストラ、クリシュナ——
それは、彼らのようなわずかな人々がいたからだ
仏陀、イエス、目覚めた魂たち、
彼らのひとりひとりと共に
人はより高いステップを昇る

しかし、もし何千もの人々が目覚めれば
人類全体が大きな飛躍を遂げる
これこそが、私の言う新しい人類の始まりだ

ここでの私のつとめは、個人を助けることだけではない
むろん、私が今していることはそれだが——
しかし、奥深いところでは、その局面を、背景を
根本的な情況を作り出すことに力を注ぐことだ
そこでは、新しい人類がその心の愛と共に
その魂の光と共に、知性と気づきと共に
上昇することができる
そして、地球全体をパラダイスに変容させることができる
それは可能性のある奇跡だ
実は、それが可能なのは今だけだ
それがかつて可能であったことはない

なぜなら、私たちは今、
成長のある段階まで来ているからだ
人間はもはや幼稚ではない
成熟したのだ

しかし、多くの努力が必要とされる
人はそこにエネルギー全体を注がねばならない
自分のエネルギー全体を
自分自身の再生のために注がねばならない
そして、それは自分が再生するためだけではない
人類全体を救うことになるのだ
これが、私の言う真の奉仕だ

人生は薔薇の花壇

Life is a Bed of Roses

1

天国に行くことが問題なのではない
問題は、どこにいても
天国に在ることのアートを学ぶことだ
今この瞬間を、絞り切ってしまわねばならない

反逆心のある者だけが、人生の何たるかを知っている
反逆心だけが、神の何たるかを知っている
なぜなら、神は生命の中心であるからだ
神と生命とは、同じ意味を指す言葉だ

ここでの私のつとめは
全く新しい種類の人間をもたらすことだ
愛することができ、修道院に行く必要がない人間
市場の中心にいながらにしてなお
すべての所有欲、執着、すべてのこだわり、
すべての嫉妬を落とせる人間、
それが、わたしのビジョンである新しい人間だ

それは可能だ
なぜなら、私がそれを行なったからだ
だから、あなたにも可能だ
私は、私自身の経験にないことを言ったことは一度もない
私は私自身の権限で話す

スーフィーの老師の話をしよう
ひとりの母親が小さな子供を引きずって来て
この老師にこう言った
「この息子には、ほとほと疲れてしまいました
この子は甘いものばかりを食べすぎるので
病気になりはしないかと心配でなりません
歯が腐ってしまいます
胃の痛みや何かで、本当にひどいのです
でも食べるのは甘いものだけ、他には何も食べないんです
何とかしてください
老師が何かおっしゃれば、この子はきっとそれを聞きますから」

老師は少年を見て、母親にこう言った
「一週間後に来なさい」
母親はたいへん困惑した
彼女は、これまでに何度もこの老師を尋ね
人生や死、神の現われについて
神、天国、地獄について、大層難しい質問をした
それでも、老師はいつも即座に答えてくれた
それが今、こんなに小さな問題なのに
この子に何かを言うために七日間もかかるとは……

しかし、彼女はこう考えた
「スーフィーの老師というものは少し気が違っているものだ
何かあるに違いない、一週間待ってみなければ」
一週間後、彼女はやって来た
すると老師はこう言った
「申し訳ない、二週間後にもう一度来なさい
まだ準備ができていない」
今度は少年までもが困惑した

二週間後、母親と少年はやって来た
老師は少年を見て言った
「君ならやめられる」

少年は言った
「こんなことぐらいを言うのに
どうして三週間もかかったんですか」

老師は言った
「私も甘いものが大好きだからだ
だから、私がまず試してみなければならなかった
私にできるかどうかね
そうでなかったら、どうして君に話せるものかね
それは嘘になってしまう
さて、これは実に難しいことだ、私にはわかる」
少年は老師に言い知れない興味を覚えた……
しかし、母親はこう言った
「この子に教えることはできたはずですよ
証明までしてくださらなくても」
老師は言った
「私自身で経験していないことは話せない
私はこれまで経験していないことを
たったひとことでも口に出したことはない
経験していないことを口に出しても
そこには何かが欠けているからだ
そこには何の真実もないからだ」

老師は続けてこう言った
「人が自分自身の経験からものを言うとき、それは深みに向かう
私にはわかっていた
君の目を見つめたとき、君にそれができることを私は感じた
私は年寄りだ——私は弱い——私には三週間かかった
君は若い、一日でできるとも」
——これはまた、私のやり方でもある

私たちは、大いなる可能性と共に生まれる
しかし、それは可能性であるだけだ
それに気づかずに死ぬこともある
意識的に、気づきを持って動かなければ
この標的を見失ってしまう
ただ、風と波に翻弄される流木のままであれば
偶発的なままであれば
私たちはすべての可能性を失うことになる

多くの人々がこれほどまでにみじめなのは、そのためだ
みじめさの原因は外側にあるのではない
人々がこの標的を失うことにその根がある
人々は皆、何かが失われていることを感じている
それが何であるかにはっきり気づいてはいないが
確かなことがひとつある
それは、種子を持っている人々が皆、
まだ成長していないことだ
花がまだ開いていないのだ

種子はみじめになる定めだ
花だけが風の中で、雨の中で、太陽の中で踊ることができる
花だけが自分の歌を——至福の歌を——歌うことができる
花だけが充足することを、満ち足りることを知っている
花だけが、存在とのくつろぎを感じることができる
種子はくつろぎを感じられない
それは閉ざされている、結びつきがない
月のこと、太陽のこと、星のことは何も知らない

聞いたことすらない
花のこと、色のこと、虹のこと、
鳥の歌声、蜂がハミングするマントラ──種子は何も知らない
しかし、種子の中のどこか秘められたところに
すべてを知ろうとする熱望が存在する

必要な資質はただひとつ、知性だ
沈黙し、気づきを持ち、瞑想的になれば
知性が芽生え始める
そしてある日、種子がはじける
自分の花が咲くとき、内なる世界に春が来るとき
自分が花園となるとき──
その日が、最もすばらしい歓喜の日となる

4

month 9

人生におけるかけがえのない経験とは、沈黙だ
さもなければ、人生はたいへん騒がしいものとなる
外側に騒音があり、内側に騒音がある
この両方を合わせれば、人を狂わせるのに充分だ
それが、世界中を狂わせてきた

人は、内側の騒音を止めなければならない
外側の騒音はコントロールできない
また、それを止める必要もない
しかし、内側の騒音は止めることができる
そして、一度内側の騒音が止み、静寂が定まると
外側の騒音は問題にならなくなる
それを楽しみ、何の問題もなくその中で生きられるようになる

内なる沈黙の経験はかけがえのないもの、比類なきものだ
これほどの価値ある経験は他にはない
なぜなら、この経験の中からすべての経験が生まれるからだ
それは、宗教の寺院の礎だ

沈黙することがなければ真理はない
自由も、神もない
沈黙があれば、そこになかったものが突然に現れ
あったものが、そこからなくなる——
視覚が変わり、景色が変わるからだ
沈黙が、不可知を知ることを可能にする
それが、沈黙がかけがえのないものである、
ということの意味だ

沈黙が最も必要とされる資質である、という真義は
時代と共に受け継がれてきた
それゆえ、人々は社会で沈黙することは不可能だと考え、
そこから逃げ出した

それはまさに誤った結論、誤った論理だ
なぜなら、沈黙は外側の世界とは関りがないからだ
それは内側に関わることなのだ
人はどこにいても沈黙を育てることができる
山にこもりはしても、自分の思考（マインド）は同じままだ
山に入れば、同じものごとがただ増えるだけだ
なぜなら、他に何もすることがないからだ
エネルギーのすべてが思考のために使われる

修道院、砂漠、山の中で、思考は支配的になる
市場の中心にいるよりも、普通の生活の中にいるよりも
さらに支配的になる

沈黙を好む人々がいる
しかし、好みだけでは充分ではない――愛が必要だ
好みはきわめて中途半端だ
可もなく不可もない
愛とは、情熱的に関わることだ
愛とは、生と死に関わることだ
愛とは強さと全体性だ

人生の最もすばらしい贈りものは
何かに完全に入っていこうとする人々にのみ、与えられる
それが沈黙であれ、自由であれ、真理であれ——
それが何であるかには関わりがない
究極の価値に向かうには、愛する者でなければならない

革命は政治的なもので、反逆は宗教的なものだ
革命は群集を必要とする
反逆は個人のものだ
そして、すべての革命は例外なく失敗している
なぜなら、群集が意識を持たないからだ

群集は低い知性で成り立っている
低い知性から、いったい何が起こるというのだろう
そこには当然復讐がある
皇帝を殺し、王を殺す
財産を破壊し、政府を変える
しかし、人々は全く意識を持っていない
彼らの行為はすべて、究極的に失敗に向かう
フランス革命は失敗した
ロシア革命は失敗し、中国革命は失敗した
すべての革命は失敗している

反逆は常に成功する
しかし、それは個人的なものだ
イエスは反逆者だった
仏陀は反逆者だった
老子は反逆者だった
世界中に必要なのは革命ではなく、反逆だ
私が説くのは反逆だ
反逆は美しい
革命は醜い
革命は暴力、反逆は非暴力だ

反逆は外の世界とは全く関わりがないが
外の世界を変容させる
なぜなら、内側に変化が起これば
それが外の世界の多くのものごとを誘発するからだ

しかし、それは私たちの目的ではない
それは副産物として起こることだ
人間がたったひとり変わるだけで
何千もの人々が変わることになる
反逆者に近づく人々はだれでも、何らかの変容を遂げる
種子がその人々の存在の中にも落ちる

ある意味で、私は大いなる革命の準備をしていると言える
しかし、革命を通してではない――
反逆を通して、個人の変容を通してだ

聖書、コーラン、ヴェーダ、これらは真の宗教ではない
なぜなら、それが単なる言葉にすぎないからだ
当然のことながら、モーゼは宗教を持っていた
イエスも宗教を持っていた
ヴェーダの予言者たちは宗教を経験した
それは、彼らが沈黙の人々だったからだ——
しかし、沈黙を伝達するとその瞬間、
それは言葉となり、真理は完全に失われる

沈黙は伝達できない
言語を通しては伝えられないものだ
むろん、伝達の方法はある——
それが、サニヤスの何たるかだ
すでに沈黙に入っている者と調和することが、人を沈黙に導く
師 との調和に入ることで、弟子は同一性を持つ
師の横にただ座るだけで
何もせずに人はその魂を吸収し始める
話す言葉はない
聞く言葉もない
しかし、炎が伝えられる

真の宗教は、常に言葉を超えた、哲学を超えた伝達だ
それゆえ真の宗教は、光明を得た師、
目覚めた師と共にあってのみ経験できる
イエスと共に、仏陀と共に、ツァラトゥストラと共に
老子と共に経験できる
しかし、言葉を通して経験できることではない

その言葉がブッダに属しているとしても
それでもなお言葉に出した瞬間——
言葉にできないものを口にした瞬間——
それは偽りとなる
人は真正な、生きた師との交わりに入らねばならない
そして、真正なもの、生きた師であることの唯一の定義とは
その師が決して伝統的ではないこと
常に反逆的である、ということだ
これを目安にすれば良い
伝統的な聖者と会うことがあれば、それはにせものだ
にせものでなければ、その聖者は伝統的であるはずがない
反逆者であること——
徹底的な反逆者であることは、真の師の魂そのものだ

沈黙に生きている者の弟子となることは
宗教を経験するための
宗教の最初のきらめきを得るための唯一の道だ
そうすれば、人は自分自身の内側に
それを探し出せるようになる
しかし、人を目覚めさせる最初の光線、最初の一打、
最初の衝撃は、師から与えられるものだ
さもなければ、人は何生にも渡って眠り続けるばかりだ

だから、生きた沈黙を見つけたら、それを飲み干しなさい
そして、それを飲み干すことができる唯一の道は
自分の思考を脇に置いておくことだ
なぜなら、沈黙と議論することはできないからだ

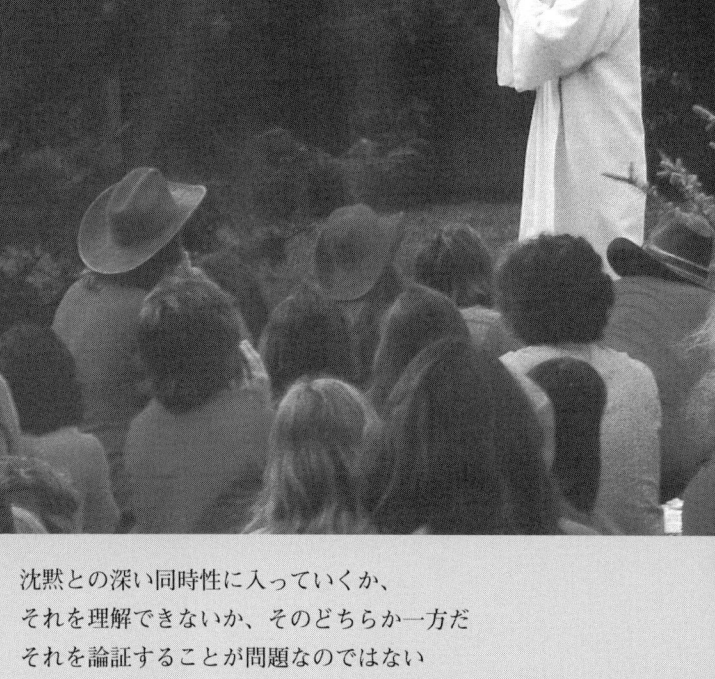

沈黙との深い同時性に入っていくか、
それを理解できないか、そのどちらか一方だ
それを論証することが問題なのではない
証明することも、反証することもできないものなのだ
ここでは論理は全く無力だ
問題なのは愛だ、論理ではない……
心(ハート)の問題であり、頭の問題ではない

歴史は、偉大な王や支配者たちであふれているが
悟りを得た者や覚者たちは、それほど多くはいない
覚者たちの数は
両の手で数え切れるほどしかいない
それは、彼らが根本的な変容を要する方向に
無意識から意識に向かう方向に向かったからだ

無意識は意識に変容させねばならない
わずかな無意識でさえも
内側に残らなくなったとき
光で満たされたとき、人は師になる
真の師になる

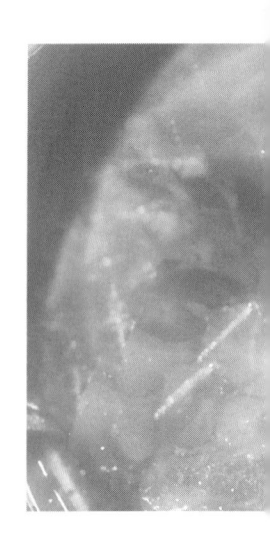

ひとたび意識を持つと、そこにあるのはバラまたバラだ
人生は安楽な暮らしではない、
ということわざをつくった者は、無意識であったに違いない
気づきを持っていなかったに違いない
なぜなら、覚者たちのすべてがこれと正反対に
人生は安楽である、と言っているからだ
唯一必要なことは、自分の内部で
無意識から意識にギアを入れ換えることだけだ

そして、そのプロセスはきわめて単純だ
これほど単純なものはない
実は、あまりにも単純なために
人々はそれを見失ってしまう――

そこには、エゴのための挑戦がないということだ
エゴはいつでも難しいことのためにある
エゴは月に行くこと、火星に行くことに興味がある
自分自身の内側に向かうことには興味がない

このプロセスは、単純な方程式にすることができる
何かをするときはいつも、注意を忘れずに行なうのだ
歩くとき、自分が歩くのを見る
食べるとき、自分が食べるのを見る——
機械的に自分を満腹にすることをやめるだけだ
思考^{マインド}はどこか別の所にある
千とひとつほどの事を考えながら、手は食べ物を詰め込み続け
口は物を噛み続ける
それは機械的なプロセスだ
人は自分が何をしているのか気づいていない

気づきを持てるのは、瞬間の中に完全に入っているときだけだ
だから、食べているときは世界全体を忘れなさい
食べるときはただ食べる
歩くときはただ歩く
聴くときはただ聴く
話すときはただ話す
そしてその中に完全に入り、注意を忘れず
ひとつのしぐさごとに、微妙な動きごとに気づきを持つのだ
そうすればしだいに、コツがつかめるようになる
呼吸が飲み込めるようになる

私たちは、ひとつではなく、何千もの要素であるのが常だ
私たちは多数の群集、雑踏だ
しかし、人が意識的になるとき、
しだいにその群集が数を失い、ひとつになる
統合されたものになり、結晶化され
そこには大いなる調和が生まれる

まず、自分自身の中に調和しなければならない
そうすれば、宇宙と、星と
月と、太陽と、木と、鳥と調和できる——
この果てしない永遠の宇宙全体に、溶け込むことができる
そこには二つの融合がある
自分自身に溶け込むこと、最初の融合だ
そして二つ目は、存在に溶け込むこと
二番目の融合だ
この二つのステップの中で、旅のすべてが完結する

最初に自分自身とひとつになる
そして存在とひとつになる——
これこそが、私の言う聖性だ
意識的になりさえすれば、人生は詩になる
音楽に、ハーモニーに、
融合されたものに、ひとつのものになる
そしてこれが起こらない限り
人は全く無益で空虚な人生を生きることになる

無意識の領域のおよそ９９パーセントが意識されると
花が咲き始める
そして、その領域の１００パーセントが開かれたとき
自分自身の内部に無意識が全くなくなるとき
花が芳香を放つ

人は純粋な芳香にならない限り
その人生は無駄に費やされるものとなる
人がその王国に、無限と永遠の王国に入れるのは
内奥の輝きを放つときだけだ
そこには、死もなく、誕生もない
人は永遠に、今ここにある
肉体は消え去るが、あなたが消え去るわけではない
思考は消え去るが、あなたが消え去るわけではない
そして、絶えず永続するものを知ることが
真理を知ることになる

無意識の状態は、あたかも木の根のようなものだ
木の根はいつも地下にあり、目にすることがない
それが私たちの無意識の状態だ
地下にあり、見ることはないが
それがすべてに影響を与える
枝に、葉に、花に影響を与える
私たちの根は隠れているが、極めて重要なものだ
根は木の中で最も重要な部分だ
人はその根を理解しない限り
自分の存在全体を真に経験することはできない

木の枝は、私たちのいわゆる意識のようなものだ
それは非常に繊細で、薄い層だ
そして、思いがけない出来事によって
容易に壊されてしまう
ほんのささいな事で崩壊してしまうものだ
誰かに侮辱されると、もう意識的ではなくなる
誰かに何か言われると、瞑想のことなど
自分の気づきのことなどは、もうすっかり忘れてしまう
気が狂ったように興奮する
その狂気の状態の中で、人はどんなことでもする

意識のわずかな薄い層が、無意識を取り囲んでいる
それは、日々の決まりきった仕事をこなすのには充分だ
会社に行き、タイプライターを打ち、車を運転する
夫や妻と話す―― 何度も言い古された決まり文句
そしてそれを意識することなしに、何度も繰り返す

しかし、それが、私たちの考える意識というものだ
それは可もなく不可もなく
中途半端なもの、不充分なものだ
それは未知への、究極への飛翔には不充分だ

人は、この小さな意識の断片を種子として使わねばならない
それを成長させ、栄養を与え、あらゆる方法で助け
協力してやらねばならない
意識的である自分の存在の小さな部分に
もっと協力してやらなければならない
そして、自分自身の大部分を占める無意識の部分から
少しずつ手を離していくことだ
常に意識を選びなさい
無意識を避けるのだ
自分を無意識にするものは、すべて間違っている
そして、自分を意識的にするものはすべて正しい
意識に協力すればしだいに意識が育ち
無意識に手を貸さなくなれば、しだいに無意識が萎縮する

意識の領域がしだいに大きくなっていく
そして無意識が萎縮し、消え去る
ついには、無意識の領域のすべてが意識に取って代わる
その瞬間こそが、花を咲かせるときだ
木が初めて花を持つときだ

意識の大いなる爆発の時が熟した
かつて、これほど成熟したことはなかった
なぜなら生命は進化し続け
私たちはクライマックスに達しつつあるからだ
もし私たちが、根本的な変容を遂げることがなければ
進化しながらも同じ状態に留まっているこの状態が
私たちに汚点を残すことになる

人間は、もはや子供ではない
子供のために作られた古い服を着続けることは
人間を困難におとしいれることになる
それは、人間を不必要なまでに無能にする
なぜなら、洋服は小さすぎ、人間が大きすぎるからだ
キリスト教、ヒンドゥー教、ジャイナ教、イスラム教、
これらはすべて、人間がまだ子供じみていた時代に
人間の別の状態のためにつくられた服だ
もう合わなくなっている
すでに時代おくれになった
このような服は、ある時期にのみふさわしい
今や、正しいものではなくなってしまった

すべての服を変えるのにふさわしいときが来た
人間全体を変えるときが熟した
完全なオーバーホールが必要だ

14

真に宗教的な者は
普通の人生を限りない喜びと恍惚に生きる
彼はその人生を平凡であるとは言わない
その人生を、非凡な感性で生きる
それは存在からの贈り物だ
超越したものからの贈り物だ
それは敬われ、愛され、感謝されるべきものだ
それは実に計り知れない贈り物だ
あらゆる木々や鳥たち、人々、川、山、星、
広大な空、この限りない世界……
この祝福に満ちた存在の中で
深刻になれる者がいるとすれば
それは全く奇妙で病的なことだ

しかし、深刻さは今まで称賛されてきた
そしてその称賛のために、人々は深刻になろうとしてきた
彼らは自分たちの快活さを抑圧してきた
自分たちのダンスを抑圧してきた
自分たちを無能にしてきた
可能な限りの方法で、自分たちの存在を麻痺させてきた
尊敬に値する聖者のパターンに合うように
自分自身を切り取ってきた

私から見れば、これは災難だ
宗教は、人間に対して大いなる犯罪を犯してきた
この罪は正さなければならない
それはすでに遅すぎる

これが唯一の世界だ
そして私たちは、今ここに生きなければならない
天国や極楽、解脱のような幻想のために
今ここを犠牲にしたりはしない

それぞれの瞬間が、次の瞬間の母として機能する
この瞬間を拒否することは危険だ
この瞬間に感謝しなさい
それを愛し、喜びなさい

ゴータマブッダは、瞑想は獅子の咆哮だと言った
なぜなら、それが爆発だからだ
それは、意識の爆発だ
原子爆弾が及ばぬほどはるかに深く、広大な爆発だ

このふたつの爆発には、当然違いがある
原子爆弾は破壊的なものだ
しかし、瞑想を通して意識に起こる爆発は
必然的に創造的なものになる

それは獅子の咆哮だ
なぜなら、自分自身の最奥の経験を知ると――
それが瞑想の何たるかだ――
その瞬間、人は恐れを失うからだ
死がもう存在しないことを知るからだ
自分が永遠であることを知るからだ

それは獅子の咆哮だ
なぜなら、もう誰も彼を奴隷にすることができなくなるからだ
彼を殺すことはできる
しかし、彼を奴隷にはできない
彼の魂を殺すことはできない
彼の肉体は拘束できる
しかし、彼の存在を拘束することはできない
今や、彼は自由を知っている
そして、自由は取り上げることができない

自由は計り知れない勇気を放つ
世界中と戦うことができるほどだ
実に、すべての偉大な瞑想者たちが全くひとりで
独力で、この愚かな世界と戦ってきた
イエス、ブッダ、老子、カビール——
これまで、瞑想者は
人間の愚かさの集合に立ち向かい、戦ってきた
死刑にされ、磔にされ、殺され、毒を盛られた
しかし、それが彼らに違いをもたらすことはない

瞑想を成就する人間が再び出現すれば
必ず獅子の咆哮が爆発する
それは再び出現した真正な人間、
真理のためにすべてをかけることをいとわぬ人間だ

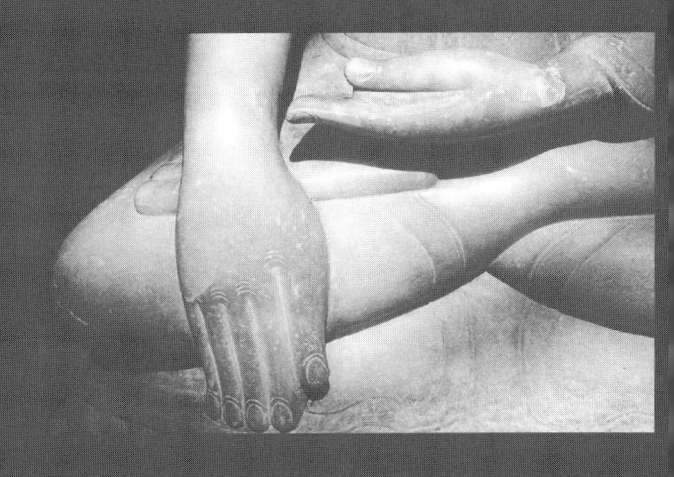

16

地球や惑星が太陽の回りを回るように
人の内側の存在全体もまた、至福の芯の回りを回転している
これを理解しさえすれば
ものごとはきわめて単純で明らかになる
そうすれば、暗闇を手探りで行くこともなくなる
中心にまっすぐに向かうことができる
そして、中心に向かい始めたその瞬間から
人生が光になっていく

4つのLを教えよう
それは命（*life*）、愛（*love*）、
笑い（*laughter*）、光（*light*）　だ
そして、まさにこの順序どおりに
これらが起こる

まず命——
人はもっといきいきと
していなければならない
沸き立つような喜び、
活気、激しさに
満ちていなければならない
押え込んではならない
人が生命に満ち溢れているとき、
愛は自然に起こってくる
この命をどうすれば良いのだろう
溢れるエネルギーを
どうすれば良いのだろう

それは分かち合わねばならない——
それが愛の意味だ
自分の命のエネルギーを分かち合うことだ
そして、自分の命のエネルギーを分かち合えばその瞬間、
すべての悲しみが消え去り、人生が心からの笑いとなる

これらの３つのＬが満たされると、
４つ目のＬが自然に起こってくる
満たさなければならない３つのＬ、

この３つのＬは、
教育で言うところの
３つのＲのようなものだ
そして、
４つ目のＬは
超越したものからの褒美だ
そのとき、光が訪れる

光が入ってきたその瞬間、
人は光明を得る——
それが、
「光明（enlightenment）」という
言葉の意味だ

17

人々は偽りの中に生きている
このような偽りは当然のごとく美しく、気楽で便利なもので
ある種の慰めをもたらす
しかし、偽りはやはり偽りでしかない
何の助けにもならない
それはあたかも、アヘンのように作用する
苦しみを忘れさせてくれる精神安定剤として
使うことができる
しかし、それが本当の病を変えるわけではない
ただ病状を隠すだけだ

世界中の多くの人々が、便利な偽りに従って生きている
彼らはそれを真理と呼ぶ……
しかし、真理の本質は、自分自身の発見であるはずだ

真理は、人に伝えることができない
それを与えてくれる者は、誰もいない
自分自身の力で発見しなければならない
それゆえ、他者から与えられるものはすべて、
美しい偽り、きれいな甘い偽りでしかない
そして、人は甘い無意味さで自分自身を取り囲む
それは危険な戯れだ
なぜなら、それによって
自分に真理の世界が開かれる機会、
その時期、エネルギーを失ってしまうからだ

真理に献身することとは、こう決心することだ
「私はどんな伝統にも属さない
どんな宗教的崇拝にも、主義にも属さない
私は問う
信じるのは、知る前ではなく
自分がそれを知ったときだけだ」

この決心をしない限り、
真理は遥か遠い
自分の心に
この決心が定まれば
その瞬間、真理が近づく

一度真理を知れば
人は永遠の生命を知る
生命の始まりと
それが決して
終わらないことを知る
これこそが唯一の献身、
唯一の明け渡しだ

存在から離れると、私たちは束縛される
これはきわめて逆説的な現象だ
離れることそのものが束縛となる
当然、境界線のすべてが束縛になり
制限のすべてが限界になる
自分の回りに自らつくり出した柵を取り除けば
その瞬間、人は自由になる
空全体が、星全体が自分のものになる
そしてその自由と共に
人は真理を、愛を、神性を経験することができる

エゴの境界の内側では、私たちは偽りの中、憎しみの中、
悪の中だけでしか生きることができない
なぜなら、私たちの中に
完全に間違った概念が根づいているからだ
私たちの存在そのものは全く逆だ
それはあたかも木の葉が
木と自分とが分離していると思うようなものだ
分離されている、というその概念そのものが
葉の活力を失わせてしまう

精気は流れず、緑は色あせ、葉は枯れ萎縮する
分離しているという概念を捨てればその瞬間、
「私は木の一部であり、木は地球の一部だ
そして地球は太陽系の一部であり、太陽系は宇宙の一部だ」
という理解が得られる

たとえ小さな一葉でさえ、偉大な太陽と同じほど
存在に欠かせない要素なのだ
存在の中では、何の階層もない
なぜなら、存在はひとつだからだ
階層には順序がいる——
誰かがより高く、誰かがより低い
しかし、存在全体はただひとつだ
それゆえ、草原の葉片が偉大な星ほどに重要なのだ

高いものも、低いものもない
これを理解することが
拘束されていた自分自身の輝きを解放することになる
その瞬間、広漠たる広がりを感じる
そして喜びと祝祭にあふれる
ただ踊り、歌うだけだ

人が充足を感じるのは
その圧倒的に美しい存在の一部となったときだけだ
それ以前では不可能だ
それ以前であれば
何かが欠けていることを、常に感じるようになる
人は広大であるはずだ
星や雲が、自分自身の中にあるほどの広大さだ
そして、そこには充足がある

存在すべてを抱くとき、当然欠けているものは皆無になる
すべてが自分自身の中にあるのだから
何も欠けているものはない
そして、欠けているものが皆無になったとき
その瞬間が究極の安寧だ

安寧はそれ以上になることができない
充足の状態のエベレストそのものに到達したのだ
それが頂上、クライマックスだ
そして、人はそこから落ちることがない
落下は不可能だ
なぜなら、人は頂上そのものになったからだ
もう分離されてはいない
だから、落ちることがない
自分が安寧であると感じることが問題なのではない
自分自身が安寧そのものなのだ
そして、それが理解すべき、最も重要なことだ

瞑想のない人間は、存在の輝きのことは何も知らない
自分に与えられている輝かしい機会のことは、何も知らない
歌や音楽に気づかずに熟睡している
花々が開いていても熟睡している――
エデンの花園のその中で

唯一必要なことは、目覚めることだ
そうすれば、花を見ることができるように
星を、鳥を、木を、そして存在のこの限りない輝きを
見ることができるようになる
それは信じ難い、実に想像を絶するものだ

私たちには、最も美しく、完全な存在が与えられている
存在は、それ以上完全になることができない
しかし、私たちはそれを発見しなければならない
それはまさに挑戦だ
人生に挑戦があるのは良いことだ
挑戦がなければ、人生は死んでしまう
人生をいきいきとさせるのは、挑戦だ

瞑想は、人生の中で最もすばらしい挑戦だ
それは自分の目覚めを発見することだ
それは自分の睡気、夢遊病を壊すことだ
それは、魂の圧倒的な目覚めだ

外側の革命と内側の革命とは全く比べようがない
外側の革命は、ただ修正を試みるにすぎない
真の変革を試みることには決してならない
なぜなら、人間は同じままだからだ
それは、自分の回りの構造を変えて行くことにしかならない
刑務所は変えられるが
囚人は相変わらず監禁されたままだ——
多少便利で、居心地が良くなるかもしれない
テレビやサッカー場、囚人たちを束縛しないような施設——
しかし、囚人はそれでも刑務所の中だ
そこに自由はない

内側の革命は自由をもたらす
そして、人を内側の革命に向かわせる唯一の道は、瞑想だ
瞑想とは、人がこれまで学んだものを
すべて忘れることを学ぶということだ
それは、条件づけを取り払うプロセス、
催眠状態から抜け出すプロセスだ

無になるとき、広々となるとき
沈黙し、清らかになるとき、そのとき革命が起こる
太陽が昇り、人はその光の中に生きるようになる
そして、自分の内側の太陽の光の中に生きることが
正しく生きるということだ

静寂の中に入り、気づきを得て透みきるとき
内なる空（そら）が歓喜で溢れるとき
その瞬間、人は真実の生命を初めて経験する
それを神と呼んでも良い
光明と呼んでも、解放と呼んでも良い
真理、愛、自由、至福の経験——
呼び方は異なるが、皆、同じ現象を表している

自分が持っているものはすべて、いつかは失われるものだ
盗まれることも、取り上げられることもある
少なくとも、死は人を所有物から切り離す
しかしただひとつ、人から取り上げられないものがある
死でさえも、それから人を引き離すことはできない
それは、自分が所有しているものではない
それは、あなた自身に他ならない

それゆえ、ウパニシャッドの偉大な賢人はこう言っている
「神を知った瞬間、人は神になる」
神を知ることで、人は神になる
なぜなら神を知ることは、知識を得ることではないからだ
知識は忘れてしまうものだ
神を知ることとは
人が存在の新しい資質に達することを意味する
それは人の呼吸の一部になる
心臓の鼓動そのものになる

存在との究極の合一とは
存在、そのものとなることだ
それゆえ、人がこう感じたときがそのときになる
「たどり着いた
何千もの生を通して探し求めていた目的地は
これだったのだ
これが探し求めていた我家だ
たくさんの家をつくってきたが
どの家も本当の我家ではなかった

それは隊商宿でしかなかった
私はいつもそこを去らねばならなかった
私はもう、この家を去ることができない
なぜなら、私がこの家そのものだからだ」

地球上で最初の人間のように、自分の人生を生きなさい
アダムとイブのように生きなさい──
自分の前には誰もいない
だから、真似のしようがない
自分自身の光に従って生きる
失敗を犯すことの恐怖を持たずに生きる……
失敗は犯すようにできている
失敗は自然なことだ
避けられないものであり、また有益でもある
失敗しなければ、決して学ぶことはできない
むろん、同じ失敗を繰り返すべきではない
それは愚かなことだ
新しい失敗を探し続けなさい
新しい間違いを、新しい道に迷う方法を探し続けなさい

新しい道に迷うことの方が
正しい道で群集に従うよりはましだ
なぜなら、正しいか間違っているかが問題ではないからだ
問題なのは、自分に忠実であること、正直であること
自分自身の存在に責任を持つことだ

瞑想とは、自分の行ないすべてに知性をそそぐことだ
そうすればしだいに
自分の知性が自分自身を照らす光となる

瞑想は、人を大衆の心理体系から引き離す
瞑想は、まず人を人間にし、次に超人間、神に向かわせる
しかし、それは反逆だ
それゆえ、大衆は瞑想者を許せなかった
またこれからも、許すことはできないであろう

私は悲観主義者ではない
私は限りない楽観主義者だ
なぜなら、私は人類の成長を、成熟を見るからだ
しかし、これが現実だ——
楽観主義者でさえ、それを隠しておくことができない——
それは、大衆の心理体系が個人の心理体系のレベルにまで
上昇することはない、ということだ
多少向上するかもしれないが
個人と大衆との違いは常に同じままだ
大衆の心理体系が少し向上すれば
個人の反逆性もまた少し向上する
だが依然としてその距離は同じだ

腐敗したもの、醜いもの、死んでしまったもの、
悪臭を放つものすべてに反逆することは、妙なる喜びだ
それは喜び、挑戦だ
そしてそれは、成長するためのすばらしい機会だ
個人だけが神性の中で成長する
そして、私が主張し、強調するのは
個人だけが宗教的になれる、ということだ

宗教は決して崇拝、信条、教会になることがない
宗教は、教会になるとき、崇拝に、信条になるとき
その瞬間に、もはや宗教ではなくなる
それは、ただの偽装した政治にすぎない

人間の進化のすべては、わずかな人々に担われている
両の手で数え切れるほど、わずかな人々だ
大衆は、全く何も貢献してはいない
彼らはまるで、死んだ重りのようなものだ
妨害し、助けることをしない
群集の思考は、常に新しいものに対抗する

彼らがイエスを磔にしたのは
ただ、イエスがあまりにも
新しかったからだ
イエスはかつて
誰もしなかった話し方で話し
かつて誰もしなかったやり方で
ふるまった
大衆は、このような男を
許容できなかった──
これほどまでに美しい人間、
これほどまでに愛のある人間をだ──
そして大衆は、
彼を磔にすることを決めた
しかし、それは今まで
絶えず起こってきたことだ
大衆は同じことをソクラテスに、
マンスールに行なった
存在に新しいものをもたらす者、
超越なるものの媒介者となる者は
その命が必ず危険にさらされる

なぜなら、大衆は自分たちの感情がそこなわれ
侮辱されたと感じるからだ
彼らのエゴが傷つけられるからだ
しかし不思議なことには
人々によって殺され、惨殺され、拷問されたわずかな者たちが
人間にあらゆる繁栄をもたらすことになった
彼らは、この未完成の寺院の礎石となった
もっと多くの犠牲者が必要だ
もっと多くのイエスが、磔にされねばならない
もっと多くのソクラテスが、毒殺されねばならない

自然に、のびのびと生きなさい
瞬間ごとに生きる
この瞬間がすべてだ
過去は落とすべきもの、忘れるべきものだ
なぜなら、それはもうないからだ
そして、まだ始まっていない未来を心配する必要もない
そうすれば、残るのはこの美しい瞬間だけだ
この瞬間を喜びなさい
この瞬間を全力で生きなさい
そのとき、この瞬間が神への扉となる

神が認識するのはひとつの時だけだ
それは今だ
そして、神が認識するひとつの空間、それはここだ
神は常に今ここだ
だから、自分を過去と未来から引き出せば、残るのは神だけだ
祈る必要はない
聖句に向かう必要もない
あらゆる類の愚かな秘教の儀式を探る必要もない
人は極めて簡素であれば良い
そうすれば、大騒ぎすることなしに
真理を見つけることができる
神学のすべては不必要な骨折り、空騒ぎだ

今を全力で生きる——これが私のアプローチだ
他に必要なものは何もない

それぞれの瞬間ごとに、2つの選択肢が示される
みじめになるか、喜びに満ちるか、それは自分次第だ

ハシッド（ユダヤ神秘主義）の老師のひとりに
死が近づいていた
弟子たちが彼に尋ねた

「さあ、今こそ私たちに秘密を教えてください
私たちは先生を50年近くも見てきましたが
先生が悲しむところを見たことは、一瞬たりともありません
私たちの父や祖父が言うには
先生は若い頃、たいへん悲しそうで深刻な方だったそうです
何が起こったのですか
どうしてそんなに明るくなったのですか」

彼はこう答えた

「その通りだ
30代になるまで、私はたいへん悲しく深刻な人間だった
ある朝、私は思った
『自分はいったい何をしているのだろう
どうしてこんなに悲しく、深刻なのだ
自分のエネルギーを、なぜ無駄にしなければならないのだ
今日はひとつ試してみよう
気分を変えて、明るくしてみよう』
私は試してみた
それは実にうまくいった

それからというもの、毎朝起きるたびに
私は自分に問いかけた
『ズーシャ』──ズーシャは彼の名前だ
『今日はどうしよう？
悲しくなりたいか、悲しく深刻になりたいか
惨めになりたいか、それとも楽しくなりたいか』
私はいつも楽しくなることを選んだ
それからずっと、私は喜びに満ちている」

私は彼、ズーシャに全く賛成だ
彼は確かに正しい
それはただ、選択の問題だ

明日の朝から試してみなさい
あなたは今まで充分に深刻だった
今すぐ始めても良い
明日の朝まで待つ必要はない
なぜなら、明日という日は来ないかもしれないからだ
それは誰にもわからない
私を信じて試してみなさい
あなたはきっとそれが好きになる

私たちは、古いものに条件づけられている
古いものに従って生きるように
古いもののために生きるように
自分自身を古いもののために犠牲にするように
それは、私たちが墓場に支配されていることを意味する
私たちの人生すべてが、常に後に引き戻されることを意味する
真に生きる道はこれではない
ゆっくりとした自殺には良い道かもしれないが
生きるための正しい道ではない

本当に生きるためには
瞬間ごとに過去を消滅させなければならない
瞬間ごとに新しく、新鮮になりなさい
早朝の朝日の中の滴のように
まさに花開こうとしている湖の蓮華のように
瞬間ごとが新鮮で、若く、生き生きとし
無垢で、過去の荷から解かれていなければならない

人生は実に多くの驚きを与えてくれる
報いることができないほど
多くの不思議、多くの贈り物を与えてくれる
ただ感謝の涙だけ、感謝で心が脈打つことだけ──
私たちが差し出せるのはこれだけだ

人間は寺院だ
しかし、外側から見えるのは壁ばかりだ
不思議なことに
他人から自分の外側を見られているばかりではなく
自分も自分自身の外側を見ている
鏡の中の自分の顔を見る
他人の目に映る自分のイメージを見る
他人の意見を聞いて、自分が誰であるかを知ろうとする——
善、悪、道徳、不道徳、聖、罪、
全く不思議なことだ
なぜなら、私たちは内側で自分自身を知っているからだ
鏡などは必要ではない
他人の意見に頼る必要はない
他人はただ壁について
私たちの寺院の外壁について、意見を言うにすぎないからだ
他人は内なる神性については何も語ってはくれない

自分自身の存在の中心に座り、見つめればそのとき
そこに驚きを見る
自分の体そのものが寺院となり、自分の中に神がいる
外側からそれを見つけ出す道はない
外側からそれを見つけ出す必要もない

神が自分自身の内側にあると知るとき
他人の中にも同じものが見えるようになる

彼らもまた寺院であること
そして神がそこにいるはずであることも
なぜなら、彼らは生きているからだ
そして生命は神だからだ

そしてまた、どこにいてもそれが見えるようになる
木の中にも、動物の中にも神が見えるようになる
あらゆる場所で神が見えるようになる
生命があるところには、どこにでも神がいる
そのとき、存在のすべてが神の寺院となる

「存在全体が私を必要としている」
「私がここにいるのは偶然ではない」
「私には使命がある」
「私の生命は、存在に美しいものをもたらし
貢献しなければならない」
こう感じるとき、そのときだけ、人は充足する
そのときだけ、人は自分のつとめを果たしたと感じる
そして喜びがやって来るのは
極致に向かって何かを行なったとき
心のすべてをかけて何かを行ったときだ

それがうまく行なわれたとき、うまく完了したとき
喜悦がわき上がる
存在が以前より豊かになったことに、自分が貢献したのだ

この経験は、人が沈黙したときにやって来る
沈黙するほどに
自分の背後にある究極の手をより深く感じるようになる
人は完全に沈黙するとき、その瞬間、
自分自身が究極なるものの唇に触れる竹笛になるのを見る
歌が自分自身の中から溢れてくる
行なうべきことはただ、
それを妨げないこと、ゆがめないこと
究極なるものの純粋さの中で
それが自分自身の中を流れるに任せることだ

それは、あるがままの姿でもたらされるべきだ

歌になりなさい

生命を喜びなさい

風と共に、太陽と共に、雨と共に踊りなさい

あなたが歩いているのは神聖な土の上だ

すべてが神だ

いたるところが神だ

歌にならないことは、感謝の心を持たないことだ

踊らないことは、感謝の心を持たないことだ

神への感謝のためにできることはただ

小さな歌を歌うこと、小さな踊りを踊ることだけだ

私たちは、自分たちなりのささやかなやり方で

祝うことができる

だから、人生を祝祭にしなさい

喜びに、ハレルヤにするのだ

何をすることもなく静かに座る、
春が訪れる……

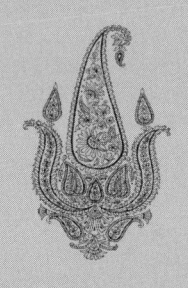

Sitting Silently Doing Nothing, the Spring Comes...

真の冒険が始まるのは
自分自身の存在に深く入っていくとき
そしてまた、自分自身の意識に高く入っていくときだけだ
そのプロセスは表裏一体のものとなる
深く入っていくほどに高くなる
高く入っていくほどに深くなる
それは縦方向の一次元だ
平坦な人生を生きる人々は、横方向に生きる
その人生は当然、空気の抜けたタイヤのようなものになる
完全に空気が漏れているのだ

縦方向に向かいなさい
サニヤスとは、横から縦への変化だ
そのとき、人生が至福になる
神からの贈り物になる
神に報いることができないほどだ
報いる方法はない
ただ、感謝の心を持つことだけだ
限りない感謝を感じるだけだ
それが、祈りの何たるかだ
それが、宗教の何たるかだ
これほどのものを与えてくれる、存在への深い感謝の心だ

そこには２つの世界がある
ひとつは外側の世界、もうひとつは内側の世界だ
２つの世界を持つのは、無知である者だけだ
２つの世界があるのは、まだ一なるものを見ていないからだ
エゴが境界線のように
２つの世界の間に立ちはだかっているからだ
ひとたびエゴが蒸発すれば、消滅すれば
そこにあるのはたったひとつの世界だけだ
それは主観でも客観でもなく、また外側でも内側でもない
ただ私たちは、自分のいる場所を
受け入れることから始めなければならない
２つの世界があると言うのはそのためだ
外側の世界と内側の世界——
あなたにはこの２つの世界がある

究極の真理に入っていくためには
まず内側を探求しなければならない
しかし私たちは皆、外側を探求している——
間違ったステップから始めている
そのために、すべてが間違いになる
最初のステップを間違えれば
他のすべてが間違いになってしまう

まず自分の光の
内なる源泉を探さねばならない
探し出しなさい——
それは喜悦に満ちた、
冒険のひとつだ
それこそが最大の冒険だ
他の冒険とは比べものにならない
他の冒険はこれに及びもつかない
月に行くことも、火星に行くことも
この冒険には及ばない

イエスがたどった旅、
ブッダがたどった旅に
比べられるものはない
それが真の冒険だ

自分自身の中心で起こることは必ず
周辺にも影響を及ぼす
家が暗ければ
家の窓や扉は当然その暗さを反映する
家の中にキャンドルをともせば
窓から、扉から、光が外に届き始める

暗闇のジャングルで迷った者が
遠くから慰められ、元気づけられ
方角を見つけられるのは
小さなキャンドルが
灯されている家があるからだ
人はその家に向かって
歩き始めることができる
しかし家が暗かったら
この家を見つけることはできない

至福を得るとき、人は光で満たされる
みじめさは暗黒で、至福は光だ
喜びにあふれる者が放つ光は、目に見える
彼は光り輝いている
そして、内奥の核から
体の外にまで何かが広がり始める——
それが限りない美をもたらす

4

私たちは光でできている
存在全体が光でできている
しかし不思議なことに、私たちは暗闇の中に生きている
どうして私たちが暗闇の中に住めるのか、信じ難い
全くの離れわざだ
私たちは皆、大いなる奇跡を行なっている
光でできているにも関わらず
暗闇の中に生きているのだから

それは、私たちが自分自身を見ていないことが原因だ
私たちが見ているのは他人だ
あちこちを見回している
私たちの目は
常にひとつの対象から別の対象へと動き続けるが
静まり、沈黙して
自分自身の存在のわずかなきらめきを、得ようとはしない

そして、そのわずかなきらめきが変容し、人を目覚めさせる
そこには死もなく、何の制限もない
そのとき、人は無制限になる
そのとき、人は自由になる──
自由の喜びは無限だ

人間は無意識であるのが常だ
わずかな部分だけが、意識を持つ
ほんのわずかに、ちらつくような部分だけだ
どの瞬間にもささいなことで
人は自分が何をしているかを見失ってしまう
誰かに足を踏まれれば、我を忘れる
誰かになぐられても、我を忘れる
誰かに侮辱され、怒りの目で見られても、我を忘れる
美しい女性が通りかかっても、我を忘れる
人が持っているのはわずかな意識だけであり
それは周縁的な現象にすぎない
人は内側に、意識されることのない広大な大陸を抱えている
それは、変容させねばならないものだ

自分の存在全体が意識を持つとき
自分を無意識にするものが何もなくなったとき
深い眠りの中でさえ、意識がかすかな背景として
遠景として残っているとき、人は我家に帰る
覚醒したとき、人は我家に帰る
覚醒していなければ
我家以外のあちこちをさまようばかりだ

神は証明できないものだ

正否を論じるのは不可能だ

しかし、意識の中で成長するとき

人は神を感じられるようになる

意識の中で成長するほどに、物事が消えていくのに気づく

事物が消えていくのに気づく

そして事物の代わりに

神となる、意識となる宇宙が現れ始める

それは単純な法則だ

世界が事物となって現れるのは

自分を肉体として考えているからだ

自分が何であるかによって、世界をどう見るかが変わる

自分を肉体と思えば、世界は事物になる

そこには神はいない

自分を魂と思うとき

自分自身が意識であることを経験するとき

世界はたちまち意識として経験される

世界は鏡だ

鏡は、何者であろうともそれを映し返す

だから、得られるのは自分にふさわしいものだけだ

もっと意識的になりなさい

そうすれば、世界も共に意識的なものとなる

人が自分の意識の絶頂にあるとき

事物としての世界は消え去り、世界は神性へと変容する

それが真理を、愛を、至福を究極的に体験することだ

人間は残酷であるのが常だ
他のどんな動物より、残酷だ
他のどんな動物より、動物的だ
無意識のもとにある人間は、動物の王国には遠く及ばない
なぜなら、人間を除いた他の動物は
同種のものを殺したりはしないからだ
遊びで他を殺す動物は他にはいない
動物の中にハンターはいない
動物が他を殺すのは、空腹のときだけだ
空腹でなければ殺さない

また、人間以外に慈悲のある動物も他にはいない
それゆえ、人間は動物の下になることも
または神の上になることもできる
それが人間の美しさ、輝かしさ、栄光だ
人間は大いなるスペクトルを持っている
宇宙全体を持っている
最低になることも、最高になることもできる

最高に至る目的地のために、献身しなさい
それは「最高の変容に達するまでは、決して満足しない」
と決意することだ
そしてこの決意を固めれば、それが起こる
決意があれば、何も失なわれはしない
決意を受け入れなさい

真理は変容することがない——
それは、真理に内在する資質のひとつだ
私の真理があなたの真理になることはない
真理は他人に差し出した瞬間、その瞬間に、偽りとなる
それはあたかも、木の根を抜くようなものだ
木は根を抜かれた瞬間に死ぬ
木が生きているのは、その根が地にあるときだけだ
そして真理の木は移植できない
それを他の土に移すことはできない

人はそれぞれに、自分の真理を探し出さねばならない
仏陀から真理の可能性を学ぶ
仏陀から希望を学ぶ
仏陀から
「そうだ、可能だ
ひとりの人間に可能なことなら、自分にも可能なはずだ」
という確信を学ぶ

しかし、それを人から借りようとしてはならない
なぜなら、人から借りられるのは
言葉以外のなにものでもないからだ
それが自分の人生にもたらすものは何もない
意義は経験から得られるものだ

真理は、決して心地の良いものではない
始めのうち、それはきわめて不安なものだ

仏陀はこう語ったと言われている
「嘘は最初は甘く、最後は苦い
そして真理は最初は苦く、最後は甘い」
そのとおりだ
仏陀は全く正しい
真理は苦いが、真理そのものが苦いのではない
しかし、私たちはあまりにも長く嘘の中に生きているために
真理が訪れたときに自分の嘘が粉々にくだかれ
それが痛むのだ

真理は妥協することがない
真理が訪れるとき、すべての嘘は粉々になるのが定めだ
そのために最初は混沌となるが
その混沌の中から星々が生まれる
その混沌から創造性が生まれる
そのために、きわめて少数の勇敢な魂だけが
真理を知ることができた
他の人間は皆、自分たちの嘘に甘やかされて生きている
玩具を、ぬいぐるみを抱え
心地の良い考えにすがって生きている

たとえば、人間は死を恐れる
死を恐れ、不死について何も知らず、不死の考えにすがりつく
人々は私のところに来てこう尋ねる

「死後に何が起こるのですか」
私はこう答える
「まず、死の前に何が起こるか考えてみなさい
あなたは生きている──
今あなたが考えなければならないことは
人生が何であるか、ということのはずだ」

人生が何であるかを知れば、今あるものを知れば
死が訪れたときに、その同じ気づきを
死に向けることができる
それは同じ気づきだ
生命を映すその鏡が、死をも映し出す
気づきを持てば、死はなくなる
誕生もなくなる
あるのは永遠だけだ
しかし、それはただの考えではなく
経験でなければならない

私はここで、哲学を教えているわけではない
教義や信条を教えているわけでもない
私の意図することのすべては
実験すること、経験すること
開かれた心で、何の信仰もなく
自分自身の内側に入ることだ──
すべての信仰は、真理を知るための障害となる

すべての信仰は、真理への問いに反するものだ
だから、キリスト教徒やヒンドゥー教徒、
イスラム教徒にはならないことだ
有神論者であっても、無神論者であってもならない
それを必要としないのは、人が何も知らないからだ

ただ「私は何も知らない」と知るだけでよい
そしてその思考〈マインド〉の状態のまま、内側に入る
あたかも、何も知らない無垢な子供のように
子供のように無垢に、人が自分の内側に入るとき
何も知らないという状態から人が動き始めるとき
そのとき、それはもう遠くはなくなる
すぐそこに近づいている

自分自身の存在を知れば、その瞬間、
その鍵を見出すことになる
それは、多くの扉を開けるマスターキーだ
実はその鍵だけで、すべての扉を開けるのに充分だ
私はその鍵を真理と呼ぶ
あなたの真理、あなたが経験した真理だ

すべての信仰を落としなさい
他人に教わった嘘を、すべて落としなさい
そして無垢に、空〈くう〉のまま、
何も知ることなしに進みなさい
そうすればまもなく、すばらしい宝を
すばらしい智恵を、自分自身の中に見つけることができる
それはすでにそこにある
あなたが空の手で来るのを待っている

瞑想とは、空の手で、何の信仰も知識もなく
内側に向かうことだ

キリストの言葉はキリスト自身の経験であり
キリスト教徒の言葉は彼らの信仰だ
そして、経験と信仰との間には、果てしない隔たりがある
そこに橋をかけることはできない

真理を知りたいなら、決して信者になってはならない
私は、皆に不信仰者になれと言っているのではない
なぜなら、それもまた信仰になるからだ──
否定への信仰、反信仰……
私のここでのつとめは
肯定と否定、この両方の信仰から皆を自由にすることだ
そうすれば、自分自身で探求できるようになる

真理は、イエスたちに、仏陀たちに
クリシュナたちに手にすることができたように
あなたにも手にできるものだ
それは誰の所有物でもない
それは誰もが持っている生得権だ
人が探求すべきもの、向かっていけるものだ
信じるのではなく、開かれた心で進んで行くものだ
信仰は人の心を閉ざす
人はすでに自分のものではない結論によって
他人から与えられた、偶然の結論によって生きている

ヒンドゥー教徒に育てられれば、ヒンドゥー教徒になるだろう
イスラム教徒に育てられれば、イスラム教徒になるだろう
それはただの条件づけにすぎない

誰に条件づけされたか
誰のもとに偶然生まれたか、ということにすぎない
親が子供の思考_{マインド}に条件づけをする
親の思考もまた、その親によって条件づけをされる
同じことの繰返しだ

すべての条件づけから抜け出しなさい
探求できるように、問うことができるように、自由になるのだ
問うことに最初に必要なのは
すでに持っている結論をすべて落とすことだ
そうすればいつか経験できるときが来る

そして、経験を得るその日、
人は独力でひとりのキリストになる
ひとりの仏陀になる——そこには美がある
キリストは美しい
しかし、キリスト教徒は醜い

真理は自分自身のものであるはずだ
借り物ではない
それは自分自身の中に生まれるべきものだ
養子をもらうようなことはできない
女性が子どもを生めなければ、他人の子供を養子にする
これで母親になれることに望みをかける

しかし自分の子宮の中に
９か月間子どもを抱えることなしに
女性が母親になることはできない
子どもが子宮の中にいる、この９か月間が重要なのだ
なぜならこの間、
母親と子どもは深い調和の中にあるからだ──
離れることのない、深い統合の中にあるからだ
子どもは母親を通して呼吸する
子どもは母親の心臓の鼓動を、いつも聴いている

心理学者によると
音楽が私たちをこれほどまでに魅了するのは
子どもが、母親の心臓の鼓動を聴いているからだと言う
もしそうでなかったら……
たとえば、子どもが冷凍庫の中で育つとしたら──
遅かれ早かれそれが実現するだろうが──
そうなれば、子どもが音楽を
求めることはなくなるだろう
律動への感覚を持つこともなくなる

子どもは冷たくなるだろう
完全な冷たさだ、何の温かさも持たない
母親の子宮を知らないのだ
非人間に近い
なぜなら子どもは、母親の気分と共に絶えず変わるからだ
それは一方向ではない
母親もまた、子どもの気分と共に変わる
それは絶え間ない触れ合いだ
9か月の間の痛み、重み、犠牲は欠くべからざるものだ
これがなければ、母親には何かが欠けたままになる

真理にも同じことが言える
母親にならなければならない
養子をもらうことはできない

瞑想とは、借り受けたものをすべて落とし
自分自身の中にあるものを知る、
その自由を得ることだ

人々が道に迷うのは
どこに助言を求めたら良いかわからないからだ
人々は昔、僧侶の元へ行った
今、人々は精神分析家のもとへ行くようになった
精神分析家が新しい僧侶となったのだ
僧侶も精神分析家も、何も知りはしない
僧侶自身が困惑の中にあり
精神分析家もまた、困惑の中にある

ここでの私のつとめは、あなたが自分自身の声を見つけ
他人の助言を必要としなくなるようにすることだ
私はあなたに、助言を与えたりはしない
あなたの特別な問題を、解決したりはしない
私のワークは極めて急進的なものだ
あなたの内側から雑音を消し
あなたが、自分自身の声を聞けるようにすることだ
そうすれば、あなたは間違った道に行くことがなくなる
あなたは自分自身の光の中で生きるようになる

集合意識が落ち着かなくなってきている
なぜなら、私たちは野心を持つように教えられているからだ
野心があるときに、どうして安堵などできよう
野心とは走ること、しかも速い速度で走ることだ
なぜなら、そこには他の走者もいるからだ
自分ひとりだけではない
あらゆる方法を駆使した競争につぐ競争だ
その方法が良いか悪いかは、問題にならない
問題のすべては成功することだ——
成功ほど成功するものはないということを
私たちは幾度も教えられてきた

成功すれば、したことはすべて善と見なされる
失敗すれば、たとえその失敗が良かった場合でさえ
悪と見なされる

このようにして
私たちは計略的な苦しみのための
用意をさせられている——
金、力、地位、名声、名誉、
これらは当然、
ある種の熱病をつくり出し
人々に休息を
与えないようにする

休息は時間の無駄に見える
何か愚かなことをするのでさえ、良いとされる
精力的であるように
精力的であることの資質を失わないように
何かをしてさえいれば良い
休息することは、ひどく糾弾されてきた
思考(マインド)を空(から)にすることは、悪の仕業だと言われる……
私の教えのすべては
人間がこれまで押し付けれられてきた、
このような無意味なことすべてと、対極をなすものだ
人間の意識は毒されてきた
私の意味するところは、無は何よりも良いということだ

良いことが何であれ
無より良いということは
決してない
私の意味するところは
空(から)であることは、
悪の仕業ではない、
ということだ
空であることは
神の聖堂なのだ

劣った人間は
自分の回りに見せかけの優越感をつくり出す——
これこそが、エゴのなせるわざだ
いつもエゴイストに会うときは
その内面深くに劣等感があることをよく見ておくといい
そのような人間は、深く苦しんでいる
なぜなら、彼は自分に価値がないと思っているが
それを告白できないからだ
自分が劣っていることを他人に隠すだけではなく
自分自身に対しても、隠さねばならない
彼は劣等感を深く抑圧するあまり
無意識的にそれに気づかなくなる

真に喜びを得ている人間は、何も隠すものがない
感情に満ち溢れ、創造的だ
そして何も隠すものがないために
彼は二重人格性を持たない
二重人格は複雑なものだ

人は、二重人格性を持たずにいられない
そこに進んでいけば、すぐに第三の人格が必要になる
そして、四番目、五番目が必要になる……
それは、限りなく続いていくプロセスだ
ひとつ嘘をつけば、それを守るために次の嘘が必要になる
これが繰り返されていく

ひとつの嘘が、それを守るための千とひとつの嘘を必要とする
そしてそれらの嘘もまた、別の嘘を必要とする
人はなぜ嘘をつき始めたのか
最初の嘘が何だったのか、すっかり忘れてしまう

しかし、喜びを得ている人間は何も嘘をつく理由がない
何も隠すものがない
秘密にするものは何もない
別の人格を必要としない──簡素な人間だ
そして彼は傲慢であることがない
それはありえない
その必要がない
傲慢である必要がどこにあろう
彼は喜びにあふれ、感謝している
傲慢になるはずがない
彼が世の中に対して怒りを持つことはない
感謝に満ちている──
すべてのものに感謝している

思いをめぐらすことは、あたかもさざ波、波のようなものだ
それは常に、人の思考（マインド）を波立たせる
そして思考が波立っていれば、月を映すことができない
それは波立つ湖のようなものだ
月はそこにあるが、湖はその月を映すことができない
ひとたび波が完全に静まれば
湖は鏡のようになり、月がその輝きと共に映し出される
湖に映る月は、実際の月よりはるかに美しい
なぜなら、湖が月の美しさに、輝きに
さらに何かを加えるからだ

そして真理にも同じことが言える
人が完全に沈黙し、真理を映し出すとき
そこには何かが加わる
覚者の意識に映し出されるとき、真理は豊かさを増す
覚者が真理に感謝しているだけではなく
真理もまた覚者に感謝しているのだ

東洋ではよく知られていることだが
ひとりの人間が光明を得ると
宇宙全体が未知に向かって大きな飛躍を遂げる

それぞれの覚者が
真理のダイヤの美にさらに磨きをかけている
しかし、アートのすべては、沈黙の中に在ること
完全な沈黙の中に在ることだ
これを自分自身のつとめとしなさい

静かに座り
何もしないでいれば春が訪れ
草がひとりでに生えてくる

光明は、ちょうど草が生えるようにやって来る――
ひとりでにやって来るのだ
何の努力も必要としない
唯一必要なことは、すべての努力を完全になくすことだ――
あたかも自分がまるでいないかのように
それが沈黙の意味するところだ
完全に自分がなくなるとその瞬間、
真理が訪れる
その輝き、美と共に
大いなる喜び、祝福、喜悦と共に訪れる
これを想像することは不可能だ

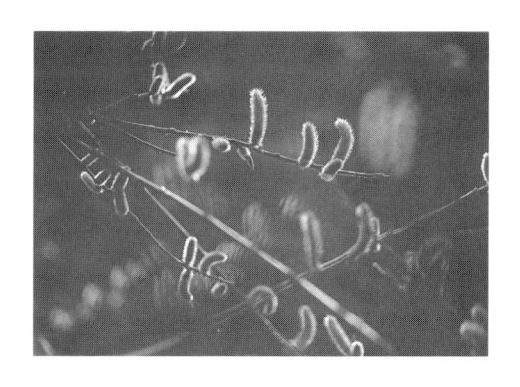

人間は地球にやって来た訪問者だ
ここにいるが、地球に属しているわけではない
家をつくるために、関係性をつくり出すために
あらゆる努力を払うが、すべて失敗する
人は内側を見つめない限り、ホームレスのままだ
なぜなら、本当の家は内側にあるからだ
内なるものは地球を超越する
内なるものは地球の一部ではない
それはここにあって、ここにはないものだ

ひとたび内側の世界にある自分自身を知れば
自分は訪問者である、というこの感覚は消え去る
自分の家を、自分の宇宙を見つけたのだ
神性を見つけたのだ

それが起こらない限り
どんな努力もすべて失敗するのが定めだ
すべての愛情関係は、例外なしに失われる
例外があるというのは私たちの希望でしかない
すべての権力も失われる
人は世界中の富を得ることができるが、貧しいままだ
世界中を手に入れられても
心の奥底で、自分が空虚であること、うつろであること
そして人生に何の意味もないことを知っている

ひとたび自分の中心を見ることができたとき
自分の周縁がその一部となる
そうすれば人は社会に生きていても
社会が自分に入ってくることはなくなる
社会に生きていても
社会から干渉されずにいることができる

私たちの思考は、熱さと冷たさの間、
冷たさと熱さの間を揺れ動く振り子のようなものだ
決して中央で止まることがない

もし中央で止まることがあれば
それは全く新しい経験、涼しさになる

欲望は熱さだ、それは熱のありさま、熱病だ
それは狂気に近い
そして、その対極にあるのが憎しみだ
それは冷たい、極めて冷たいものだ
熱病のような熱さと、死のような冷たさ──
思考はこのふたつの間を行き来する
人を愛するか、憎むかのどちらかだ
友が容易に敵になり、敵が容易に友になるのはこのためだ
そこには何の違いもない

ここでの私のつとめは、この両極端の間の正中を示すことだ
仏陀は彼自身の道を『マジム・ニカヤ(majjhim nikaya)』と呼んだ
『マジム・ニカヤ』とは、中道のことだ
仏陀は、正中にあるとき人は両極を超える、と言った
そのとき、欲望も憎しみもなくなる
その涼しいありさま、何ものにも妨害されず
愛も憎しみもないありさまにこそ、至福、神、真理が見出される

そして、時計の振り子が中央で止まるとき──
中央で振り子を手にすれば時計は止まる
まさにこのように、自分の思考を中央で止めるとき
思考は消え去り、時間もまた消え去る
人はふいに永遠の中に入りこむ
それこそが神の世界、不死の世界だ

禅の導師たちは、瞑想の状態を秋の季節と呼ぶ
すべての葉が落ち、木が露出し、裸になる
意識がすべての思いを落とすとき
それはあたかも葉のない木、青葉のない木のようになる
風の中に、月の下に、太陽に
雨にさらされる木のようになる──
おおいもなく、むきだしのままだ
そのあらわな状態の中に、神との交わりがある
その交わりが愛だ
その交わりの中で、人は神の恋人のひとりとなる

瞑想は思考に反するものではない
それは超越すること、思考を超えていくことだ
そのありのままの姿を、神が見ることができるほど
完全に裸になることだ
何の仮面もなく、一糸まとわぬ姿で
小さなこどものようになる
そして愛が、超越したものから雨と注がれ
人が神に愛される者となるとき
そのときが、人生の最高の瞬間になる
しかし、人はそれを受け取らねばならない
それに値しなければならない
それに見合うだけの価値がなければならない

愛は、瞑想を通して受け取ることができる
瞑想は、人が愛を受け取るための準備を整える
神はいつでも愛を与える用意ができているが
私たちには受け取る用意ができていない
愛を受け取るための、充分なスペースがない
私たちはがらくたで自らを占領している
あらゆる思いや欲望、記憶、夢が私たちを占領し
内側の空間が失われている
その空間は必ずつくりださねばならない
それが瞑想のアート、
内なる空間をつくりだすということだ

禅の人々はこう言う
「静かに座り、何もしないでいると
春が訪れ、草がひとりでに生える」

何もせずに、静かに座るだけでよい
そうすれば、すべてが自然に起こってくる
春が訪れ、草が生える
まさにそのようにしてすべてが起こる
自分でそうする必要はない
瞑想は、やらねばならぬものではない
それは、理解されるべきものだ

瞑想を理解すれば、それで充分だ
どこでもよい、静かに座りさえすれば
瞑想の中に入ることができる
瞑想的であることは、動きではなく、沈黙のありさまだ
すべてが止まる、すべての動きが消え去る、
完全な休息に入る、無活動の状態だ
そしてそれが、自分が不死であること
死ぬのは肉体だけであること
自分が死ぬのではないこと
そのことを知る瞬間となる
そのとき、すべての恐怖が消え去る
なぜなら、すべての恐怖は死に根ざしているからだ
そして恐怖からの解放は
人生を喜びに生きるために欠くべからざるものだ

静かに座ることを学びなさい——
何もせずに、ただ座る
自分自身の中で安らぐ
自分自身の中でくつろぐ
それには少し時間がかかる
私たちは、動き続けるように育てられてきたからだ
私たちは、静止することのない人々の手で育てられてきた
彼らは私たちを毒してきた
私たちを堕落させてきた——故意にそうしたのではない
意図的にそうしたのではない
彼らは善良な人々かもしれない
私たちを助けることに
疲れてさえいるかもしれない
しかし、彼らは無意識だ

無意識な人々が
他人を助けることはできない
その善意にも関わらず、
ただ人を傷つけるだけだ
彼らは皆を休ませなくする
落ち着かなくさせる
誰もが皆、いつも走っている
急いでいる
どこに行くのか、なぜなのか
何のためなのかも知らずに
あたかもそれ自体の中に価値があるかのように
速さそのものが重要になっている

瞑想者は、重要なことだけをすること
そして自分の人生を不必要なもののために
無駄にしないことを学ぶべきだ
瞑想者は、休息のしかた、くつろぎの方法を学び
休息を楽しむべきだ
そうすればしだいに、自分自身の中心に落ち着くようになる
そして、自分自身の中心に触れるその瞬間、
人は永遠性に触れる
時間の超越に触れる
初めての美酒を味わう

沈黙の中に深く入っていくほどに
欲望も消えていく
欲望は周縁にだけ留まるようになる
それはあたかも、水面の波のようなものだ
海の中に深く潜っていけば、そこに波はない
欲望もまた、意識の周縁にだけ存在するようになる
深く潜っていけば……
深く入っていくほどに、欲望も遠ざかる

自分自身の存在の中心では
欲望がかつて存在していたことを、全く忘れてしまう
それは夢のように、幻想のようにみえる

その瞬間こそが、最も尊い瞬間、自分自身の中に入る瞬間だ
そうすれば、水面に戻ってきても
中心との触れ合いを失わずにいられる
たとえ周縁にあっても、中心に留まっていられる
すべての波がただのゲームとなる
美しく、優雅に動き、ふるまうことができる
しかもそこには、何の妨害も緊張も、拮抗もない
市場にいながらにして
圧倒的な沈黙の中にある
群集の中にありながら
完全にひとりでいることができる

外側から見ると、人間は極めて小さな滴にすぎない
しかし、それは見かけだけだ──
外見にだまされてはならない
滴に見えるのは、それを外側から見ているからだ
自分の存在の内側からそれを見つめると
その中で視覚全体が変化する
自分自身の内なる中心に立ち
自分自身をそこから見つめるとき
そこには大きな驚きがある
自分が大海のように見えるのだ
このうえもなく広大だ
外側の空間より遥かに広く、空より大きい

しかし、私たちは外側から見た自分だけしか知らないため
自分の小ささを信じ続ける
そしてこの小さいという感覚のために劣等感が生まれ
それが数え切れないほどの問題をつくり出す──
ひとつやふたつではない
無数にある

私たちは広大だ
小さくもなく大きくもない
ただ無限であるだけだ
始まりもなく、終わりもない
それが私たちの神性だ

瞬間に生きる人間は、縦方向の人生を生きる——
深い成長を遂げる
そして深く進むほどに、高く上昇していく
それはあたかも、木のようなものだ
根が地面に深く伸びるほどに、木も空高く伸びる
根が深いほど、木も高くなる
それは常に釣り合いを持っている
根が小さければ、木は空高く成長できない——
倒れてしまうだろう
星に届きたいと木が望むなら
その根をもって地獄の底にまで達することが必要だ

それゆえ真の人間は
奥底までに達するようにすべてをかけた人生、
自分の存在の真底にまで達するような人生を生きる
それが、星に、至福の絶頂に
極致に達する道の始まりとなる

それが自由だ——
在ることへの自由、すべてをかけること
存在となることへの自由だ

成長することは骨の折れる仕事だ
そしてそれは、最もすばらしい挑戦だ
エベレスト、最高峰への登山だ──
危険で、あやうい
しかし、危険であるほど魅惑的で心ひかれ
興味をそそられる
危険であるほど、そこにある冒険も大きい

臆病者や弱虫は、宗教的になれない
しかし、寺院や教会、モスクは
このような者たちであふれている──
そのあげく、彼らは宗教全体を恐怖で汚してきた
世界のほとんどの言語には、宗教的な人間に用いられる、
「神への恐れ」を意味する言葉がある

今、宗教的である人間は、恐怖から完全に解放されている
神を恐れたりはしない
神を愛する者だ
その宗教は、愛から生まれる
恐怖から生まれるのではない
どうして、恐怖から祈ることができよう
どうして、恐怖から愛することができよう
恐怖のゆえに可能になるのは、憎むことだ……
恐怖と貪欲さとは相伴う
表裏一体をなすものだ
恐怖が地獄をつくり出し、貪欲さが天国をつくり出した
地獄と天国は、恐怖と貪欲さとが投影されたものだ……
宗教的な人間は喜びの中に生きる
恐れるものは何もない
そして、その何ものをも恐れないさまから
堅固ないしずえのような魂が生まれる
そのいしずえの魂の上にこそ
神の寺院を築くことができる──
それが唯一の可能性だ

肉体のために、美容師のところに行く
思考^{マインド}のために大学に行く
しかし、内的な美質のためには、内側に向かわねばならない
覚者たちが示すことができるのは、道筋だけだ
漠然とした暗示を人に与えるだけで
はっきりとした予定は示せない
それは、内なる旅路が神秘的な旅路だからだ
地図をつくることはできず、決まった計画もない
なぜなら、人はそれぞれ別々の道を
進まねばならないからだ
人はそれぞれ別々の
内なる世界に入らねばならないからだ
人にはそれぞれ、自分だけが持つ領域があるからだ

瞑想は、人に美質、内なる美をもたらす唯一の道だ
内なる世界を知ることができる、唯一の道だ
しかしひとたび内なる美を得れば
生命全体が美で満ちあふれる
そのとき、触れるものがすべて黄金となる

私たちは人が死ぬと、それを表すために
「神に愛される者となった」と美しい言葉を使う
「彼は死んだ」とは言わず
「神に愛される者となった
彼岸を渡った」と言う

あらゆる言語に
「死ぬ」という言葉を避けるための表現があるが
どう表現しようとも、死はそこにある
そして、誰もが死がそこにあることを知っている
子どもが生まれたその瞬間から、死がその後をついて来る
それは毎日そばにある
人はそれに必ず出会わねばならない
面と向かわねばならない
そして、受け入れねばならない
ここに唯一の道がある
それは、瞑想だ
瞑想とは
「自分は何者だろう
自分は肉体だろうか、思考（マインド）だろうか
あるいはそれ以上のものだろうか
何か別のものだろうか」と気づくことだ

瞑想とは、自分自身の内側の存在に気づくことだ
覚醒し、注意深く目撃する者となることだ
そうすれば、事が簡潔になる

自分が肉体ではないことに気がつく
なぜなら、肉体はある日子どもであり、若者になり
それがまた老人になる
しかし自分は同じままではないか
肉体は千とひとつもの変化を通り抜けていくが
全く同じままの自分がある
何も起こってはいない

思考の変化は、肉体の変化よりもさらに大きい
ある瞬間に怒りがあり、次の瞬間にはもう怒りはない
ある瞬間に悲しみがあり、次の瞬間には喜びがある
それは絶えず変化する
そのすべてを目撃するのは自分だ
見ている者を見ることはできない
自分が主体だ
そしてこれらのすべてのものが対象だ

これが自分自身の深い経験となるとき
理解となるとき
大いなる自由が自分の内側に生まれる

死は、すべての恐怖の根源となる――
私たちは死に囲まれている
誰かの死を目の当たりにすると、自分自身の死を想う
誰のために弔鐘を鳴らすのか尋ねたりはしない ――
弔鐘はいつも自分のために鳴る

人々は死について語るのを好まない
死について語ることは、教養に反し
礼儀を逸した粗野なふるまいと見なされる
なぜなら誰もが皆、それによって自分の死を連想するからだ
死はいつもそこにある
細い糸でつながる抜き身の刀のように、つるされている
そして少しでも風が吹けば、それは自分の頭上に落ちてくる
どうして人生を楽しむことができよう
死がいつも影のように後をついてくるときに
どうして人生を全うすることができよう
死はいつもすべての喜びを汚す

不死であることを人に気づかせるのは、瞑想だけだ
人は本来、たとえ死にたいと思っても死ぬことはできないものだ
死ぬ方法はない
人は、生まれることもなく、死ぬこともない
生まれる前から存在し、死の後も残存する
誕生とはある肉体に入り
死とはその肉体から離れることだ――
しかし、あなたは永遠だ

31

人生で最大の経験は、死を確かに見つめることだ──
注意深く、気づきを持って見つめることだ
それが最大の経験であると言うのは
死が起こるのを見ることができる者は
二度と肉体に生まれ変わることがないからだ
そして人は意識の永遠の流れの一部となる
宇宙の意識の一部となる
そして、神の一部となる

この経験が起こらない限り
人は肉体に何度も繰り返し帰ってこなければならない
肉体とは学校のようなものだ
落第したら戻らねばならない
及第すれば戻る必要はない

私が見るところ、これは誰にでもできることだ
誰もが可能性を持っている
ただ、それを実現しようとしていないだけだ

今日という日はまだ終わっていない

Today is Still Available

人生は小さなものごとで成り立っている
しかし、それを喜ぶことができれば
平凡なものごとを非凡なものに変容できる
食べることでさえ、それを喜べば
自分が食べている物が神聖なものとなる
床掃除を喜べば、それが祈りとなる
友人のために、恋人のために、家族のために
両親のために料理することを喜べば、それが瞑想となる
喜ぶことが鍵だ
自分がしていることを喜ぶとき
それは神のためになされることになる
それは神に捧げるものとなる
そしてその時が訪れ、成熟して用意が整うとき
太陽が地平線に現れ、暗闇がすべて消え去る

愛は小さなランプだ
しかし、それで充分だ
充分過ぎるほどだ
太陽の明かりを持ち運ぶ必要はない
暗い夜には小さなランプだけで充分だ
もちろん、わずか何フィートか先を照らすだけだが
必要なのはそれだけだ
歩を進めるたびに、明かりも数フィート先を行く
明かりはいつも自分の先にある
愛は心の中の小さなランプだが、それで充分だ
人生の巡礼に、それ以上必要なものはない
愛は常に人に正しい道を示す

自分自身の心に耳を傾ければ
それ以外のいかなる命令にも従う必要はない
神が常に内側に囁きかけ、道を示すようになる
自分自身の心に耳を傾けないために
人々は聖職者や政治家に利用される
彼らは人々に何をすべきか
何をすべきでないかを常に命令する
彼らが人々にすべきだと言うことは
当然のことながら、彼ら自身の既得権のためだ
彼らは美しい言葉によって人々を奴隷にしてしまう——
道徳、宗教、精神性——
しかし彼らの欲望のすべては、人々をいかにして奴隷にするか
いかにして拘束するか、ということだ

自由が訪れるのは、人が自分自身の心に耳を傾け始めたときだ
そして私のここでのつとめは
たったひとつのことで成り立っている
それは、あなたが自分自身の声、
かすかで小さな自分の声を見つける手助けをすることだ
ひとたびあなたがそれを見つけさえすれば
外側の師(マスター)の役割は終わる
なぜなら、あなたは自分自身の内なる師を見つけるからだ

真の師は、人が自分自身の光の源泉を見つけられるように
常に働きかける
師は人が彼に依存することを好まない
なぜなら、依存することは奴隷になることだからだ

知識は他人からもたらされる
そして、智恵は自分自身の内奥からやってくる
それは湧き出してくるもの、自分自身のものだ
知識が自分のものになることは決してない
しかし、知識は安く、容易に手に入る
智恵は困難なものだ
自分自身の存在を奥深く掘り下げねばならない
それはあたかも、井戸を地中深く掘るようなものだ
多くの岩を取り除かねばならない
爆破する必要があるかもしれない
それは骨が折れるしごとだ
しかし、激しさ、忍耐、根気、すべてをかけて堀り続ければ
いつか水が湧き出すのを見ることができる

偉大なスーフィー神秘家のひとり、
ジェラルディン・ルーミーはある日
弟子たちすべてを連れて畑にやってきた
弟子たちは、ここで意義深い体験をすることになる

そこでは農夫が地面に穴を掘っていた
ジェラルディンは弟子たちに
畑を回って見てくるように言った
農夫は穴を１２ほども掘っていた
彼はこう言った
「水を見つけるためにずっと掘っているんだが
一ヶ所では見つからないもんで
他の穴を掘っているんだ」

3

ジェラルディンは弟子たちに言った

「この男を見るが良い
彼は、人間というものをよく表している
もし彼が一ヶ所を掘り続けていれば
とっくに水を見つけていたはずだ
しかし、彼は場所を変え続けた
彼の忍耐力はあまりにも乏しく
そのために土地をだいなしにしてしまった」

人は、ひとつの場所を力の限り、すべてをかけて掘り続け
智恵の源泉を自分の中に見つけねばならない
どのような代償がかかろうとも、どれほどの時間がかかろうとも

不合理なことに、忍耐強いほどそれが早く起こり
気短かであれば、それだけ時間がかかる
そして自分の内なる存在を見つけられれば
そのとき、何千もの歌の中にそれが炸裂する——
ソロモンの歌のごとき歌、
愛と喜びの歌、美と祝祭の歌が

人々は、すべてに不満を持って生き続ける
それは習慣だ
それは、もしもっとお金があり、より良い家があり
より良い妻がいて、より良い息子がいて
より良い仕事があったら満足する、ということではない——
それは違う
何を手に入れようとも、人々は不満足なままだ
貧しければ不満足で、豊かでも不満足だ

不満足は、思考（マインド）の習慣だ
思考はそれによって生きている
それは、思考に本来備わっているものだ
思考は決して満足することがない
このことを理解できれば、奇跡が起こる
そうすれば、思考を脇によけておけるようになる
なぜなら、思考が人に満足を与えることは決してないからだ
それは思考の本質ではない
人は不可能なことを望んでいる

自分がなぜ不満足なのかを理解するとき
外側に理由を見つけるのではなく
それが思考の働きであると理解するとき
そのとき、人は思考の働きを落とすことができる
それはきわめて容易だ
問題は、それが理解できるかどうかだ
私が言ったからそれを信じる、ということではない
自分で理解しなければならないものだ

自分の思考を見なさい
過去を見つめなさい
人は、これさえ手に入ったら
きっと幸せになるはずだ、と幾度も思う
しかし、それが手に入っても幸せにはならない
何度同じことが起こっても、そこから何も学びはしない
人々は、同じ落とし穴に何度でも繰り返し落ちる

思考と、自分に仕掛けられる策略のすべてを見つめなさい
変容を得るために必要なものは、他に何もない
ただ、思考のからくりを注意深く見つめることだけだ
そして、その理解を通して、ものごとが自然に起こり始める
努力することなしに、静かに起こり始める

満ち足りている人間とは、愛にほかならない
愛している、ということでもなく、ただ愛そのものなのだ
愛のために愛する
なぜなら、それが存在に感謝を表す道だからだ
それが感謝の心、祈りだ
だからすべての人間を愛する
見返りを求めることもない
ただ与え続けるのみだ
それは、分かち合うべき多くのものを
神から与えられているからだ

不思議なことに、より多くを分かち合うほどに
さらに多くが与えられる
ひとたび分かち合いの秘密と算術を知れば
それを惜しむことができなくなる
できうる限り、分かち合うようになる
より多くを分かち合うほどに
さらに多くを得られるからだ

至福を分かち合いなさい
愛を分かち合いなさい
理解を分かち合いなさい
内なる豊かさのすべてを
自分が持っているものを、すべて分かち合いなさい——
その分かち合いこそが、私の言う
満ち足りた者が愛そのものになるということの
本質的な意味だ

自分の思考を、不満足から満足に切り替えなさい
そうすれば、奇跡が起こる
愛があなたの中に、何千もの流れとなって流れ込む
多次元の中で、あらゆる方向から流れ込む
人生が輝きになる
知識では理解できず、思考では測れないものになる
限りない神秘と究極の喜悦になる

まず自分が満ち足りることだ
そうすれば、自分の人生そのものが
他人のための喜びの源になる
それだけが真の奉仕だ――
キリスト教の宣教師が常としている奉仕のことではない
それは害以外の何ものでもない
それは、奉仕の名のもとに人々を利用しているにすぎない
人々を改宗させる政略的なゲームにすぎない
人々を改宗させる者たち自身が、改宗してはいないのだ

改宗とは、宗教を変えることではない
それは意識の変化を意味する
これこそが改宗することの真の意味だ
深い眠りから目覚めるとき
思考や記憶、欲望のがらくたで占領されることがなくなるとき
究極の沈黙に入るとき――それが改宗だ
頭が消え去るとき――
人はもはや頭の人間ではなくなる
心が頭にとって代わるとき
もう頭ではなく、純粋な心となるとき、それが改宗だ
ヒンドゥー教徒がキリスト教徒になるのでも
キリスト教徒がヒンドゥー教徒になるのでもない
それは全く愚かなことだ
囚人を、ひとつの刑務所から別の刑務所に移すだけのことだ
そのようなことは改宗ではない

改宗は内側のものだ
私が知る唯一の改宗とは、
思考から瞑想への改宗だ
なぜなら、それが人の存在全体を変えるからだ
それは、不満足から変化した、
限りない満足を人にもたらす

今よりもっと、朗らかになりなさい
好機をのがしてはならない
人々は非常におろかだ
自分がみじめになる機会は、決してのがさないからだ
たとえ不幸をつくり出す機会がなくても
それを創作し、夢想する
ここになければ、過去にそれを探し出す
過去になければ未来を想う
人々は、心配事、みじめになる事を
何とかして探し出そうとする
これでは、世界中に不幸があふれているのも不思議ない

同じことが至福にもなされるべきだ
決して好機を逃してはならない
毎日、千とひとつほども好機がある
ひとたび注意をむけてみれば
自分が今までにどれほど多くの機会を
逃し続けてきたかに、驚きを覚えるだろう
一歩踏み出すたびに、そこには好機がある
創作する必要も、想像する必要もない
それはいつもやって来る——神がいつも注ぎかけてくれる
しかし私たちは間違った姿勢に、間違ったはたらきかけに
人生への否定的なアプローチに慣れてしまっている
私たちはとげを選び、花を無視している

とげを選んで花を無視すれば
遅かれ早かれ花はなくなり、とげだけになる

花でさえとげになってしまう
なぜなら、自分のはたらきかけのすべてが
花からとげだけを連想させるようなものになるからだ
そしてまたこの反対も起こる
花を選べば、とげでさえ美しい花を連想させるようになる
しだいにとげが消え去り、人生全体が花で満たされる
人生が春になる

そのとき、神はもう遥か遠くの存在ではなくなる
すぐそこまで近づいてくる
至福が起こり始めれば
神が自分の心臓より
近くに感じられる
自分の心臓の鼓動より
近いものに感じられる

覚えておきなさい

人間は何も描かれていない画布として、この世にやって来た

神は人に計画を与えたりはしない

あらかじめ、人間に計画が組み込まれているわけではない

運命の類は存在しない

それは臆病者の創作だ

自分の人生から、何もつくり出すことをしない人々の創作だ

そのような人々は、あまりにも怠惰で臆病だ

何のリスクも負おうとはしない

彼らは責任のすべてを神に投げ出す

そしてそれを運命と呼ぶ

アッラーの意志、カルマ、数えきれないほどの名前で呼ぶ

しかし、それは責任を回避するためのごまかしだ

その責任とは

「私の人生は私の責任だ

自分がどのような人間であれ、私がそのようにしたのだ

そして明日の自分が何であるにせよ

私は今日という日をつくっている

昨日のためにできることは何もない

昨日のことを心配する必要はない

それは終わったことだ

しかし、今日という日はまだ終わっていない

そして、今日という日から明日のすべてがやってくる」

ということだ

人がこのことに注意を向ければ
わずかに筆を入れるだけで
物語のすべてを変えることができる

自分が誰であるにせよ
私たちは自分に対する完全な責任を負っている
これが、最初に受け入れなければならないことだ
それは最初のうち、痛みをともなう
エゴが粉々になるように感じられる

「これが自分の責任だろうか
だから私がこの混乱のすべてを引き起こしたのだろうか
この混沌とした自分をつくり出したのだろうか」

それはエゴを傷つけるが、このことを理解できれば
それが新しい人生の始まりとなる
筆をほんの少し入れるだけで、悲しい顔を笑顔に変えられる

しかし、しなければならないことが何であれ
それは今日行なうべきだ
なぜなら、昨日が再びやって来ることはなく
明日はまだ来ていないからだ
私たちに与えられているのは今日だけだ
今日だけで充分だ

憂いの中にも喜びあり、ということわざを考えた人々がいる
そして、喜びの中にも憂いあり、という人々もいる
両者とも正しい
私は、ひとりだけが正しく
他は間違っている、とは言っていない
両者ともに正しいのだ

二晩の間には、一日しかないと言う人々がいる
そして、二日の間には一晩しかないと言う人々がいる
両者ともに正しいが
それが自分にどのような影響を与えるのだろう

ものごとを否定的に考えると、人生はみじめなものになる
みじめな人間が、どうして宗教的になれよう
神に何を感謝するというのだろう
喜びに満ちた人間だけが、宗教的になれる
なぜなら、神への感謝の心にあふれているからだ
毎日、花が雨と注がれているからだ

百階建てのビルから落ちる、
美しいラビの話を聞いたことがある
ラビはよく知られた人物だった
ビルの全員が彼を知っていた
人々は窓の外を見て彼に尋ねた
「大丈夫ですか」
彼はこう答えた
「今のところ大丈夫です」

彼は落ちて行きながら
「今のところ大丈夫です」と言う
今のところ大丈夫、これは正しい
次に起こることを誰が心配などできよう
起こることは起こる
しかし、最後の最後に
「今のところ大丈夫です」と言える人間の最後は
全く違ったものになるだろう
なぜなら、人間の最後は
その人間のアプローチ全体が蓄積されたものだからだ

人間の最後が
何もないところから
起こるわけではない
それが自分自身の
存在の中から起こるとき
その死もまた美しいものとなる

瞑想だけしか知らない人間には、何かが欠けている
そして、愛しか知らない人間にもまた、何かが欠けている
存在は、この両方を知っている
手の中に、硬貨の裏表を持っている
大切なものすべてを、内側に持っている
その人生は、このうえなくすばらしい現れとなる
美しい歌、優美な経験となる
この世を超えたものとなる
地上に住んではいるが、その存在は空の一部だ
その存在は奇跡であり、また矛盾を含んだものでもある
しかしその矛盾の中で存在となる

そして
存在となることが
神聖になることだ

それが
私の定義する聖人だ

川が海に注ぎ込むように、瞑想者は存在の広漠たる広がりに入る
そしてその広がりと一体になる
二重性が消え去る──それが不死を経験することだ
そのとき、人は存在から離れるのではなく
その一部となる
存在に内在する、有機的な部分となる
ここに到達する人々、その人々こそが、目覚めた者だ

目覚めた者が光明を得た人と呼ばれるのは、その光のゆえだ
内なる光を経験したからだ──
それは、人生で最高の経験だ
人生とは実に、光を経験するための機会、
光明を得るための機会なのだ

意識は不死だ
これを知らずに、どうして人生を喜んで生きられよう
行きつくところが死であれば、すべてが無駄になる
自分の創造性が死によって最後を迎えるなら
それは無駄なものになる
自分の愛が死によって最後を迎えるなら
それは無駄なものになる
自分を多忙にすることだけが喜びになる
自分を何とか忙しくさせ
死が頻繁に扉をノックするのを防ごうとする
しかし、どれだけの間、これを避けていられるだろう
ノックを聞こうが聞くまいが
死はある日、扉をあけて入ってくる
「入ってよろしいですか」などと尋ねることもない
死はいずれやって来る

死があるために、人は人生に意味を感じることができない
すべてが墓場に行きつくなら
自分が聖人であろうと罪人であろうと
世界の有名人であろうと無名であろうと
何の関係があるというのだろう
死は人を平等にする

しかし、死をものともしないものが自分自身の中にあれば
人生が意味を持つものとなる
そのとき、自分の行ないが意義深いものとなる
それぞれの行為が価値を持つようになる

なぜならそのような行為が
不死の源泉である自分の存在から、生まれるからだ
それは自分自身を表すことになり
また自分自身を表すだけではなく
自分自身があからさまになることでもある
他人に対して、そして自分自身に対して
それは自分の存在の現れとなる
そのとき、自分の創造性が自分自身を明らかに示すものとなる
そのとき、自分の行ないのすべてが
永遠性の中に意味をもたらす

勝利が得られるのは、自分の中に不死を見るときだけだ
不死を見ることは可能だ
探し求めるべき対象、問うべき対象は
永遠にとどまるものだ

人間は内側に限りない栄華を秘めている
人間は光輝だが、それは監禁された輝きだ
その輝きは解放されなければならない
それはあたかも
無数の花を内側に隠し持っている、種子のようなものだ
その種子には庭師の助けが必要だ
土が必要だ

そして種子にはまた
その防備を取り払う勇気、種子を取り囲み
保護する堅い殻を落とすための勇気も必要だ
そのとき、生命はそこからすぐに成長し始める
無数の葉が茂り、無数の花が咲き
そして無数の種もまたそこから生まれる
ひとつの種には実に多くの輝きが秘められている
地上を、緑で埋め尽くすことができるほどだ

人間も同じことだ
人間は、待ちわびる無数の花を抱える種子だ
瞑想は、種子を解放するための技法だ
それは、庭師のアートと同じだものだ
人は種子であり、また庭師でもなければならない
人は種子であり、また土でもなければならない
そして自分の回りの堅い殻、エゴを落とすのだ
そのとき、奇跡がたちまちのうちに可能となる
自分の内側に、何が秘められているかを知ることなしに
このような経験を、信じることはできない

仏陀、キリスト、ツァラトゥストラ、老子——
彼らが知るに至ったことはたったひとつ、
それは、いかにして自分自身の核に入り
そこから世界を見るか、というアートだ
そこには全く異なった展望が開けている
自分の世界全体が、以前とは全く異なるものとなる
すべてが同じままである、とも言えるが
同時に同じものは何もない、と言うこともできる

それは、何とも美しい経験になる
喜悦にあふれた経験になる
言葉では、この経験を表し尽くすことができない
詩人にさえ、表すことはできない
音楽でさえ、これには及ばない
ダンスでさえ、真に示すことはできない
どのような方法をもってしても、表せないものだ
それは、誰もが皆、それぞれに知らねばならないことだ

これを知るための唯一の道は、これを知ることだ

15

至福とは、自分に付け足すことができるようなものではない
それは達成するものではなく、自分の中にすでにあるものだ
人は至福と共に生まれる
それは自分の存在に内在するものだ
開かれなければならないものだ
それは、あたかもつぼみのようなものだ
わずかな努力で花になることができる
朝、太陽が昇るとき、つぼみは開花を始める

内側の世界では、魂の内なる花園では
瞑想にも同じことが起こる
気づきが生まれるに従い
それが人の内側に暖かみをもたらす
自分で感じられるほどの暖かみだ
それが内側で目覚め始めるとき
エネルギーの動きを、引力に抗して上昇するエネルギーを
自分の中に感じることができる
エネルギーが高まるほどに
それがより確かに感じられるようになる
そして自分の内なる世界が暖まり、光で満たされるとき
多くのつぼみが花となる
春がふいに訪れる

至福の花が最初に咲けば、あたかも至福が寺院の扉を開くように
その後にあらゆるものが続く
最初が至福で、最後が神性を経験することだ
そしてそのふたつの間には、花また花がある

多くの物を持てば、人は豊かになれる
しかし、その豊かさは偽ものだ
それは、ただのまやかしだ
人は空手でこの世にやって来る
そしてまた、空手で去らねばならない
所有物はすべて後に残される
そのような物を集めるために自分の人生を費やしても
本当に得るものは何もない
逆に、豊かになるためのすばらしい機会を
無駄にすることになる

真の豊かさは内側にある
それは物ではない
覚えておきなさい
私は物に反対しているのではない
物を使い、楽しみなさい
物には有用性がある
私は社会に敵対しない
人生に敵対しない
楽しみに敵対しない──
人生の美しさすべてを楽しみなさい
しかし、それがすべてではないこと
それが極めて周縁的な世界にすぎないことを、覚えておきなさい
本当の宝は自分の内側にある
だから、この世のジャングルの中で迷ってはならない
そうでなければ、人は貧しいまま生き
貧しいまま死んで行くことになる

私が瞑想を最高の豊かさだと言うのは
人が瞑想によって、自分自身の無尽蔵の宝に気づくからだ
瞑想は、人を神の王国の主人にする
そして、その王国への唯一の鍵は
瞑想によって、沈黙によって、観照することによって
覚醒によってもたらされる

今を生きることだけが、生きるための唯一の道だ
自分を後に引き戻す過去もなく
先に押しやる未来もなく今を生きるとき
自分のエネルギー全体が瞬間に凝縮されるとき
人生は圧倒的な強さを持つ
人生が情熱的な恋愛となる
自らのエネルギーで燃え立ち、人は光で満たされる
なぜなら、炎はその強さが極まる瞬間、生命になるからだ
強さが光になるからだ

それが、豊かになるための、裕福になるための、唯一の道だ
これ以外の人々は、皆、貧しい
世界中の金を持っていても、そのような人々は貧しい

世界には2種類の貧しい人々がいる
貧しい貧民と豊かな貧民だ
豊かさと所有することとは、関りがない
それはどのように生きるか
人生の質、人生の音楽、人生の詩の問題だ
そして、これらはすべて、瞑想を通してのみ起こる
かつてこれ以外の道が存在したことはない
今もなく、将来にもない

豊かになるための唯一の道は
神の存在に向かって心を開くことだ
その色、虹、歌、木々、花々に向かって心を開くことだ
なぜなら、神を教会で見出すことはできないからだ
教会は人間によってつくられたものだ
神は、自然の中に見出されるべきだ

星の中に神を見ることができる
大地の中に神を見ることができる
大雨が降り、土から美しい香りが立ち昇るとき
そこに神を見ることができる
牛の目の中に、子どもの笑い声の中に、神を見ることができる
僧侶がつくりだした場所以外なら
どこにでも神を見ることができる
教会、寺院、モスク——このようなものは空虚だ
人々と同じように空虚だ

訪れる人生を、無条件に受け入れる用意ができるとき
その瞬間に、神があらゆる方向から押し寄せて来る
人は、神で満たされることではじめて
人生の意味、人生の意義を得ることができる
そして、神を知る者は不死を知る者となる
そのとき、死ぬのは肉体だけになる
その存在の核は、果てしなく永遠に続いていく

それぞれの瞬間は、畏怖の瞬間、驚嘆の瞬間であるはずだ
人生を子どもの目で見つめれば、世界中が神で満たされる
心が驚嘆で満たされれば、世界は神で満たされる
心が計算高く狡猾であれば、神は世界から消え去る
神は死ぬ
そのとき、人は神のいない世界に住むことになる
神のいない世界に住んでいても、生きる価値は全くない
人生からすべての意義が失われてしまう
人生がものとなり、極めて世俗的になる
それは人間に起こりうる醜悪なものごとの、最たるものだ

私のサニヤシンは美しい人生を
優雅な人生、詩の人生、音楽と祝祭の人生を生きねばならない
踊りなさい
それはダンスから生まれるからだ……
歌いなさい
それは歌から生まれるからだ……
それは、神に対して無防備になることだ
神に対して自らを開くことだ
それは良否を問うことではない
証明できるものでもなく、哲学や神学でもない

「愛」という言葉は、まさにサニヤスを表す言葉だ
愛にあふれる心は、詩にあふれる心だ
詩に生きることは、サニヤシンであることだ

すべての宗教は失敗に終わった
人間は、全く宗教的になっていない
何千年もの教えの末に、大したことは起こっていない
本質的な何かが間違っている
宗教は、根本的に間違ったことを教えてきた

彼らは人々に、良い人間になるように
徳を高く持つように、道徳的になるように教えてきた
そうすれば、至福が報酬として与えられるという
それは間違っている
それは真理に背を向けることだ
喜びに満ち溢れていれば、人は善となる
喜びに満ち溢れる人間は
誰に対しても悪人になることができない
間違ったことができない──それは不可能だ

誰もが、自分の子どもを助けたいと思う
彼らの意図は善だが、結果は善にならない
教師は生徒を助けたいと思う
大学はより良い国民をつくろうとするが、何も起こらない
あらゆる教会や僧侶、寺院は人生をより美しくしようとし
そしてますます醜くしてしまう
私は彼らの意図を疑っているのではない
彼らの意図はたいへん良いが、科学的ではない
人を長生きさせようとして、毒を与え続けるのだから

彼らの願いは善だが
彼らのしていることは
善ではない
善であるわけがない
彼らは不幸であるがゆえに
その行ないのすべてが、人々に苦痛をもたらす
他人に与えることができるものは
自分がすでに持っているものだけだ
この逆は成り立たない
自分が光で満たされていれば
自分の存在全体が至福で満ち溢れていれば
自分の行ないがすべて他人に喜びをもたらすようになる

至福は、瞑想を通して訪れる
道徳的になることによってではない
瞑想が至福をもたらす
至福が徳をもたらす、これが根本の法だ

喜びに満ちていたいなら
不幸をつくり出すあらゆるものごとに
反逆しなければならない……
しかし、社会は人を不幸にしたがる
社会がなぜ人を不幸にしておくことが好きなのか
それには理由がある
不幸な人間は御しやすいからだ
不幸な人間はいつも
奴隷にされやすいような低いエネルギーの状態にある
不幸は、あたかも魂の去勢のように作用する

これは極めて巧妙な計略だ
子どもは最初から、ゆっくりと精神的に去勢されていく
そしてそれが、子どもを精神的な不能者にする
子どもは、あらゆる類の愚かさに対して
従順になるよう強制される
ものごとを押し付けられて、無力になり
両親に頼るようになる
両親の援助なしに生きられないことを知り
そのために妥協せざるを得なくなる
そしてしだいに、妥協し過ぎていることを全く忘れてしまう
そして自力で立ち上がれるようになるころには
自由が何であるかを
知性的であることの美しさを、忘れ去ってしまう
奴隷になりさがるのだ

これまで、この社会は……
私が「この社会」と言うときは
世界中のすべての社会を指す……
彼らが行なったことはたったひとつだ
彼らは人間の魂を破壊した

私のここでのつとめは、あなたをふたたび生き返らせることだ
墓場から呼び戻すことだ
私のサニヤシンは反逆的、知性的であるべきだ
そうでなければ、至福を得ることはできない
至福のためにすべてをかけなさい
なぜなら、至福より尊いものはないからだ
これだけを、人生の唯一のゴールとしなさい
他のすべては二次的なもの、取るに足りないものだ

この瞬間から、自分自身を過去から引き離しなさい
自分の人生を、この瞬間から数え始めるのだ
一年後に、あなたは一歳になる
過ぎ去った人生は夢の現れにすぎない
今、目覚めるのだ
より注意深く、より油断なく、意識的になりなさい

人がより深い意識に向かうとき
愛が、喜びが、神性が深まってゆく
人生がすばらしい贈り物であること
神の祝福であることに、初めて気がつく
そして、大いなる感謝の念が心の中に生まれる
それが真の祈りだ

人は極めて容易に自分の人生を無駄にする
なぜなら、人生があまりにも短いためだ
しかし、それは奇妙なことだ

人々に
「なぜ、トランプをしているのですか
なぜ、ポーカーをしているのですか
なぜ、そんなにチェスに熱中しているのですか」と尋ねれば
彼らは「暇つぶしに」と答える
まるで、時間が有り余っているかのように
時間が無益であるために
それを紛らわせなければならないかのように

時間は最も尊いものだ
過ぎ去ってしまえば、それは永遠に帰ってはこない
私たちには充分な時間がない
人生は実に短い
人生は飛ぶように過ぎて行き
誕生と死の間に間隔がないほどだ
人々はこれを全く知らずに、ただ時間をつぶしているが
事実はこの逆だ
時間が人間をつぶしているのだ

人生を生きるということは、時間を超えることだ
人生とは、時の中にありながら、時を超える経験をする機会だ
そこには、はしご段をかけねばならない
時間は、アルファベット、ABC のように
線形、一直線の横方向に移動する
時間の超越は縦方向だ
それは、はしご段のようなもので、線形ではない
より高く、より深く進んで行く
高く進むことも深く進むことも、究極的には同じだ
高く進めば、それは深く進むことにもなる
深く進めば高く進むが
スタートは全く新しい次元から始まる
もはや平行に進むことはなく、縦に向かって進んで行く

その縦の動きは、瞑想を通して起こる
私の言うはしご段とは、瞑想のことだ
瞑想は、人を時間から超越させる
そして突然に、大いなる若々しさが人の内側に爆発する
永遠性に触れることが、若さということの意味だ

その時、人は誕生も死もないことを知る
その時、自分が永遠なるものに属していることを知る
永遠なるものを経験することは、神を経験することだ

人間に与えられた、たったふたつの可能性——
それは、時間に従い、平行に、線形に、動くか——
これはマインドの道だ

あるいは、縦に動くか——
これはノーマインドの道だ
そのどちらか一方だ
時間に制限されないことが、ノーマインドの道だ
そして瞑想とは
いかにしてマインドからノーマインドに
平行から垂直にジャンプするかを知るアートに
他ならない

それが最大の飛躍、最も革新的な現れだ
ただそのきらめきを見るだけで
人は神に満たされる
ただそのきらめきを見るだけで
人はもはや以前の自分ではなくなる
そしてふたたび同じ自分に戻ることはない
同じ世界に生きてはいても
その外に生きることになる
社会の中にいても
社会が自分の内側に入ることはない

真理は常に新しい
常に新鮮で、常に若い
早朝の草の葉の水滴のように新鮮だ
池の中で花開こうとする、
蓮華の花びらのように
子どもの目のように新鮮だ

真理は決して老いることがない
なぜなら真理は
時間に属することがないからだ
真理は永遠であるがゆえに
それは常に今だ
真理が認識する時間はただひとつ、
それは、今だ
真理が認識する空間はただひとつ、
それは、ここだ
真理は過去も未来も認識しない
過去を集めてはならない

毎日、過去を消滅させなさい
毎日、過去の自分自身を浄化しなさい
追い払いなさい、積み上げてはならない

古いものから毎日、抜け出して行くのだ
夜寝る前に、過ぎ去った1日に別れを告げる
その1日を終わりにする
物語はおしまいだ
すっかり閉じてしまいなさい
再びそれを開いてはならない
もう終わったのだ
そして、生まれ変わったように、新たに明日の朝を始める
そうすれば、自分の人生が新しい質を持ち始めることに
ふいに気づくときが来る
それが自分自身の中に秘められていたことなど
想像もしなかったような資質だ
潜在していた可能性が具体化し始める
そして毎日、自分に新しい驚きがもたらされる
毎日が、すばらしい神秘になる

神秘の体験を不可能にするのは、古きものだ
常に新鮮でいなさい
若く、新しくありなさい
そうしていれば、神に出会える日がそう遠くはなくなる
なぜなら、神は常に新しいからだ
自分もまた新しくあれば、その出会いが可能になる
なぜなら、神とあなたは同じスペースにいるからだ

限界があると、思ってはならない
限界という考えを、すべて捨て去らねばならない
「自分は肉体ではない」と知ることは
すばらしい巡礼の始まりになる
そして、「自分は肉体でも思考^{マインド}でもない」と知ることが
次のステップになる
そして最終的に
「自分は肉体でも思考でも、感情ですらもない」
と知ることが、最後のステップだ

この３つのステップで、旅路は終わる
なぜなら、４つ目のステップで
人は自分の存在を見つけるからだ
その存在は広大で、限りがない
海のように、空のように果てしがない
それを経験することが、神を経験することになる
それを経験することが至福を、喜悦を経験することになる
それが、試してみる価値のある唯一の経験だ
他のすべては時間の無駄だ
真実の宝を見つけ出す、大いなる機会を逃すことになる

財宝が自分の内側にあるにも関わらず
神の王国が自分の内側にあるにも関わらず
人は海岸で貝殻や色のついた石を集める
限界があると考えることをやめれば
自分が無限の存在、果てしない存在に近づいていることが
しだいにわかるようになる

人間は外側から見れば、小さな水の一滴にすぎない
しかし、その内側は全く異なる
内側に広がる景色、それは大海のごときものだ

私たちが小さな水滴に見えるのは
目に見えるのが肉体だけであるためだ
しかし、内側で自分自身の存在に根を下ろし
その中心にあるとき
深い沈黙の中で透明さが現れるとき
深い瞑想の中で晴れやかさを見るとき
欲望と思いのすべての霧が消え去るとき
鏡が澄みきり、あるがままのものを映し出すとき
そのとき、人は不意に自分自身の肉体ではなく
その意識に気づく

実にその瞬間、人は自分自身の肉体を忘れる
肉体だけではなく、思考（マインド）も共に忘れ去る
その瞬間、人は無限の意識を知るに至る
その無限の意識、大海のごとき意識が、私たちの真の存在だ
それが私たち自身だ

私たちは、見かけとは異なる
だから、見かけにだまされてはならない
鏡の中に映る姿を見て
自分が誰であるかを決めてはならない
鏡は物質を反映しているにすぎないからだ
内なる鏡を磨かない限り
人は自分の広大さを知ることはできない
人は宇宙と同じほどに果てしがない

誰もが、自分の存在の内側に真理を持っている
しかし、ごくわずかな人々のみが
その中心を極めることができる
大多数の人々は、周縁を走り回るだけだ
周縁での動きは哲学だ
そして、周縁から中心に飛び込むことが、私の言う宗教だ

宗教が数多く存在することはありえない
哲学は数多く存在することが可能だ
哲学の数は、人の数と同じくらいに多い
人の考えの数と同じだけの哲学が、存在するからだ

人はそれぞれに、自分だけの哲学を持っている
しかし、真理はたったひとつだ
皆の内奥の存在と、私の内奥の存在とは
ふたつに離れた別のものではない
その中心で私たちは皆、出会う
私たちはひとつだ
私たちが異なるのは表面だけだ

それはあたかも、海の波のようなものだ
それぞれの波は水面では別々なものだが
底深くにあるのはひとつの海だ
そこにはもう波はない
その大海の経験、
ひとつであることの経験が真理だ

真理は解放だ
真理は人をすべての不幸、苦悩、死、恐怖、
欲望から解放する
真理は人を、あらゆる類の問題から解放する
真理はすべてを解決する
真理は人の人生を、瞬間ごとの祝祭にする

非凡は平凡の中に隠されている
神聖は世俗の中に隠されている
宗教が間違っているのはこの点だ
彼らの言う神聖とは、平凡に反するもののことだ
私の言う神聖は、平凡の中にある

それゆえ、人生が食べること、飲むこと、
楽しむことにあるという人々を、宗教は非難してきた
宗教はこのような人々を、物質主義者として非難してきた
私はこのような人々を非難しない
それは正しいアプローチだ
良い始まりだ
食べること、飲むこと、楽しむことを享受していれば
いずれは考え込むときが来る
いつかは、知性のある者の心の中に問いが生まれる
これ以上のものがあるのだろうか？
その問いが自分の中に生まれるとき
これ以上のものがあるに違いない
という思いが生まれるとき——
これ以上のものへのひらめきをつかみ始め
それを見つけ出すために、経験するために
これ以上のものに向かって動きだす
そのとき、瞑想が極めて自然なものになる
そうすれば、間違った方向に行くことは決してない

最初のステップが最も重要なステップだ
実は、最初のステップが旅路の半分ほどにもなる

だから、すべてを楽しむことを学びなさい
そして、あらゆる類の悲しみと深刻さを落とすのだ
踊り、歌い、祝い
そして、ゆっくりと瞑想をして探し出して行きなさい
なぜなら、これ以上のものは確実にあるからだ
しかし、これ以上のもののためには
極めて深い知性が必要だ
瞑想は、人の知性に深さを与える
透明さを与える
それがすべてだ
瞑想が内側の鏡を磨く
そうすれば、人はその人生をより明らかに映し出すようになる

暴徒や大衆は、人を彼らの一部にしたがる
人の知性を大衆に明け渡すことを求める
大衆に順応することを求める
それが、人の知性が破壊されることの根本的な原因だ
そして知性が破壊されると
至福が何であるかを知ることができなくなる

すべての子どもが知性と共に生まれ
そしてほとんどすべての子どもの知性が毒される
自分が持っているものを理解すらできないうちに
子どもたちは美しい名のもとに無能に、不具にさせられる──
それは洗礼、割礼と呼ばれる
全く愚かな考えだ
子どもたちは条件付けをされ
あらゆる類のものごとを強制される
大人になる頃までには、どこかで自分の知性をすべて失い
愚かな人間になってしまう
そして、そのまま不幸であり続ける

宗教は人の不幸を利用する
彼らはこう言う
「あなたが不幸なのは、神を信じないからです
過去世で罪人だったからです
道徳的でないからです
不幸であるなら、懺悔しなさい
不幸であるなら祈りなさい
不幸であるなら、きちんと教会に来なさい」

このような言葉には、ある種の魅力がある
なぜなら、人々は不幸から逃れたいがために
どのような考えにでも従ってしまう下地があるからだ

しかし、愚かな者は自分が何をしているのか
なぜそうしているのか、どこへ行こうとしているのか
理解することができない
まず必要なことは
拘束されている自分の知性を解放してやることだ
そうすれば、至福は極めて簡単なものになる
それは副産物だ
自分の知性を知りさえすれば
たちまち至福のシャワーを感じるようになる

道徳は人間のためにある
人間が道徳のためにあるのではない
そして、道徳は時と共に変化すべきものだ
人々が必要とするものは変化し、その要求も変化する
古いルールに従い続けることはできない
十戒が与えられたのは三千年前だ
今ではすべてが変わってしまった
それはもう時代遅れだ
別の生き方を、新しいあり方を探さねばならない
唯一可能なことは、道義心をすべて落とすことだ
私たちがよりどころとすべきは、道義心ではなく、意識だ

道義心は常に、他人によってつくり出される
それは他人にあやつられること、巧妙な奴隷化だ
意識は自分自身がつくり出すものだ
二本の足で立ちあがり、生命を見つめ
自分の光に従って生きる勇気を蓄えるのは、自分自身の力だ

自分の光に従って生きて行けば当然、
多くの間違いを犯すだろう
しかし、間違いを犯すことは悪いことではない
なぜなら、それが学ぶための唯一の道だからだ
間違いを犯せばそれだけ、学ぶことも多い
だがひとつだけ、覚えておかねばならないことがある
それは、同じ間違いを
何度も繰り返してはならない、ということだ

同じ間違いを犯すのは愚かだ
新しい間違いを犯しなさい
新しい間違いを犯す方法を探しなさい

成長するほどに、学ぶほどに、意識的になるほどに
より注意深くなるほどに
押し付けではない内側の規律が
自然に自分の中に生まれてくる
なぜなら、何が正しく、何が悪いかを
自分で見ることができるからだ

内なる規律を見れば
そこには何の分裂もない
そのとき、自分はもう二重の思考^{マインド}を持つ者ではなくなる
内なる規律は、もはや分裂症の類をつくり出したりはしない
これまで人類全体が
分裂症的な人生を生きてきたのは
その道徳的な過去のゆえだ

愛の根は大地を必要とする

Love Needs Roots in the Earth

無垢であることは、最も尊い

なぜなら、大切なものはすべて無垢な心から生まれるからだ

狡猾であれば、何も起こりはしない

狡猾さの前では愛は生まれない

狡猾さの前では至福は生まれない

狡猾さの前では、価値あるものは何ひとつ生まれない

狡猾さは金を生む

力を生む

地位を生む

このようなものは、すべて価値のないものだ

死によって残らず破壊されてしまう

しかし、無垢であれば、死によってさえも

取り上げられないものが生まれる

無垢でありなさい

そうすれば、神が自分のものになる

狡猾さを、賢さを、知識をすべて落としなさい

自分が知っているという考えを生む、

すべてのものを落としなさい

驚きに満ちた心で、畏怖の念をいだき、神に向かいなさい

そうすれば、その結果はすばらしいものになる

私たちは誰もが、我家を探し求めている
意識的に、無意識的に、知ってか知らずか――
皆、我家を手探りで模索している
私たちの存在の奥底に
かつて自分たちが家を持っていたという記憶がある
それは極めてあいまいな、はっきりとしない記憶だが
完全に忘れてしまったわけではない
それは、決して忘れ去ることができないものだ
あたかも、どこか遠くにある国のようなものだ
自分が幸せで、喜びに溢れ、心楽しかったとき
苦しみや重荷がなかったとき
人生が純粋な至福であったとき
人生がただダンスであったとき、歌であったとき

心の奥のどこかに、その欲望がまだ潜んでいる
もう一度それを探すよう、人をかき立てる
すべての宗教は、その切望の中から生まれる
そうでなければ、宗教に向かう理由は何もない
宗教が実用的な目的を充足するわけではない
実利的な人間にとって
宗教が全くの不合理に見えるのは、そのためだ
宗教には実益がなく、時間の無駄でしかないように思える
生産力があるにも関わらず、何もせずにいる
しかし、実利的な人間でさえ、自分の内側の奥底に
「これは人生ではない、これがすべてではないはずだ
何かそれ以上のものがあるに違いない」というわずかな感覚が
どこかに隠されていることを知るだろう

私たちはむろん、それ以上のものが何であるかを
正確に知っているわけではない
しかし、絶え間ない感覚と直感的な力が、内側で働き続ける
遅かれ早かれ、それを聞かねばならないときがやってくる
そしてそれは、早ければ早いほど良い
なぜなら、いつ人生が終わるか、誰にもわからないからだ
今すぐにでも、終わりになるかもしれない
若いうちに宗教に関心を持ち
深く関わればそのとき
本当の我家を見つけることが可能になる

誰もが皆、神に与えられた使命を持っている
しかし、私たちは自分の使命を完全に忘れてしまっている
自分がなぜここにいるのかさえ、憶えていない
私たちは深い忘却の中に生き、それを人生と呼んでいる
そして、何もかも忘れてしまっている人々が
自分を教養のある人間だと思っている
覚者に問えば、これを愚の骨頂と呼ぶだろう

私たちは、この愚かさから目覚めねばならない
私たちがここにいるのは、ある目的を充足させるためだ
誰もが皆、歌を歌うために、踊りを踊るために
芳香を放つためにここにいる
しかし、それが可能になるのは
気づきが深まり、他者を通してではなく
自分でじかに、自分自身を見ることができるときだけだ

今ここで自分自身について知っていることは
すべて他者によってもたらされたものだ
誰かに良い人だと言われれば、そう思い込む
誰かに教養があると言われれば、そう思い込む
ある者があることを言い、他の者が別のことを言う
そして人は、そうした他人の言う事柄をため続ける
自分自身について直接知っていることは、何ひとつとしてない
自分の顔は鏡を通して知っているが
鏡に映されるのは仮面の自分にすぎない
自分の本当の顔を知るには、内側に向かわねばならない
それは、自分自身の存在の核で見出される

ひとたび自分の本当の顔を
見出すことができれば
大いなる喜びがわきあがる
大いなる至福が生まれる
突然、自分が
偶然の産物ではないこと
神の使命をになっていることを知る

存在への大切なメッセージを
持っていること、
自分が必要とされていること、
ものごとの大いなる成り立ちの中で
ひとつの目的を自分が
充足しつつあること、
平和と喜びをもたらす根源、
有機体を充足しつつあることを知る

人間は、もう一度
子どもになる必要がある
存在の美しさに気づくのは
存在の不思議さに真に気づくのは
そのときだけだ
その畏怖の念こそが、宗教の始まりだ
しかし、どの子どもにも
起こることがある
それは、起こるようになっている
避けることのできない、
ほとんど必要悪とさえ言えるものだ——
それは、すべての子どもが
いつかその純粋さを失うことになる、
ということだ
なぜなら、子どもは
教育を受けねばならないからだ
言葉や科学、地理、数学——
基礎的な学科を教わらねばならない
医者、技術者、科学者——
それぞれの分野の
専門家にならねばならない
子どもをそっとしておくには
あまりにも多くのものが必要とされる

そして、このような教育は
子どもから純粋さを取り上げてしまう

4

知識が増え
あふれるほどの情報を身につけ
子どもは不思議さへの喜びを忘れてしまう
なぜなら
もう自分がものごとを知っていると思い込むからだ
そうなれば、不思議さに何の意味があるというのだろう
畏怖の念が持つ計り知れない次元を、忘れてしまったのだ
子どもを驚かすものは何もない──
それは霊的な死とも言えるものだ

子どもは社会にとって、有益なものとなる
利口に、狡猾になる
力をつける
それは、子どもが社会に対する、
ある種の有用性を持つようになるからだ
市場での必需品となるからだ
人間が売買の対象となる
知識を持つほどに値も上がる
しかし、途方もなく価値のある何かが失われている
それは、必ず取り戻さねばならないものだ

知性的な子どもは
自分が知性的なままであることが難しいのを、知っている
なぜなら、知性は疑い、問い、論争し、反抗するからだ
知性は個だ
知性は時にはイエスと言い、時にはノーと言う
知性は、それだけが持つ光の中に生きている
知性は模倣できないものだ
そして、親はそれを好まない
親は、子どもが模倣者であることを
イエスマンであることを望む
子どもは、親が言うことにはすべて
反抗せずに従わねばならない
親はものを知っていて、子どもは知らない
だから、子どもが何をすべきか
何をすべきでないか、親が決めねばならない

それゆえ、知性的な子どもは
自分が難しい状況の中にあることを知っている
知性的であろうとすれば、子どもは常に困難につきまとわれる
家庭に障害があり、義務教育の場に障害がある
高等教育の場にも障害がある
その子が行くところどこにでも障害がある

そのような障害をすべて受け入れ
なおかつ、知性的であろうとする勇気が本当にない限り
それは全く希有なことであるが、そうでない限り
子どもは遅かれ早かれ、妥協してしまうのが常だ

5

その圧迫は
あまりにも大き過ぎる
頼みの綱もなく
あまりにも小さく、幼く
そして子どもに
圧力をかける人々には力がある
人々は子どもに
子ども自身の持つ知性に反して
知性的でないふるまいを
するように強要する
やがて子どもは
自分の知性が何であるかを忘れ
鈍感になる
鈍感になればなるほど
その子どもは大切にされる

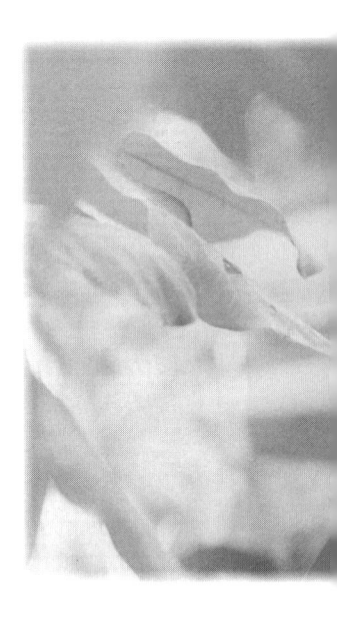

人が神を知ることができるのは
知識を通してではない
それは無垢であることを通して起こる
神を知ることができるのは、信仰を通してではない
それは、知性を通して起こる
神を知るためには、圧倒的な知性が必要だ

瞑想者にとって
黒人と白人との
違いは存在しない
そのような違いは
子どもじみている
肌の色で
ものごとを決めるのは
全くばかげている
知性のある人間には
できないことだ
それゆえ、政治家たちは
瞑想に敵対する
国家が瞑想に敵対するのは
瞑想者の魂が
非常に強くなるからだ

瞑想者を従属させるのは、不可能だ
瞑想者は個となり
独自性を主張する
自分の命を犠牲にする覚悟があっても、決して妥協はしない

瞑想がまさしく神からの贈り物だと私が言うのは、このためだ
なぜなら、世界中が瞑想に敵対するからだ
それでもときおり、瞑想に関心を持つ者がいるのは、
その背後に、神の隠れた手があるからに違いない
それもそのはず、神のみが瞑想の味方だからだ
そして瞑想を選ぶ人々こそが、神の人々なのだ

いわゆる組織宗教は、救いになってはいない
逆に、内的な葛藤を助長している
葛藤をさらに鋭く、慢性的に、癌のようにしている
なぜなら、宗教は罪の意識をつくりだすからだ
宗教はすべての人間を低いものと高いものに
良いものと悪いものに分割する
一度分割されると、人は苦しみの中に
自分自身との戦いの中に入ってしまうのが常だ
そこでは勝利を得ることもできず
また敗北を選ぶこともできない
戦いにつぐ戦い、勝利もなく、敗北もない
地獄の辺土に取り残されたままになる
そこから得られるものは何もなく
ただ欲求不満と倦怠のみが残る

自分自身を愛しなさい
なぜなら、その愛を通してのみ、平和がもたらされるからだ
自分自身のすべてを、ありのままに受け入れなさい
それは、成長がなくなることを意味しているわけではない
それどころか、自分をありのままに受け入れれば
大いなる爆発が起こる
なぜなら、戦いに費やされていたエネルギーが放たれ
そのエネルギーを自分のために使えるようになるからだ
それは人を強くする
知性を高め、気づきを深める
活力を生み、内側に魂をつくりだす

考えることは頭のしごと、マインドのしごとだ
マインド〔ノー・マインド〕がないことは、全く新しい次元の始まりとなる
すべての思考が止まるとき
完全な終止が訪れるがごとき、純粋な沈黙になるときだ
動くものは何もない
すべてのものが動きを止める
時間が止まる
人はただ、今にある
その圧倒的な瞬間──
なぜなら
それが人生で、最も生き生きとした瞬間であるからだ
そのとき、人は自分自身を発見する
そして、それが自分の存在に反逆をもたらす
人は全く別の人間になる
生まれ変わり、以前と同じ人間ではなくなる──
古きものは死ぬ
もう過去の続きではない
それは、古い家がきれいになったのではない
古きものは蒸発してしまったのだ

この活力をもってすれば
することがすべて、言うことがすべて反逆になる
このような人間を理解できるのは、ごく少数の者だけだ
大衆は理解できない
大衆は反発する
大衆は常に、瞑想者に反発してきた
イエスやソクラテス、マンスールのような人々を恐れた

大衆がこのような人々を殺したのは
彼らの洞察力を理解できなかったから
他人がそのような高みにあることを受け入れられなかったから
ただそれだけの理由だ
そのような高みにある者を受け入れれば
自分が暗闇に生きていることを認めることになる
それは屈辱だ

大衆が、自分たちのエゴを取り戻す唯一の方法は
そのような人間を破壊することだ
自分たちの目の前から消し去ることだ
なぜなら、その人間の存在そのものが
自分たちに罪の意識を感じさせるからだ
自分たちがなすべきことをしていないこと
自分たちがあるべき姿ではないことを、感じさせるからだ
その人間の存在が
自分たちが人生の好機を逃しているのではないか
という思いを抱かせる
彼らがその人間を許せないのは、そのためだ

宗教は、愛に対する恐怖をつくり出した
それゆえ、男性の修道士が女性の修道士と離れて暮らし
女性の修道士が男性の修道士と離れて暮らす
そこには計り知れない恐怖心がある
あるカトリック修道院が――千年の歴史がある――
アトス山にまだ存在している
千年の間、その修道院には
ひとりの女性も足を踏み入れたことがない
６ケ月の女の赤ん坊ですら、入ることを許されない
大人の女性などは問題外だ
中に住んでいるのは、どのような人間であろう
修道士か怪物か
たった６ケ月の女の赤ん坊を恐れるとは
彼らは煮え立っているに違いない
性衝動の火山の上に座っているに違いない

そして、彼らはそこから出るのも許されない
修道士がいちどそこに入れば、永遠に入ったままだ
入り口はあるが、出口はない
宗教はまず最初に
このような愚かな人々をつくり出した
愛を持たず、大地を持たず、根を持たない人々――
彼らは死んでいる
そしてその結果、彼らは創造性を持たなくなった
なぜなら、愛なくしては創造的になり得ないからだ
社会なくしては創造的になり得ないからだ

愛は、すべての創造性の源だ
世界のすべての宗教は
創造性のない人々をつくり出した
それは不幸なことだ
社会に多くの貢献をもたらす可能性のある何百万もの人々、
社会に美しい平和を、楽園をもたらす可能性のある人々、
そのような人々を奪い、連れ去ってしまった
私のつとめは、この無意味な行ないをやめさせること
完全にやめさせることだ
その時が来ている
もうたくさんだ
私たちは、愛する方法を、
創造的になる方法を知る、新しい種類の宗教的な人間を
つくり出さねばならない

秩序を乱す要素をすべて抑圧しても
そのような状況下では、決して主となることはできない
なぜなら、そのような自分のありさまは全くの偽りだからだ
そして、自分が抑圧した対象の奴隷となってしまう
抑圧は決して優越性を持てない
それが、理解すべき根本だ
抑圧は隷属性を生む

性を抑圧する者は、より性的になる
正常に性的な人間と比べ、異常に性的になる
それゆえ、男性、女性の修道士、
性的に抑圧されているあらゆる類の人々は皆、
普通の人々より性的だ
彼らが夢に見て、考えることは他の何ものでもなく
ただ性のことだけだ
彼らにとって、性は世界中で最も心をそそられるものだ
なぜなら彼らは性を抑圧し、性は常に
「自由にしてくれ」と彼らの心に訴えかけるからだ
彼らが性を蓄積するほどに、性はそのエネルギーを増していく
性は常に出口を見つけようとする
そして、出口はいずれ見つかるものだ
正面からでなければ、裏口からになる
そのとき、ある種の倒錯が起こる——
ホモセクシュアル、レズビアン……
それらはすべて、宗教と何らかの関わりがある

このような状況をつくり出したのは、抑圧的な宗教だ

そしてその宗教が、この状況を批判する
問題のすべては、抑圧すれば
それだけ恐れも強くなるということだ
恐れが強くなればまた、抑圧がさらに強くなり
批判も激しさ増す
それは悪循環となり
人はその中を速度を上げながら回り続ける

秩序の主となる、ということの意味は
何の抑圧もなしに、すべてを理解しようとすることだ
理解を通して、統御する力がやってくる
それが、理解することの魔力だ
正しく理解することさえできれば、支配から解放される

子どもは純粋な沈黙と共に生まれる
その予定表は空白だ
そこには優雅さ、美、沈黙の音楽がある
しかし、私たちは宗教的な観念を
政治的な観念を子どもたちに詰め込む
野心という毒を、子どもたちに与える
子どもの中に欲望をつくりだす
競争をつくりだす
模倣をつくりだす
子どもにこう言う
「さあ、えらくなりなさい
国の大統領に、首相になりなさい
大金持になりなさい」
すべての親は、我子がえらくなることを望む

すべての親が我子を通して
自分自身の満たされない欲望を示す
親は、自分自身の欲望を満たすことができない
自分の欲望を満たすことができないのは
充足不可能な欲望だからだ
そのような欲望は、どうすることもできない
それはものごとの本質ではない
生命の法則にあらざるものだ

すべての子どもは、健康で無きずなままでこの世に生まれる
そして、私たちはたちまちのうちに
その子どもを傷つけてしまう
これまで、人類は誤ったやり方で生き延びてきた
何かが基本的に、根本的に、間違っている
私たちの教育はすべて野心的、政治的なものだ
私たちの宗教もまた政治的だ
それは、彼岸の政治と言えるかもしれないが
政治には違いない
人は天国に行かねばならない
あの世でも偉大な成就者でなければならない

中身をすべて空にしなさい、とは誰も言わない──
しかし、その空の中に、無の中に、究極の花が開くのだ

すべての子どもは無垢であるが
子どもはそれに気づいていない
意識のない無垢だ
子どももキリストも無垢であるが
その違いはたったひとつだ——
無垢であるということにおいて
両者ともに、同じ空間を共有している——
その違いは、意識の有無だ
無垢であることが意識されなければ
それは失われるのが定めだ
狡猾な社会で、長い間無垢であることはできない
市場では、可能な限り狡猾であらねばならない

人は狡猾になる術を学ばねばならず
そのために初等教育機関、高等教育機関が存在している
真の教育機関はまだ生まれていない
まだ起こってはいない

真の教育は、人を意識的に無垢にさせる
真の教育には意識が加えられる
現在の教育がしているのは、
無垢であることを破壊することだ
人を助けるのではなく、傷つけている
むろん、それは人助けの名のもとに行なわれている
しかし、木はその果実によって評価されるべきだ
世界中がかくのごとき混乱に、無秩序に生きていることが
これを充分に証明している

それは我々の教育の、文明の、文化の副産物だ
私にとって真の教育とは、
人が無垢であることが保護され
大切にされ、尊重されることだ
なぜなら、それが神の贈り物であるからだ
それは限りなく尊い
これほど尊いものは他にはないほどだ
この、無垢であることの中から
愛に、至福に、神性に達することができる
無垢であることの中から
途方もなく価値のあるものすべてが生まれる

そして、無垢であることを守る最良の方法は
何らかの気づきを持つことだ
それが、瞑想の何たるかだ
自分の中に気づきをつくりだす
そうすれば、無垢はもはや暗闇の中にはなく
あふれる光のもとにあらわれる

私たちは
知性をその頂にまで伸ばすような社会を
まだつくりだすことができずにいる
私たちはまだ、原始的な恐怖のもとに生きている
いまだに、千とひとつものタブーと
迷信と共に生きている
瞑想とは、社会から強要されるすべての
無意味なことがらから
脱することを意味する
瞑想とは、他者から強要されるすべての枠組から
解き放たれることを意味する
いまいちど鏡が磨かれれば
いまいちどありのままの姿が映し出される

そして神とは、そのありのままの姿の別名だ——
それ以外の何ものでもない
自分の鏡につもった埃の層が払われるとき
人は真実を映し出すことができる
そして真実がありのままの姿で映し出されるとき
人はそれに反応するようになる
人は、初めて責任をになう者となる

完成された瞑想のアートは
人に永遠の平和、沈黙、喜びをもたらす
不思議なことに、瞑想が内側からわき上ってくる
瞑想は、道をふさぐあらゆる障害物を取り去る
岩がすべて取り除かれ、小川が流れ出す
そして、瞑想が
外側のものごとには関わりがないことを知るとき
人は大いなる自由、大いなる解放を手に入れる
誰に依存することもなく
ひとりであることに限りない喜びを見出す
ひとりであることが輝き出し、もう孤独ではなくなる
喜びに溢れ、ひとり踊り、ひとり歌う
そこには大いなる美と、詩と、音楽がある

すべての宗教は、人が臆病であることを利用してきた
宗教は人を恐れさせる
人が恐れにおののくとき
それを利用しあやつるのはたやすい
そして、聖職者たちは人を保護下におき、こう言う
「息子よ、心配はいらない
あなたは守られている、あなたのために祈ろう
私たちが言うことにただ従えば良いのだ
私たちの言う通りにすれば、天国に行くことができる
私たちに従わなければ
私たちの言うことを聞かなければ、あなたは地獄に落ちる」
彼らは誰でもが恐れるように、派手な地獄を描写した
そして天国をあまりにも美しく描写したために
そこから貪欲さが生まれた
地獄が恐怖をつくりだし、天国が貪欲さをつくりだした
そしてこのふたつのはざまで
すべての人間が魂の奴隷と化した

宗教は、奴隷になることでは決してない
宗教は、純粋な反逆だ
勇敢であることが根本的な質だ、と私が言うのはそのためだ
そして今、私たちは世界中に勇気のある人々を必要としている
それは、人間の意識に根ざす、すべての策略を破壊するためだ
このような策略が、あまりにも長い間人間を利用してきた
今、これを完全にやめさせるときがきた
永遠に終わりにするのだ

生命は、神からの贈り物だ
誰もがそれを忘れている
生命を授かったことを神に感謝する者は、誰もいない
反対に、人々は常に不満を言う
これほどに大切な贈り物、
比べようのないただひとつの贈り物、それに感謝しない
人々はあまりにも愚かで
それをありがたく思うことができない
あたかも当然の権利のように与えられるものだと思っている
それは私たちの権利ではない
私たちが生命を要求することはできない
それに値するわけでもない
私たちにその価値はない

生命が与えられるのは
私たちがそれに値しているからではなく
神が、生命を与えることへの誘惑に逆らえないからだ
神は生命を分かち合わねばならない
神は、生命のエネルギーに溢れている
神は、それをどうしたら良いのかわからない
それゆえ、神は生命を雨と注ぎ続ける
ふさわしいか、ふさわしくないか
値するか、値しないか、罪があるか、清らかか、
そのようなことには関わりがない
神はひたすら、生命を与え続ける
それが神の本質だ

神が生命を与えるのは
あまりにも多くを抱えているために
与えなければそれが重荷になるからだ
あたかも、たっぷりとした雨を含んだ雲のようなものだ
雨を降らせねばならない
石の上に、岩の上に、そこかしこに
雨を降らせねばならない
これを理解することが、宗教的であるということだ

この意味がわかれば、人の意識に転換がもたらされる
そのとき、不満が消え去る
限りない感謝の心が生まれる
そして、その感謝の心が祈りだ

やすらぎのない瞑想は、真の瞑想ではない

それは生命を持たない、強制されたものであり

ある種の集中でしかない

そしてこれは、多くの人々が犯す大きな間違いのひとつだ

彼らは、集中が瞑想だと思っている

それは間違いだ

瞑想は、その対極をなすものだ

集中とは、思考（マインド）が緊張している状態を言う

瞑想とは、思考がリラックスしている状態を言う

そして不思議なことに

完全にリラックスすると、思考が消えてしまう

思考は、緊張と共に、不安、苦しみと共にあるものだ

思考が、このような状態を育てる

それゆえ、集中することで

人が思考を越えることはできない

人は、瞑想することなしに

やすらぎを得ることもできる

しかし、それはやはり間違いだ

そのやすらぎは表面だけのことで

奥深くには、常に迷いがひそんでいる

火山の上に座っているようなものだ——

やすらかに座っているが、火山はそこにある

次の瞬間にも噴火するかもしれない

言い訳が何であれ

決して自分にやすらぎを強制してはならない

どのような形であれ、決して自分の思考を強制してはならない
どのような目的にも、どのような方向にも強制してはならない

リラクゼーションに入りなさい——完全なリラクゼーションに
何もせず、ただここにある
その瞬間、純粋な存在となるとき、何もしないとき——
やすらごうと力むことがなく
集中しようと力むこともない——
何かをしようとする力が全くなくなるとき
その弛緩した瞬間、瞑想とやすらぎが同時に起こる
そして、それが人に栄光をもたらす
内なる栄光をもたらす
人は、自分自身の魂の主となる
自分自身の運命の主となる

人が穏やかで平静になるには、2つの方法がある
そのひとつは、非常に安直で、うわべだけの方法であり
たやすく得ることはできても、その価値がないものだ
それは、ある種の平穏な質を自分の回りに培養することだ
うわべだけの平静さを自分の性格の特質にする
たとえ内側に動揺があっても
外側からは平静で落ち着いているように見える
これこそが、大多数の人々がしていることだ

社会が必要としているのは、うわべだけの平静さだ
社会は、人が真に変容することなどには関心がない
なぜなら、社会は人の外側とだけやりとりをするからだ
内側とは関わりがない
人の内なる世界には全く関心がない
真の平静さ、本物の平静さは、瞑想から生まれる――
性格を培養することによってではなく、
気づき（アウェアネス）によってもたらされる

人が何ものにも妨げられなくなるとき
妨げられることが不可能になるとき
自ら妨げようとしてさえ、できなくなるとき
そのときにだけ、真に価値あるものが生まれる
それは、気づきを通してのみ生まれる……
気づきの光を内側にもたらしなさい
そうすれば、愛が生まれる
至福が生まれる
平静さが生まれる

そのとき、自分の人生が初めて本物になる
本物であるということは、宗教的であるということだ
自分自身に対して真実であるということは
宗教的であるということだ
それだけが、真の崇拝だ
真の祈りだ
それだけが、私たちが神に贈ることができる唯一のものだ
それは、私たちの真正さだ
それなくしては、すべてが儀式的で、空虚、無能なものとなる

愛は
地に足がついたものでなければならない
木が土なしでは生きられないように——
木の根は大地を必要とする
愛の根もまた大地を必要とする
肉体は地を表している
しかし、木は空高く伸びていく
木は、雲にささやきかける
すべての木には、
星に届きたいという望みがある

ただし、ひとつ憶えておきなさい
木は高くなるほどに
その根もまた深く伸びるということ
比例して成長するということを
根は、木が高くなるほどに深くなる
高さと深さは、完全な均衡を保っている
根が小さければ、木は高くなれずに
倒れてしまう
土の中に根を持たない木が
高く伸び、星に届く——
それは無理なことだ

そうだ
愛は地の上方へと立ち昇って行くが
地の助けを借りずに
上昇することはできない

愛は地の助けを必要とする
愛は、情熱を超えねばならない
しかし、情熱は
愛を助けるものであるはずだ
愛は情熱に敵対しない――
より高くなることは敵対ではない
高きものには低きものも含まれる
高きものは低きものよりも大きいが、
低きものに反するものではない
高きものが、低きものの質を変容させる
美しいものにする
愛は、情熱(*passion*)でさえも変容させる
それが「慈悲(*compassion*)」という
ことばの意味だ
情熱が変容する
情熱が輝く
そして、それが慈悲になる
しかし慈悲は情熱に反するものではない

木の上に咲く花は、土からの贈り物だ
土は、根に逆らわない
だから、真の覚者、真に目覚めた者が
そのふたつの間の橋となる
この世とむこうの世の――
物質と魂の――その橋となる

世の中があまりにも憎しみであふれているのは
臆病者ばかりがいるからだ
世の中に愛が欠けているのは、私たちが自分たちの内側に
勇気の魂をつくろうとしないからだ
私たちが勇気と呼ぶものは、真の勇気ではない
私たちは軍人を、戦士をつくる
しかし、そこにあるのは偽りの勇気だ
ただの訓練にすぎない
私たちは人間を機械におとしめた
そのような人間の魂が勇敢になることはない
その肉体と思考とに条件づけが、行なわれるだけだ

米国の偉大な心理学者のひとり、ウィリアム・ジェームスが
レストランで、友人とこれに似たような話をしていた

そこにちょうど、バスケットいっぱいの卵を抱えた退役軍人が
外を歩いているのが見えた
彼は、レストランの中から叫んだ
「気をつけ！」

退役軍人はその号令に直立し、バスケットを下に落とした
そして通りは割れた卵だらけになった
その退役軍人は大いに怒り、こう言った
「私に号令をかけたのはどこのどいつだ」
しかし、ウィリアム・ジェームスはこう言った
「私たちには、自由にものを言う権利があります
わたしが言ったことに従えとは言っていません」
退役軍人は言った
「引退してから 20 年にもなるが
訓令がすっかりしみついてしまった
夜中に誰かが『気をつけ！』と言っても
きっと飛び起きてしまうだろう」

私たちが真の勇気ある魂をつくりだしていたら
世の中は愛であふれているに違いないが
今その愛はどこにもない
人々は愛について話をするが、愛が生まれることはない
なぜなら、そこには根本的に
必要なものが欠けているからだ

人間の意識は永遠に純粋なものだ

しかし、意識は幾重もの埃の層で覆われている

それはあたかも鏡のようなものだ

鏡は純粋なままであり、埃が鏡を傷つけることはできないが

ひとつだけ、埃によって損なわれるものがある

それは、鏡の質を覆い隠すこと

真実を映す質を覆い隠す、ということだ

鏡は同じままだ、埃の層の下で、鏡が変わることはない

しかし、鏡はもはや機能しなくなる

その機能を失い、ものを映すことができなくなる

太陽が昇っても、鏡には映らない

湖に月が映っても、それが鏡に映ることはない

鏡はそこにあるが、埃の層が鏡の機能を阻んでいる

それが、私たちの状態だ

私たちの意識は純粋だが

私たちの思考（マインド）は、埃の層以外の何ものでもない

意識には、真実が映し出されなければならない

そのとき、神がいたるところに見える

意識があるがままの姿を映し出すとき、人はそれを知る

神は証明を必要としない

ただ神だけがあり、それ以外には何もない

すべてのありさまが神の現れだ

そして、それを知ることが、喜びになる

なぜならそれは、死がないこと、苦しみがないこと

暗闇がないことを知ることだからだ

人は我家に帰ったのだ

この人類全体は
ただの夢遊病者、夢中歩行者の集団にすぎない
人が気づきをもつとき、瞑想的になるとき
その生き方は変化する
その集団の一部ではなくなり、はじめてひとつの個となる
そして、その気づきの中では、多くのものが消え去る
誤ったものごとがすべて衰え
人はあらゆる正しいものごとに、ひきつけられるようになる
もはや選択の余地はない

正しいことと、そうでないことを選ぶ必要がない
自然に正しいことに向かっていく
誤りに向かうことは不可能になる
誤りに向かって、よろめき出すことはもうできない
気づきを怠らずにいるために
それはもはや不可能なことになる
たとえ誤りを犯したくとも、それはできない
ただ正しいことのみが可能だ

この覚醒の中から、美しい秩序が生まれる
それは、外側から強制されたものではない
外から強制されたものはすべて、隷属になる
自分の存在そのものから湧き出たもの、
内部から生まれたものにはすべて美がある
なぜなら、それは自由であるからだ

世界中のすべての宗教、いわゆる宗教は
大いなる矛盾を説いてきた
彼らはこう言う
出家しなさい
神に反する生活とは縁を切りなさい、と
出家しない限り、神に近づくことはできない
出家すれば、人は神に愛される存在となる

矛盾はきわめて明らかだ
子どもにさえこの矛盾がわかる
非常にばかげている
神が人の生命を創造したのなら
神がその人生に敵対するはずがない
私は生命に敵対しない
私は生命を擁護する
私のサニヤシンは、逃げることではなく
激しく生きることを学ばねばならない
生命のたいまつの両端を同時に燃やすのだ
すべてをかけた祝祭であれば、その一瞬だけでさえ充分だ
そのとき、人は永遠なるものを味わい、神の何たるかを知る
生命とは神の現れだ
そして、祝祭こそが神の唯一の祈りだ

瞑想には、固い決心が必要だ
揺れ動く心では、瞑想に入ることができない
瞑想には断固とした忍耐が必要だ
なぜなら、それは時間がかかることだからだ

幾世代にも渡って
私たちは瞑想的ではない人生を生きてきた
そのために、ほとんどそれが
私たちの本質のようになってしまった
瞑想的ではない状態は
私たちの回りを岩のように囲んでいる
私たちはそれを砕かねばならない
その岩を砕かない限り
私たちの内なる本質はその姿を現せない
人がある日瞑想を始め、何かを得ることを望む
そして、何も得られないと言って瞑想をやめてしまえば
決して瞑想の世界に入っていくことはできない

瞑想には
「何が起ころうとも、どのような結果になろうとも
私は瞑想に入る決心をした
私は待つ用意ができた
そして、すべてを掛ける用意ができた」
という強い関わり合いが必要だ
決心が深いほど、決意が大きいほど
そのプロセスは容易なものとなる

決心がすべてをかけたものであれば
絶対的な強さをともなうものであれば
それは、一瞬にして起こることすらありうる

すべては自分の強さ次第だ
それは情熱的な恋愛であるべきだ
ただ瞑想という概念を、もてあそぶだけであってはならない
それは人の人生そのものとなるはずだ
そして、それはすべてをかける価値がある
なぜなら、瞑想ほど尊いものはないからだ
瞑想は、神聖な財宝への扉を、神の永遠の王国への扉を開く

人が王に、主人に、自分自身の主になれるのは
瞑想を通してのみ可能だ
それが、唯一の支配だ
それ以外の支配はこの世には存在しない
自分自身の主人とならなければ
世界中を手に入れることができても人は奴隷のままだ
それは王ではない

夢から覚めなさい
そして瞑想を、覚醒を、観照することを深めるために
すべての力を注ぎなさい
意識をさらに深めていけば、いつか王になるときが来る
それには、変わらぬ努力が必要だ
忍耐が、辛抱が必要だ
勝利は必ず訪れるが
それは、人が真に覚悟を決めたときだけだ
その覚悟は、強烈な努力を通して得られる
すべての力を、瞑想的になることに注ぎなさい
それが鍵だ
神の王国に向かう扉への、マスターキーだ

人は、神と呼ばれるものでできている
私たちはもちろんそれに気づいてはいないが
だからといってその事実が変わるわけではない
気づいていようが、いまいが
目覚めていようが眠っていようが、人は神聖だ
今この瞬間に眠っている者が
次の瞬間には起きることもありうる

私たちが水の一滴を理解できれば
あらゆる場所にあるすべての水を、理解することになる
すべての人間は、神のひと滴だ
私たちがひとりの人間を理解することができれば……

最もたやすく、最も近しい方法、
それは、自分自身の存在を理解することだ
そのなぞが理解されるとき、その扉が開くとき
そのとき人は、自分が存在の全体に広がる究極の実在の
そのひと滴であることを知る
そこには、死も、恐怖も、強欲さも、肉体的な衝動もない
人は完全な自由、至福、祝福に生きる

でき得る限り喜びに満ちていなさい
明るくし、微笑み、笑いなさい
笑うための理由ができるまで、待っていてはならない
何の理由もなく、狂人のように笑うのだ
笑うこと、それだけで充分だ、理由はいらない
笑うことは健やかさをもたらす
肉体と魂の両方の運動になる

座っているのがどこであろうと、とにかくよく笑うことだ
そうすれば、笑っているのを見ている他人までが
何の理由もなく笑い出す
そして笑っている他人を見る自分が、また笑いだす
この繰返しが終わることなく続いていく
笑うのをやめるのは、自分の目から涙が出始めたときだ
それで笑いは完全に終わりだ

心^{ハート}に耳を傾けなさい

心に耳を傾けなさい

より深く心に耳を傾け、そして、心に従いなさい

思考^{マインド}は自分のものではない

それは社会から与えられたものだ

心は自分のものだ

それは、神自身から与えられたものだ

心に耳を傾ければ、瞑想は難しいものではなくなる

瞑想は成就できるものだ

そうすれば、何の問題も残らない

ものごとが明らかになり

そのありのままを、見ることができるようになる

そのとき、自分が何をすべきか

何をすべきではないかを、選択する必要がなくなる

するべきことがすぐにわかる

そこに選択の余地はない

何が正しい行ないかを知っているのだから

決して後悔することがない

そのとき、人は間違いを犯すことがなくなる

間違いを犯したと世界中がみなしたとしても

それが自分の心から生まれている限り

人は完全に心と共にある

それが間違いではないこと、決して後悔はしないことを

自分の存在そのものを通して知っている

究極的にそれが正しいことになることを知っている

今ここで、その最終的な結果を想像できなくとも

心はそれを、はるかによく知っている

なぜなら、心は存在の神秘の最奥に住んでいるからだ
心には過去も未来もない
あるのは今だけだ
ひとたび瞑想が充足すると、瞑想が成就すると
人生はおだやかな、優雅な、あざやかなものとなる

世界中が、不和をもたらす暗い雲に覆われている
その原因は、私たちがひとつの真実を忘れていることにある
その真実とは、神が私たちを愛している、ということだ
それゆえ、私たちが神の愛の産物である、ということだ
神の愛は、私たちの生命の母体だ
神の愛なくして私たちが息することはできない
神の愛がなければ、私たちの心臓は鼓動をとめてしまう
神の愛は私たちの実在そのものだ

しかし、それは私たちにあまりにも近いため
忘れるのもたやすい
神の愛と私たちとの間には隔たりがない
それゆえ、私たちはそれを見ることができず
見えないものに気づくこともない
それは、常に憶えておかねばならないことだ
そしてその記憶が深まれば
不和をもたらすものはすべて取り払われる
暗い雲はもはや存在せず、この世は太陽の光で満たされる
この世にあることが喜びとなる
なぜなら、ここが私たちの我家であり
私たちは偶然の産物ではないからだ
私たちは欠くことができない存在、必要とされる存在だ
大いなる目的に仕える者、
私たちより偉大な、より大きな目的に仕える者だ

人は本質的に神聖だ
だから、自分に起こることはすべて
一過性のものにすぎない
そのために心を乱されてはならない
それが楽しいことであれば、観察しなさい
それが痛みであるなら、観察しなさい
楽しみは過ぎ去り、痛みも過ぎ去る
それはあたかも
自分の存在の限りない空を動いていく雲のようなものだ

空が雲の影響を受けることはない
暗い雲であろうと、美しく白い雲であろうと
空には関わりがない──
空は何の痛手も受けはしない

私たちは肉体ではない、そして思考(マインド)でもない
私たちは純粋な意識だ
そして、純粋な意識こそが神の意味だ
自分自身の中心に到達すれば、そこには驚きがある
そこでは自分自身を全く見つけることができない
あるのは、神自身だ
神は他のどこにも見つけることができない
神はあなた自身の内側の最奥にいて
あなたが我が家に帰ってくるのを待っている

人はすばらしい花になることができる
そこはいつも春だ
私たちはただ調和するだけでよい
春に調べを合わせるだけで、たちまち奇跡が起こる
覚えておきなさい
あなたはこのような奇跡に値する――
誰でもがこのような奇跡に値するのだ

新装版 朝の目覚めに贈る言葉

2018 年 12 月 19 日　新装版 第 1 刷発行

講　話 ■ OSHO

翻　訳 ■ マ・プレム・プラバヒ（村崎寿美）

照　校 ■ マ・ジヴァン・アナンディ、マ・ギャン・シディカ

装　幀 ■ スワミ・アドヴァイト・タブダール

発行者 ■ マ・ギャン・パトラ

発　行 ■ **市民出版社**

〒 168—0071

東京都杉並区高井戸西 2—12—20

電　話 03—3333—9384

Ｆ Ａ Ｘ 03—3334—7289

郵便振替口座：00170—4—763105

e-mail：info@shimin.com

http://www.shimin.com

印刷所 ■ シナノ印刷株式会社

Printed in Japan

ISBN978-4-88178-262-0 C0010 ¥2300E

付　録

●著者（OSHO）について

　OSHOの説くことは、個人レベルの探求から、今日の社会が直面している社会的あるいは政治的な最も緊急な問題の全般に及び、分類の域を越えています。彼の本は著述されたものではなく、さまざまな国から訪れた聴き手に向けて、即興でなされた講話のオーディオやビデオの記録から書き起こされたものです。

　OSHOは、「私はあなたがただけに向けて話しているのではない、将来の世代に向けても話しているのだ」と語ります。
OSHOはロンドンの「サンデー・タイムス」によって『二十世紀をつくった千人』の一人として、また米国の作家トム・ロビンスによって『イエス・キリスト以来、最も危険な人物』として評されています。

　また、インドのサンデーミッドデイ誌はガンジー、ネルー、ブッダと共に、インドの運命を変えた十人の人物に選んでいます。

　OSHOは自らのワークについて、自分の役割は新しい人類が誕生するための状況をつくることだと語っています。彼はしばしば、この新しい人類を「ゾルバ・ザ・ブッダ」――ギリシャ人ゾルバの世俗的な享楽と、ゴータマ・ブッダの沈黙の静穏さの両方を享受できる存在として描き出します。

　OSHOのワークのあらゆる側面を糸のように貫いて流れるものは、東洋の時を越えた英知と、西洋の科学技術の最高の可能性を包含する展望です。

　OSHOはまた、内なる変容の科学への革命的な寄与――加速する現代生活を踏まえた瞑想へのアプローチによっても知られています。その独特な「活動的瞑想法」は、まず心身に溜まった緊張を解放することによって、思考から自由でリラックスした瞑想の境地を、より容易に体験できるよう構成されています。

●より詳しい情報については

http:// **www.osho.com**　をご覧下さい。

　多国語による総合的なウェブ・サイトで、ＯＳＨＯの書籍、雑誌、オーディオやビデオによるＯＳＨＯの講話、英語とヒンディー語のＯＳＨＯライブラリーのテキストアーカイブや ＯＳＨＯ瞑想の広範囲な情報を含んでいます。

　ＯＳＨＯマルチバーシティのプログラムスケジュールと、ＯＳＨＯインターナショナル・メディテーションリゾートについての情報が見つかります。

●ウェブサイト

http://.osho.com/Resort

http://.osho.com/AllAboutOSHO

http://www.youtube.com/OSHOinternational

http://www.Twitter.com/OSHOtimes

http://www.facebook.com/pages/OSHO.International

◆問い合わせ

Osho International Foundation ; www.osho.com/oshointernational,

oshointernational@oshointernational.com

●ＯＳＨＯインターナショナル・メディテーション・リゾート

場所：インドのムンバイから 100 マイル（約 160 キロ）東南に位置する、発展する近代都市プネーにある OSHO インターナショナル・メディテーション・リゾートは、通常とはちょっと異なる保養地です。すばらしい並木のある住宅区域の中にあり、28 エーカーを超える壮大な庭園が広がっています。

OSHO 瞑想：あらゆるタイプの人々を対象としたスケジュールが一日中組まれています。それには、活動的であったり、そうでなかったり、伝統的であったり、画期的であったりする技法、そして特に OSHO の活動的（アクティブ）な瞑想が含まれています。瞑想は、世界最大の瞑想ホールである OSHO オーディトリアムで行なわれます。

マルチバーシティー：個人セッション、各種のコース、ワークショップがあり、それらは創造的芸術からホリスティック健康管理、個人的な変容、人間関係や人生の移り変わり、瞑想としての仕事、秘教的科学、そしてスポーツやレクリエーションに対する禅的アプローチなど、あらゆるものが網羅されています。マルチバーシティーの成功の秘訣は、すべてのプログラムが瞑想と結びついている事にあり、私達が、部分部分の集まりよりもはるかに大きな存在であるという理解を促します。

バショウ（芭蕉）・スパ：快適なバショウ・スパは、木々と熱帯植物に囲まれた、ゆったりできる屋外水泳プールを提供しています。独特のスタイルを持った、ゆったりしたジャグジー、サウナ、ジム、テニスコート……そのとても魅力的で美しい環境が、すべてをより快適なものにしています。

料理：多様で異なった食事の場所では、おいしい西洋やアジアの、そしてインドの菜食料理を提供しています。それらのほとんどは、特別に瞑想リゾートのために有機栽培されたものです。パンとケーキは、リゾート内のベーカリーで焼かれています。

ナイトライフ：夜のイベントはたくさんあり、その一番人気はダンスです。その他には、夜の星々の下での満月の日の瞑想、バラエティーショー、音楽演奏、そして毎日の瞑想が含まれています。

　あるいは、プラザ・カフェでただ人々と会って楽しむこともできるし、このおとぎ話のような環境にある庭園の、夜の静けさの中で散歩もできます。

設備：基本的な必需品のすべてと洗面用具類は、「ガレリア」で買うことができます。「マルチメディア・ギャラリー」では、OSHO のあらゆるメディア関係の品物が売られています。また銀行、旅行代理店、そしてインターネットカフェもあります。ショッピング好きな方には、プネーはあらゆる選択肢を与えてくれます。伝統的で民族的なインド製品から、すべての世界的ブランドのお店まであります。

宿泊：OSHO ゲストハウスの上品な部屋に宿泊する選択もできますし、より長期の滞在には、住み込みで働くプログラム・パッケージの一つを選べます。さらに、多種多様な近隣のホテルや便利なアパートもあります。
www.osho.com/meditationresort
www.osho.com/guesthouse
www.osho.com/livingin

日本各地の主な OSHO 瞑想センター

OSHO に関する情報をさらに知りたい方、実際に瞑想を体験してみたい方は、お近くの OSHO 瞑想センターにお問い合わせ下さい。

参考までに、各地の主な OSHO 瞑想センターを記載しました。尚、活動内容は各センターによって異なりますので、詳しいことは直接お確かめ下さい。

◆東京◆

・OSHO サクシン瞑想センター　Tel & Fax 03-5382-4734
　マ・ギャン・パトラ　〒 167-0042　東京都杉並区西荻北 1-7-19
　e-mail osho@sakshin.com　　http://www.sakshin.com

・OSHO ジャパン瞑想センター
　マ・デヴァ・アヌパ　Tel 03-3701-3139
　　〒 158-0081　東京都世田谷区深沢 5-15-17

◆大阪、兵庫◆

・OSHO ナンディゴーシャインフォメーションセンター
　スワミ・アナンド・ビルー　　Tel & Fax 0669-74-6663
　　〒 537-0013　大阪府大阪市東成区大今里南 1-2-15 J&K マンション 302

・OSHO インスティテュート・フォー・トランスフォーメーション
　マ・ジーヴァン・シャンティ、スワミ・サティヤム・アートマラーマ
　　〒 655-0014　兵庫県神戸市垂水区大町 2-6-B-143
　　e-mail j-shanti@titan.ocn.ne.jp　Tel & Fax 078-705-2807

・OSHO マイトリー瞑想センター　Tel　0798-55-8722
　スワミ・デヴァ・ヴィジェイ
　　〒 662-0016　兵庫県西宮市甲陽園若江町 1- 19 親和マンション 101
　　e-mail vijay1957@me.com　http://mystic.main.jp

・OSHO ターラ瞑想センター　Tel 090-1226-2461
　マ・アトモ・アティモダ
　　〒 662-0018　兵庫県西宮市甲陽園山王町 2- 46　パインウッド

・OSHO インスティテュート・フォー・セイクリッド・ムーヴメンツ・ジャパン
　スワミ・アナンド・プラヴァン
　　〒 662-0018　兵庫県西宮市甲陽園山王町 2- 46　パインウッド
　　Tel & Fax 0798-73-1143　http://homepage3.nifty.com/MRG/

・OSHO オーシャニック・インスティテュート Tel 0797-71-7630
　スワミ・アナンド・ラーマ　〒 665-0051　兵庫県宝塚市高司 1-8-37-301
　　e-mail oceanic@pop01.odn.ne.jp

◆愛知◆
・**OSHO 庵瞑想センター** Tel & Fax 0565-63-2758
　スワミ・サット・プレム　〒 444-2326 愛知県豊田市国谷町柳ヶ入 2 番
　e-mail satprem@docomo.ne.jp

・**OSHO EVENTS センター** Tel & Fax 052-702-4128
　マ・サンボーディ・ハリマ
　　〒 465-0058　愛知県名古屋市名東区貴船 2-501 メルローズ 1 号館 301
　e-mail: dancingbuddha@magic.odn.ne.jp

◆その他◆
・**OSHO チャンパインフォメーションセンター** Tel & Fax 011-614-7398
　マ・プレム・ウシャ　〒 064-0951　北海道札幌市中央区宮の森一条 7-1-10-703
　　　e-mail ushausha@lapis.plala.or.jp
　　　http:www11.plala.or.jp/premusha/champa/index.html

・**OSHO インフォメーションセンター** Tel & Fax 0263-46-1403
　マ・プレム・ソナ　〒 390-0317　長野県松本市洞 665-1
　　　e-mail sona@mub.biglobe.ne.jp

・**OSHO インフォメーションセンター** Tel & Fax 0761-43-1523
　スワミ・デヴァ・スッコ　〒 923-0000　石川県小松市佐美町申 227

・**OSHO インフォメーションセンター広島** Tel 082-842-5829
　スワミ・ナロパ、マ・プーティ　〒 739-1733　広島県広島市安佐北区口田南 9-7-31
　e-mail prembhuti@blue.ocn.ne.jp http://now.ohah.net/goldenflower

・**OSHO フレグランス瞑想センター** Tel 090-8473-5554
　スワミ・ディークシャント
　　〒 857-2306　長崎県西海市大瀬戸町瀬戸東濱郷 1982-5
　e-mail: studio.emptysky@gmail.com http://www.osho-fragrance.com

・**OSHO ウツサヴァ・インフォメーションセンター** Tel 0974-62-3814
　マ・ニルグーノ　〒 878-0005　大分県竹田市大字挟田 2025
　e-mail: light@jp.bigplanet.com　http://homepage1.nifty.com/UTSAVA

◆インド・プネー◆
OSHO インターナショナル・メディテーション・リゾート
Osho International Meditation Resort
17 Koregaon Park Pune 411001 (MS) INDIA
Tel 91-20-4019999 Fax 91-20-4019990
http://www.osho.com
e-mail : oshointernational@oshointernational.com

＜OSHO 講話 **DVD** 日本語字幕スーパー付＞

■価格は全て税別です。※送料／DVD 1本 ¥260　2〜3本 ¥320　4〜5本 ¥360　6〜10本 ¥460

■ 無意識から超意識へ —精神分析とマインド—

「新しい精神分析を生み出すための唯一の可能性は、超意識を取り込むことだ。そうなれば、意識的なマインドには何もできない。超意識的なマインドは、意識的なマインドをその条件付けから解放できる。 そうなれば人は大いなる意識のエネルギーを持つ。 OSHO」その緊迫した雰囲気と、内容の濃さでも定評のあるワールドツアー、ウルグアイでの講話。　●本編 91 分　●¥3,800 （税別）● 1986 年ウルグアイでの講話

■ 大いなる目覚めの機会 —ロシアの原発事故を語る—

死者二千人を超える災害となったロシアのチェルノブイリ原発の事故を通して、災害は、実は目覚めるための大いなる機会であることを、興味深い様々な逸話とともに語る。　●本編 87 分　●¥3,800 （税別）● 1986 年ウルグアイでの講話

■ 過去生とマインド —意識と無心、光明—

過去生からの条件付けによるマインドの実体とは何か。どうしたらそれに気づけるのか、そして意識と無心、光明を得ることの真実を、インドの覚者 OSHO が深く掘り下げていく。　●本編 85 分　●¥3,800 （税別）● 1986 年ウルグアイでの講話

■ 二つの夢の間に —チベット死者の書・バルドを語る—

バルドと死者の書を、覚醒への大いなる手がかりとして取り上げる。死と生の間、二つの夢の間で起こる覚醒の隙間――「死を前にすると、人生を一つの夢として見るのはごく容易になる」　●本編 83 分　●¥3,800 （税別）● 1986 年ウルグアイでの講話

■ からだの神秘 —ヨガ、タントラの科学を語る—

五千年前より、自己実現のために開発されたヨガの肉体からのアプローチを題材に展開される OSHO の身体論。身体、マインド、ハート、気づきの有機的なつながりと、その変容のための技法を明かす。　●本編 95 分　●¥3,800 （税別）● 1986 年ウルグアイでの講話

■ 苦悩に向き合えばそれは至福となる —痛みはあなたが創り出す—

「苦悩」という万人が抱える内側の闇に、覚者 OSHO がもたらす「理解」という光のメッセージ。「誰も本気では自分の苦悩を払い落としてしまいたくない。少なくとも苦悩はあなたを特別な何者かにする」　●本編 90 分　●¥3,800 （税別）● 1985 年オレゴンでの講話

■ 新たなる階梯 —永遠を生きるアート—

これといった問題はないが大きな喜びもない瞑想途上の探求者に OSHO が指し示す新しい次元を生きるアート。　●本編 86 分　●¥3,800 （税別）● 1987 年ブネーでの講話

■ サンサーラを超えて —菜食と輪廻転生— ※VHS ビデオ版有。

あらゆる探求者が求めた至高の境地を、ピュタゴラスの＜黄金詩＞を通してひもとく。菜食とそれに深く関わる輪廻転生の真実、過去生、進化論、第四の世界などを題材に語る。　●本編 103 分　●¥3,800 （税別）● 1978 年ブネーでの講話

※ DVD、書籍等購入ご希望の方は市民出版社迄お申し込み下さい。（価格は全て税別です）

郵便振替口座：市民出版社 00170-4-763105

※ 日本語訳ビデオ、オーディオ、CD の総合カタログ（無料）ご希望の方は市民出版社迄。

発売 **(株)市民出版社** www.shimin.com

TEL. 03-3333-9384
FAX. 03-3334-7289

＜ OSHO 講話 DVD 日本語字幕スーパー付＞

■価格は全て税別です。※送料／ DVD 1 本 ¥260 2 ～ 3 本 ¥320 4 ～ 5 本 ¥360 6 ～ 10 本 ¥460

■ 道元 7 ―1 日をブッダとして生きなさい―

偉大なる禅師・道元の『正法眼蔵』を題材に、すべての人の内にある仏性に向けて語られる目醒めの一打。『一瞬といえども二度と再びあなたの手には戻ってこない、過ぎ去ったものは永久に過ぎ去ってしまったのだ』。一茶の俳句など、様々な逸話を取り上げながら説かれる、覚者・OSHO の好評・道元シリーズ第 7 弾！（瞑想リード付）

●本編 117 分 ●¥3,800（税別）● 1988 年プネーでの講話

■ 道元 6 ―あなたはすでにブッダだ―（瞑想リード付）
●本編 2 枚組 131 分 ●¥4,380（税別）● 1988 年プネーでの講話

■ 道元 5 ―水に月のやどるがごとし―（瞑想リード付）
●本編 98 分 ●¥3,800（税別）● 1988 年プネーでの講話

■ 道元 4 ―導師との出会い・覚醒の炎―（瞑想リード付）
●本編 2 枚組 139 分 ●¥4,380（税別）● 1988 年プネーでの講話

■ 道元 3 ―山なき海・存在の巡礼―（瞑想リード付）
●本編 2 枚組 123 分 ●¥3,980（税別）● 1988 年プネーでの講話

■ 道元 2 ―輪廻転生・薪と灰―（瞑想リード付）
●本編 113 分 ●¥3,800（税別）● 1988 年プネーでの講話

■ 道元 1 ―自己をならふといふは自己をわするるなり―（瞑想リード付）
●本編 105 分 ●¥3,800（税別）● 1988 年プネーでの講話

■ 禅宣言 3 ―待つ、何もなくただ待つ―（瞑想リード付）

禅を全く新しい視点で捉えた OSHO 最後の講話シリーズ。「それこそが禅の真髄だ―待つ、何もなくただ待つ。この途方もない調和、この和合こそが禅宣言の本質だ(本編より)」

●本編 2 枚組 133 分 ●¥4,380（税別）● 1989 年プネーでの講話（瞑想リード付）

■ 禅宣言 2 ―沈みゆく幻想の船―（瞑想リード付）

深い知性と大いなる成熟へ向けての禅の真髄を語る、OSHO 最後の講話シリーズ。あらゆる宗教の見せかけの豊かさと虚構をあばき、全ての隷属を捨て去った真の自立を説く。

●本編 2 枚組 194 分 ●¥4,380（税別）● 1989 年プネーでの講話

■ 禅宣言 1 ―自分自身からの自由―（瞑想リード付）

禅の真髄をあますところなく説き明かす、OSHO 最後の講話シリーズ。古い宗教が崩れ去る中、禅を全く新しい視点で捉え、人類の未来への新しい地平を拓く。

●本編 2 枚組 220 分 ●¥4,380（税別）● 1989 年プネーでの講話

■ 内なる存在への旅 ― ボーディダルマ 2 ―

ボーディダルマはその恐れを知らぬ無法さゆえに、妥協を許さぬ姿勢ゆえに、ゴータマ・ブッダ以降のもっとも重要な＜光明＞の人になった。

●本編 88 分 ●¥3,800（税別）● 1987 年プネーでの講話

■ 孤高の禅師 ボーディダルマ ―求めないことが至福―

菩提達磨語録を実存的に捉え直す。中国武帝との邂逅、禅問答のような弟子達とのやりとり、奇妙で興味深い逸話を生きた禅話として展開。「"求めないこと"がボーディダルマの教えの本質のひとつだ」

●本編 2 枚組 134 分 ●¥4,380（税別）● 1987 年プネーでの講話

＜ OSHO 既刊書籍＞ ■価格は全て税別です。

真理の泉—魂の根底をゆさぶる真理への渇望

人間存在のあらゆる側面に光を当てながら、真理という究極の大海へと立ち向かう、覚者 OSHO の初期講話集。若き OSHO の燃えるような真理への渇望、全身全霊での片時も離れない渇仰が、力強くあなたの魂の根底をゆさぶり、今ここに蘇る。「真理とは何か」という永遠のテーマに捧げられた一冊。
＜内容＞　●生を知らずは死なり　●秘教の科学　●真如の修行　他
■四六判並製　448 頁　¥2,350（税別）　送料 ¥390

瞑想の道—自己探求の段階的ガイド
＜ディヤン・スートラ新装版＞

真理の探求において、身体、思考、感情という３つの観点から、その浄化法と本質、それを日々の生活の中でいかに調和させるかを、実際的かつ細部にわたって指し示した、瞑想実践の書。究極なる空（くう）へのアプローチを視野に置いた、生の探求者必読の一冊。
＜内容＞　●瞑想の土台　●身体から始めなさい　●感情を理解する　他
■四六判並製　328 頁　¥2,200（税別）　送料 ¥390

奇跡の探求 Ⅰ, Ⅱ—チャクラの神秘

若き OSHO がリードする瞑想キャンプ中での、エネルギッシュで臨場感溢れる講話録。特にⅡはチャクラやシャクティパット等の秘教的領域を科学者のように明快に説き明かしていく驚異の書。
■Ⅰ：四六判上製 488 頁 2,800 円＋税／送料 390 円
■Ⅱ：四六判並製 488 頁 2,450 円＋税／送料 390 円

探求の詩（うた）
— インドの四大マスターの一人、ゴラクの瞑想の礎

神秘家詩人ゴラクの探求の道。忘れられたダイヤの原石が OSHO によって蘇り、途方もない美と多彩な輝きを放ち始める—。ゴラクの語ったすべてが途方もない美と多彩な輝きを放つ。
■四六判並製 608 頁 2,500 円＋税／送料 390 円

こころでからだの声を聴く
— ボディマインドバランシング

OSHO が語る実際的身体論。最も身近で未知なる宇宙「身体」について、多彩な角度からその神秘と英知を語り尽くす。ストレス・不眠・加齢・断食など多様な質問にも具体的対処法を提示。
■ A5 判変型並製 256 頁 2,400 円＋税／送料 390 円　**ガイド瞑想CD付**

死ぬこと 生きること
— 死の怖れを超える真実

OSHO 自身の幽体離脱の体験や、過去生への理解と対応、死におけるエネルギーの実際の変化など、「死」の実体に具体的にせまり、死と生の神秘を濃密に次々と解き明かしていく。若力強さ溢れる初期講話録。
■四六判並製 448 頁 2,350 円＋税／送料 390 円

魂のヨーガ—パタンジャリのヨーガスートラ
■四六判並製 408 頁 2,400 円＋税／送料 390 円

愛の道— カビールの講話
■ A5 判並製 360 頁 2,380 円＋税／送料 390 円

グレート・チャレンジ— 超越への対話
■四六判上製 382 頁 2,600 円＋税／送料 390 円

隠された神秘— 秘宝の在処
■四六判上製 304 頁 2,600 円＋税／送料 390 円

OSHO・反逆の軌跡 — 異端の神秘家・魂の伝記

■著／ヴァサント・ジョシ

20世紀の稀有な神秘家・OSHOの生涯と活動を、余すところなく弟子が綴る魂の伝記。悩み惑う日常からの脱却と、自己本来の道への探求を促す自由と覚醒の足跡。誕生から始まる劇的な生涯そのものが、まさにOSHOの教えであることを示す貴重な書。

＜内容＞● 青少年期：冒険の年　● 光明　● ネオ・サニヤス：沼地に咲く蓮
　　　● ワールドツアー　● 沈黙の賢人　● あなたに私の夢を託す　他

■ A5 変判並製　400 頁　¥2,600（税別）送料 ¥390

新装版 夜眠る前に贈る言葉 — 365 日のメッセージ集

眠る前の最後の思考は、朝目覚める時の最初の思考になる……。特別に夜のために編まれた OSHO の言葉の数々。1日の終わりに音楽を聴くように言葉をゆっくり味わい、香りを楽しみ、豊富な写真と共にあなたの魂の味覚を喜ばせて下さい。毎日読むことで、くつろぎや広がり、自己を見つめることの大切さを感じられるでしょう。

＜内容＞● 闇から光へのジャンプ　● ハートはエデンの園　● 瞑想は火　他

■ B6 変判並製　568 頁　¥2,200（税別）送料 ¥390

究極の錬金術 I , II
— 自己礼拝 ウパニシャッドを語る

苦悩し続ける人間存在の核に迫り、意識の覚醒を常に促し導く、炎のような若き OSHO。探求者との質疑応答の中でも、単なる解説ではない時を超えた真実の深みと秘儀が、まさに現前に立ち顕われる壮大な講録。
■ I：四六判並製 592 頁 2,880 円＋税／送料 390 円
■ II：四六判並製 544 頁 2,800 円＋税／送料 390 円

炎の伝承 I , II
— ウルグアイでの珠玉の質疑応答録

内容の濃さで定評のあるウルグアイでの講話。1人の目覚めた人は全世界を目覚めさせる。あたかも1本のロウソクから多数のロウソクが灯せるように……緊迫した状況での質問に答え、秘教的真理の広大で多岐に渡る内容を縦横無尽に語り尽くす。
■各四六判並製 496 頁 2,450 円＋税／送料 390 円

インナージャーニー
— 内なる旅・自己探求のガイド

マインド、ハート、そして生エネルギーの中枢である臍という身体の三つのセンターへの働きかけを、心理・肉体の両面から説き明かしていく自己探求のガイド。根源への気づきと愛の開花への旅。
■四六判並製 304 頁 2,200 円＋税／送料 390 円

新瞑想法入門
— OSHO の瞑想法集大成

禅、密教、ヨーガ、タントラ、スーフィなどの古来の瞑想法から、現代人のための OSHO 独自の技法まで、わかりやすく解説。瞑想の本質や原理、探求者からの質問にも的確な道を指し示す。
■ A5 判並製 520 頁 3,280 円＋税／送料 390 円

アティーシャの知恵の書 (上)(下)

みじめさを吸収した途端、至福に変容される……。「これは慈悲の技法だ。苦しみを吸収し、祝福を注ぎなさい。それを知るなら人生は天の恵み、祝福だ」
■上：四六判並製 608 頁 2,480 円＋税／送料 390 円
■下：四六判並製 450 頁 2,380 円＋税／送料 390 円

神秘家の道 — 覚者が明かす秘教的真理

少人数の探求者のもとで親密に語られた珠玉の質疑応答録。次々に明かされる秘教的真理、光明の具体的な体験、催眠の意義と過去生への洞察等広大で多岐に渡る内容を、縦横無尽に語り尽くす。
■四六判並製 896 頁 3,580 円＋税／送料 390 円

神秘家		
エンライトメント ●アシュタバクラの講話	インド古代の12才の覚者・アシュタバクラと比類なき弟子・帝王ジャナカとの対話を題材に、技法なき気づきの道についてOSHOが語る。 ■ A5判並製／504頁／2,800円 〒390円	
ラスト・モーニング・スター ●女性覚者ダヤに関する講話	過去と未来の幻想を断ち切り、今この瞬間から生きること――。スピリチュアルな旅への愛と勇気、究極なるものとの最終的な融合を語りながら時を超え死をも超える「永遠」への扉を開く。 ■ 四六判並製／568頁／2,800円 〒390円	
シャワリング・ ウィズアウト・クラウズ ●女性覚者サハジョの詩	光明を得た女性神秘家サハジョの、「愛の詩」について語られた講話。女性が光明を得る道、女性と男性のエゴの違いや、落とし穴に光を当てる。 ■ 四六判並製／496頁／2,600円 〒390円	
禅		
禅宣言 ●OSHO最後の講話	「自分がブッダであることを覚えておくように――サマサティ」この言葉を最後に、OSHOはすべての講話の幕を降ろした。禅を全く新しい視点で捉え、人類の未来に向けた新しい地平を拓く。 ■ 四六判上製／496頁／2,880円 〒390円	
無水無月 ●ノーウォーター・ノームーン	禅に関する10の講話集。光明を得た尼僧千代능、白隠、一休などをテーマにした、OSHOならではの卓越した禅への理解とユニークな解釈。OSHOの禅スティック、目覚めへの一撃。 ■ 四六判並製／448頁／2,650円 〒390円	
そして花々は降りそそぐ ●パラドックスの妙味・11の禅話	初期OSHOが語る11の禅講話シリーズ。「たとえ死が迫っていても、師を興奮させるのは不可能だ。彼を驚かせることはできない。完全に開かれた瞬間に彼は生きる」――OSHO ■ 四六判並製／456頁／2,500円 〒390円	
インド		
私の愛するインド ●輝ける黄金の断章	光明を得た神秘家や音楽のマスターたちや類まれな詩などの宝庫インド。真の人間性を探求する心と、永遠への扉であるインドの魅惑に満ちたヴィジョンを、多面的に語る。 ■ A4判変型上製／264頁／2,800円 〒390円	
タントラ		
サラハの歌 ●タントラ・ヴィジョン新装版	タントラの祖師・サラハを語る。聡明な若者サラハは仏教修行僧となった後、世俗の女性覚者に導かれ光明を得た。サラハが国王のために唄った40の詩を題材に語るタントラの神髄！ ■ 四六判並製／480頁／2,500円 〒390円	
タントラの変容 ●タントラ・ヴィジョン 2	光明を得た女性と暮らしたタントリカ、サラハの経文を題材に語る瞑想と愛の道。恋人や夫婦の問題等、探求者からの質問の核を掘り下げ、内的成長の鍵を明確に語る。 ■ 四六判並製／480頁／2,500円 〒390円	
スーフィ		
ユニオ・ミスティカ ●スーフィ、悟りの道	イスラム神秘主義、スーフィズムの真髄を示すハキーム・サナイの「真理の花園」を題材に、OSHOが語る愛の道。「この本は書かれたものではない。彼方からの、神からの贈り物だ」OSHO ■ 四六判並製／488頁／2,480円 〒390円	
ユダヤ		
死のアート ●ユダヤ神秘主義の講話	生を理解した者は、死を受け入れ歓迎する。その人は一瞬一瞬に死に、一瞬一瞬に蘇る。死と生の神秘を解き明かしながら生をいかに強烈に、トータルに生ききるかを余すところなく語る。 ■四六判並製／416頁／2,400円 〒390円	
書 簡		
知恵の種子 ●ヒンディ語初期書簡集	OSHOが親密な筆調で綴る120通の手紙。列車での旅行中の様子や四季折々の風景、日々の小さな出来事から自己覚醒、愛、至福へと導いていく。講話とはひと味違った感覚で編まれた書簡集。 ■ A5判変型上製／288頁／2,300円 〒320円	

数秘＆タロット＆その他

■ **わたしを自由にする数秘**—本当の自分に還るパーソナルガイド／著／マ・プレム・マンガラ
＜内なる子どもとつながる新しい数秘＞ 誕生日で知る幼年期のトラウマからの解放と自由。 同じ行動パターンを繰り返す理由に気づき、あなた自身を解放する数の真実。無意識のパターンから自由になるガイドブック。 A5判並製 384 頁 2,600 円（税別）送料 390 円

■ **直感のタロット**—人間関係に光をもたらす実践ガイド／著／マ・プレム・マンガラ
＜クロウリー トートタロット使用 ※ タロットカードは別売 ＞ 意識と気づきを高め、自分の直感を通してカードを学べる完全ガイド本。初心者にも、正確で洞察に満ちたタロット・リーディングができます。 A5判並製 368 頁 2,600 円（税別）送料 390 円

■ **和尚との至高の瞬間**—著／マ・プレム・マニーシャ
OSHO の講話の質問者としても著名なマニーシャの書き下ろし邦訳版。常に OSHO と共に過ごした興味深い日々を真摯に綴る。 四六判並製 256 頁 1,900 円（税別）送料 320 円

OSHO TIMES 日本語版 バックナンバー

※尚、Osho Times バックナンバーの詳細は、www.shimin.com でご覧になれます。
(バックナンバーは東京・書泉グランデ、埼玉・ブックデポ書楽に揃っています。●1冊／¥1,280（税別）／送料 ¥260

● OSHO Times 1 冊 ¥1,280 （税別）送料 ¥260

■ 郵便振替口座：00170-4-763105

■ 口座名 （株）市民出版社
TEL ／ 03-3333-9384

・代金引換郵便（要手数料￥300）の場合、
　商品到着時に支払。
・郵便振替、現金書留の場合代金を前もってご送金下さい。

発売／ （株）市民出版社
www.shimin.com
TEL.03-3333-9384
FAX.03-3334-7289

＜ OSHO 瞑想 CD ＞

ダイナミック瞑想
◆デューター

全5ステージ
60分

生命エネルギーの浄化をもたらす OSHO の瞑想法の中で最も代表的な技法。混沌とした呼吸とカタルシス、フッ！というスーフィーの真言を、全力で行なう。　¥2,913（税別）

クンダリーニ瞑想
◆デューター

全4ステージ
60分

未知なるエネルギーの上昇と内なる静寂、目醒めのメソッド。OSHO によって考案された瞑想の中でも、ダイナミックと並んで多くの人が取り組んでいる夕方の活動的瞑想法。　¥2,913（税別）

ナタラジ瞑想
◆デューター

全3ステージ
65分

「あなた」が踊りのなかに溶け去るトータルなダンスの瞑想。第1ステージは目を閉じ、40分間踊る。第2ステージは横たわる。最後の5分間、踊り楽しむ。　¥2,913（税別）

ナーダブラーマ瞑想
◆デューター

全3ステージ
60分

宇宙と調和し脈打つ、ヒーリング効果の高いハミング瞑想。脳を活性化し、あらゆる神経繊維を浄化し癒しの効果をもたらすチベットの古い瞑想法の一つ。　¥2,913（税別）

チャクラ サウンド瞑想
◆カルネッシュ

全2ステージ
60分

7つのチャクラに目覚め、内なる静寂をもたらすサウンドのメソッド。各々のチャクラで音を感じ、チャクラのまさに中心でその音が振動するように声を出すことでチャクラに敏感になる。¥2,913（税別）

チャクラ ブリージング瞑想
◆カマール

全2ステージ
60分

7つのチャクラを活性化させる強力なブリージングメソッド。7つのチャクラに意識的になるためのテクニック。身体全体を使い、1つ1つのチャクラに深く速い呼吸をしていく。　¥2,913（税別）

ノー ディメンション瞑想
◆シルス＆シャストロ

全3ステージ
60分

グルジェフとスーフィのムーヴメントを発展させたセンタリングのメソッド。この瞑想は旋回瞑想の準備となるだけでなくセンタリングのための踊りでもある。旋回から沈黙へと続く。　¥2,913（税別）

グリシャンカール瞑想
◆デューター

全4ステージ
60分

呼吸を使って第三の目に働きかける、各15分4ステージの瞑想法。第一ステージで正しい呼吸が行われると血液の中に増加される二酸化炭素がエベレスト山頂にいるように感じられる。　¥2,913（税別）

ワーリング瞑想
◆デューター

全2ステージ
60分

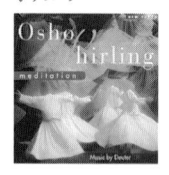

内なる存在が中心で全身が動く車輪になったかのように旋回し、徐々に速度を上げていく。体が倒れたらうつ伏せになり大地に溶け込むのを感じる。旋回から内なる中心を見出し変容をもたらす瞑想法。　¥2,913（税別）

ナーダ ヒマラヤ
◆デューター

全3曲
50分28秒

ヒマラヤに流れる白い雲のように優しく深い響きが聴く人を内側からヒーリングする。チベッタンベル、ボウル、チャイム、山の小川の自然音。音が自分の中に響くのを感じながら、音と一緒にソフトにハミングする。　¥2,622（税別）

＜ヒーリング , リラクゼーション音楽 CD ＞

バンブー・フォーレスト
◆デューター

| 全 11 曲
| 60 分 17 秒

琴、尺八など邦楽器を自在に繰りながら描く竹林に鳴る静寂の世界。言葉を超えた領域に深く分け入り、究極の癒しと瞑想へ。「尺八は静寂を生み出すユニークで強力なツールだ—デューター」

サットヴァ
◆デューター

| 全 2 曲
| 63 分 03 秒

サットヴァ—本来の自分自身への回帰。存在の光の渦が心地よいスリルとリズムにのって際限なく展開される恍惚の波。デューターの要シンセサイザーをベースにした壮大なる光と解放の音楽がはじまる。

ハートの光彩
◆デューター

| 全 8 曲
| 61 分

デューターが久々に贈るハートワールド。繊細で、不動なる信頼のような質をもったくつろぎが、ゆっくりと心を満たしていく。
使われる楽器と共に曲ごとにシーンががらりと変わり、様々な世界が映し出される。

クリスタル・チャクラ・ヒーリング
◆ワドゥダ/プラサナ＆ザ・ミステリー

| 全 6 曲
| 61 分 03 秒

虹色に鳴り渡るクリスタルボウル独特の穏やかな響きが、七つのチャクラの目覚めと活性化を促す、ヒーリングパワー・サウンド。まさにいま目の前で鳴っているようなライブ感が印象的。クリスタル・ボウルは、欧米では医療にも使われています。

ブッダ・ガーデン
◆パリジャット

| 全 10 曲
| 64 分 12 秒

パリジャットの意味は＜夜香るジャスミンの花＞——彼の生み出す音楽は、優しい香り、リスナーを春のような暖かさで包み込みます。秀曲ぞろいのこのアルバムの、高まるメロディーとくつろぎの谷間が、比類なき安らぎのスペースへ導きます。

マッサージのための音楽
◆デューター・カマール・パリジャット・チンマヤ

| 全 6 曲
| 69 分

マッサージはもちろん、レイキや各種ボディワーク、ヒーリングなど、どのワークにも使える、くつろぎのための音楽。ヒーリング音楽で活躍するアーティストたちの名曲を奏でる究極のリラックスサウンドが、深い癒しをお届けします。

チベット遥かなり
◆ギュートー僧院の詠唱（チャント）

| 全 6 曲
| 55 分 51 秒

パワフルでスピリチュアルな、チベット僧たちによるチャンティング。真言の持つエネルギーと、僧たちの厳粛で深みのある音声は、音の領域を超えて、魂の奥深くを揺さぶる。チベット密教の迫力と真髄を感じさせる貴重な1枚。

アートマ・バクティ-魂の祈り
◆マニッシュ・ヴィヤス

| 全 3 曲
| 66 分 47 秒

魂の中核に向かって、インドの時間を超えた調べが波のように寄せては返す。空間を自在に鳴り渡るインドの竹笛・バンスリの響きと、寄り添うように歌われるマントラの祈り。催眠的で、エクスタティックな音の香りが漂う。

※ＣＤ等購入ご希望の方は市民出版社 www.shimin.com までお申し込み下さい。
※ 郵便振替口座：市民出版社 00170-4-763105
※ 送料／CD1 枚 ¥260・2 枚 ¥320・3 枚以上無料（価格は全て税込です）
※ 音楽ＣＤカタログ（無料）ご希望の方には送付致しますので御連絡下さい。